TAURINO ARAÚJO

HERMENÊUTICA DA DESIGUALDADE:
UMA INTRODUÇÃO ÀS CIÊNCIAS JURÍDICAS E TAMBÉM SOCIAIS

TAURINO ARAÚJO

HERMENÊUTICA DA DESIGUALDADE:
UMA INTRODUÇÃO ÀS CIÊNCIAS JURÍDICAS E TAMBÉM SOCIAIS

Del Rey editora

Belo Horizonte
2019

EDITORIAL DEL REY LTDA

www.editoradelrey.com.br

Editor: Arnaldo Oliveira

Editor Adjunto: Ricardo A. Malheiros Fiuza

Diagramação: Alfstudio

Revisão: Moira Versolato Galvão de França

Capa: Taurino Araújo e Elena Versolato

EDITORA
Rua dos Goitacazes, 71 – Lojas 20 a 24
Centro - Belo Horizonte-MG – CEP 30190-909
Comercial:
Tel.: (31) 3284-3284 | 3293-8233
vendas@editoradelrey.com.br
Editorial:
editorial@editoradelrey.com.br

A663 ARAÚJO, Taurino, 1968 -
Hermenêutica da Desigualdade: uma introdução às Ciências Juíridicas e também Sociais/ por Taurino Araújo – Belo Horizonte: Del Rey, 2019.
250 p. – 15,5 x 22,5 cm
ISBN 978-85-384-0533-7

1. Desigualdade (Direito). 2. Ciências Jurídicas e Sociais. 3. Hermenêutica. 4. Direitos fundamentais. 5. Semiótica. 6. Teoria geral. Título.

Índice para catálogo sistemático:
1. Direito - Teoria
2. Teoria geral do direito

CDU 340.11

Bibliotecária responsável: Maria Solange Alves de Souza Paula - CRB 5/342

Ao meu Criador, o DEUS TODO PODEROSO,
toda honra e toda glória sejam para Ele.

AGRADECIMENTOS

Enquanto escrevia este trabalho fui condecorado seis vezes, alçado a condição inimaginável, levando-se em conta minha origem e um fazer que bem poderia se restringir ao âmbito privado, sem impacto público. O reconhecimento expresso do povo da Bahia, de Salvador, Feira de Santana e de Gongogi foi capaz de ampliar a minha visão de mundo no sentido de considerar válidas todas as numerosas contribuições para que esse objetivo fosse realizado. Permitam-me, entretanto, nominar as contribuições de alto impacto que, pela proximidade e urgência, fazem uma diferença e tanta. Assim é em relação à Soraya (minha esposa) cujo nome significa "estrela da manhã" e assim simboliza Vênus, a "pequena fortuna", a beleza e o dia que, inevitavelmente, ressurgem na presença dela. A continuidade existencial retratada em Isaac, Ximena, Gabriel; a eterna gratidão a meus pais Rita e Adelino Araújo, antepassados de todos os troncos, familiares em geral, professores do Doutorado e dos outros graus, alunos, eleitores, clientes, vizinhos, colegas e amigos; ao orientador Dr. Federico Gabriel Polak, ao Dr. Hugo Rafael Mancuso, à Dra. Alicia Silvestre Miralles, a Agenor Sampaio Neto, Delvair De Brito Alves, Corina Rosa, Aldo Duarte Argolo, Moira Versolato (desde Genebra), Elena Versolato, Edson Reis Santana e Washington Luiz da Trindade, sem os quais, **literalmente**, jamais chegaria até aqui. A Tese, entretanto, além de pertencer à plêiade de juristas e outros pensadores com quem dialoguei, ao longo do texto, pertence à Humanidade, a quem agradeço, indistintamente. Para demonstrar a força dessa gratidão me reporto às palavras do Min. Hamilton Carvalhido: "cada um de nós é uma obra escrita por todos que estiveram conosco e com quem estivemos ao longo da vida, com papéis conhecidos ou não. A vida de cada um está na minha vida como contributo decisivo para aquilo que sou". A todos, o comovido agradecimento.

Aduzo que todos somos, de algum modo, a excentricidade, a desigualdade por mim alçada a hermenêutica própria e conceito jurídico fundamental.

Deus é o centro de tudo, o pai, a mãe e o amigo de todos. Queiramos ou não, Ele tem uma relação próxima com cada um e cada uma. Destarte, no momento em que lê esse tópico, receba também o meu agradecimento pando da mais sincera emoção, com a admiração espiritual que nos une, a partir daqui. Temos a ilusão de que estamos separados, mas estamos verdadeiramente juntos, a partir da profundeza dos oceanos e de um fio quase invisível, que nos coloca numa mesma contingência. Nesse gesto, inevitavelmente, nos abrimos à possibilidade de fazer contribuição de alto impacto, juntando sonho, ousadia, planejamento e serviço. Eu reverencio Deus em você. Toda honra e toda glória sejam para Ele, que assim o permitiu.

PREFÁCIO

Por uma nova fronteira da desigualdade

A Editora Del Rey está de parabéns. Este trabalho de doutorado do pesquisador e erudito Taurino Araújo realmente era digno de ser transformado em livro, o mais breve possível, e alcançar audiência mais universal que os muros da academia. Isso porque partindo da tradição iniciada por Aristóteles com seu ensaio *Peri Hermeneias*, onde a hermenêutica foi primeiramente definida, derivando-se do mito dos deuses olímpicos, primordialmente de Hermes, cujo nome está sempre associado à interpretação do texto oral e sagrado de Zeus para os terrenos, Taurino traz novidades relevantes para o estudo jurídico e para a própria recepção da hermenêutica, no mundo contemporâneo, inclusive na forma de uma nova introdução às Ciências Jurídicas e (também) Sociais.

A mitologia grega é rica em imagens e em códigos de conduta que influenciam toda a vida ocidental, e seus deuses são verdadeiros parâmetros simbólicos de ética, amor, traição, igualdade e desigualdade; caracterizadas pela própria diferença entre os deuses mais e menos poderosos a referenciarem às desigualdades entre homens e animais, através das hierarquias iniciais definidas por Platão e Aristóteles que instituíram verdadeiro marco para o processo evolutivo, às vezes, involutivo, do que viria, aos poucos, se tornar paradigma dominante da sociedade ocidental.

Os deuses gregos e a tradição grega de onde se origina a hermenêutica são claros nas formulações da ética e da justiça e defendem que o homem deve ser antes de tudo justo e não injusto. No entanto, a igualdade e a desigualdade permeiam a civilização grega, independente do *corpus* de conhecimento filosófico. Os costumes gregos, desde origem, privilegiam e defendem a propriedade privada, utilizando-se do sistema legal a fim de garantir a igualdade entre pares que se espraiaram pelo sistema jurídico romano, alcançando a modernidade, com pequenas polegadas de quebra de paradigma aqui e acolá, mas fundamentando, no entanto, a base da democracia e direito que conhecemos e com o qual ainda vivemos.

Geralmente, olhamos o mundo grego, real ou mitológico a partir da aura socrática do conhecimento. Raramente, como faz Ludwig von Mises, em sua proposições libertárias e praxeologia, temos coragem ou abertura para analisar o lado desigual herdado da civilização grega, também base para nossa desigualdade. Hermes navegava bem esse mundo dos iguais e desiguais, até nas profundezas dos infernos de Hades, explicando as almas perdidas e as encontradas; galvanizando entre os mortais, os semideuses e os deuses, atuando em benefício de seus pais Zeus e Maia.

Deste prisma fenomenológico, Hermes é um benfeitor dos privilegiados, comerciantes, viajantes e oportunistas, até um enganador e ludibriador, como apontam algumas interpretações. Hermes traduzia e interpretava as premissas ideológicas dos deuses, grupo dominante, para os súditos e seguidores o que garantia a ordem e, por que não dizer, a democracia; além da totalidade das coisas e atos sob o controle do Olimpo.

Aqui, para falar de hermenêutica da desigualdade e para o leitor melhor apreciar a leitura de Taurino Araújo precisamos refletir sob ideias dominadoras e centralizadas propagadas por Platão em sua *República*, onde o tipo de democracia proposto é discriminatório e desprivilegia, desde cedo, até a própria vida de recém-nascidos que venham com defeito físico, ou que sejam oriundos de jovens abaixo da idade imposta para procriar.

O entendimento da hermenêutica como modelo de interpretação posteriormente desenhado na Idade Média para interpretação de textos religiosos e por Wilhelm Dilthey e Friedrich Schleimacher, no romantismo, que virá desembocar em sua associação com a fenomenologia contemporânea precisa distância suficiente para separar-se do que propunha Hermes como origem da hermenêutica. Essa cisão começa já a partir da proposta descritiva de Aristóteles, se descolando do modelo prescricionário de Platão e dos platonistas cristãos que o seguiram e avança, passo a passo, a um novo entendimento, ao encontro da hermenêutica da desigualdade proposta pelo professor Taurino.

A pesquisa aqui se propõe a trazer à luz uma releitura da propriedade privada e de grupos dominadores minoritários diante dos dominados e uma busca de entendimento destes, sob a ótica do conflito entre iguais e desiguais, e pleiteia a concepção de uma hermenêutica própria para lidar com a desigualdade. TAURINO aporta suporte bibliográfico extenso em sua proposta de solidificar o conceito apresentado como hermenêutica da desigualdade, como instrumento para compreender e interpretar a desigualdade, bem como leva o leitor a examinar a desigualdade ou a igualdade, uma em função da outra.

Esse modelo de argumentação leva-nos à concepção de JACQUES DERRIDA de ver a injustiça em função da justiça, ou seja, a justiça traz consigo o germe da possibilidade de sua negação; assim como a injustiça, uma vez posta, vai exigir que se a reveja, pois traz em si a justiça. E ainda entre justiça e injustiça existiria outra dimensão: a dimensão do não dito que necessariamente carrega bordas de significado, as quais podem ser descortinadas através da desconstrução do texto; ao lado da hermenêutica do silêncio para revelar a máscara ideológica na construção da defesa da justiça.

Para TAURINO, a "máscara ideológica" tem implicação prática, sobretudo, no campo da relação jurídico-processual, pois o processo instaurado é em si um verdadeiro duplicador de privilégios para os que se encontram circunstancialmente acima e de menosprezo para os que ali se encontrem abaixo.

Aliás, a proposição de TAURINO sobre processo se insere nas concepções de EDGAR MORIN sobre a espontaneidade dos "sistemas vivos", capazes de operar mesmo na desordem. Embora não seja a principal tarefa desses sistemas naturais (físicos, biológicos e sociais — *autopoiéticos*) a produção de "cópia", mas a possibilidade de "criação" de realidade nova em primeiro plano, sendo também um "sistema vivo", natural, o processo duplica privilégios e menosprezos como "subproduto inconveniente" da forma mecânica que se o conduz sem que haja consciência da preconcepção de elementos desse "processar" ao favorecer, de pronto, aos que largam em favoritismo e prejudicar (duplamente) àqueles que assim principiam na relação jurídico-processual: nada a ver, tudo a ver; isso ou aquilo; autor-réu; vítima-agressor; devedor-credor; culpado-inocente.

As rotulações processualmente construídas não são novidade, mas retomando a lógica hegemônica de democracia e ordem de HERMES e inferindo-se a partir da hermenêutica da desigualdade proposta pelo professor TAURINO, é mesmo imprescindível a desdiferenciação dos sujeitos ao nível do que são para que o figurino da instrução probatória supere o automatismo maquinal do mero preenchimento de claros de papel a reforçar privilégios e menosprezos e mergulhe, criativamente, na dialética das "regras de experiência comum subministradas pelo que normalmente acontece" para dar a cada um aquilo que de fato seja realmente seu a título de tença ou de punição, em que pese o suposto rótulo com que ingressou em juízo.

Logo, ao considerar o processo um direito fundamental, conforme postula Fredie Didier Jr., o emprego da hermenêutica da desigualdade impediria a duplicação aleatória de privilégios e menosprezos, pois o que "normalmente acontece" é a desigualdade entre "fracos" e "fortes", alçada por Taurino ao *status* de conceito jurídico fundamental como também o são *sujeito*, *direito subjetivo*, *dever jurídico*, *objeto*, *fato jurídico* e *garantia jurídica*. Assim, ao encarar o processo como "sistema vivo" não se o reduziria à mera "fotocopiadora" *alopoiética* ou artificial de desigualdades incapaz de atuar bem mesmo na desordem e cuja função principal fosse apenas "copiar" e não "criar" efetivamente justiça no caso concreto.

A desigualdade hermenêutica, defendida por Miranda Flicker, é desigualdade epistêmica que nasce de uma desigualdade social difícil de ser detectada pelos que se consideram iguais. Taurino trabalha em sua pesquisa e argumentação um apelo por uma hermenêutica que desvele o outro lado da igualdade, da liberdade, do mundo colorido e acredita ser possível alcançar esse objetivo através de um ponto de interpretação peculiar que ele denomina hermenêutica da desigualdade.

No postulado 3 da conclusão, Taurino aponta para o que denomina de igualdade formal, definida como ocupando o epicentro jurídico, e busca uma reanálise não a partir das leis livrescas, mas a partir da lei em ação. Nesse ponto, Taurino se aproxima de Paul Ricoeur numa via interna dos destinos da interpretação, uma vez que Ricoeur propõe em seus seminários hermenêuticos mover a discussão do significado do texto em si, assim da norma, para a hermenêutica da ação e a partir desse ponto explorar os conflitos de interpretação.

Taurino é cauteloso e defende que esse processo interpretativo deve ser feito "sem comprometer, de nenhum modo, a regularidade do ordenamento, como valor em si mesmo". Parece concluir ser menos espinhoso desenvolver uma teoria para a hermenêutica da igualdade do que conceber o novo paradigma que defende para Teoria Geral do Direito.

Na proposta de Taurino, a hermenêutica da desigualdade rompe com uma lógica de dominação jurídica. Vale lembrar as tentativas de quebra de paradigma e de romper com a lógica predominante baseada na igualdade de direitos, conforme pleito da TGD, e que essa linha de pensamento dominante vem passando nas últimas décadas por desafios epistemológicos, com forte apelo à sua revisão.

São os casos, por exemplo, de NIKLAS LUHMANN para quem a TGD chegou ao esgotamento e para seu aluno WILLIS SANTIAGO GUERRA FILHO, que entende estar a TGD agonizante ou simplesmente morta, de acordo com sua proposta em seu estudo *Teoria Poética do Direito*, brilhante livro. E lembremo-nos que a TGD nasceu na Alemanha para assim ter sua morte, ou ao menos uma profunda revisão, proposta no âmago do pensamento alemão.

TAURINO ARAÚJO vem com sua tese propor outra linhagem de argumentação e quebra de paradigma, ao trabalhar a ampliação do campo hermenêutico para abrigar e se debruçar sobre os desamparados, sobre os dominados, ilustrando como a hermenêutica pode ser um instrumento de significação para um melhor entendimento da dimensão existencial dos desiguais e que para isso, no entanto, torna-se imprescindível um foco diferenciado e a elaboração especial de uma hermenêutica da desigualdade.

Como bem esclarece TAURINO, como um saber anistórico, "a hermenêutica da desigualdade remete a uma situação determinada, de cunho global, que ocorre em diversos sistemas de justiça, não apenas no sentido de identificá-la, mas de diminuí-la". A hermenêutica da desigualdade, afirma TAURINO, visaria assim a desenvolver um esforço para superar a imprecisão e ambiguidade endêmicas do discurso ordinário comum a todos os ordenamentos.

Conforme pleiteia TAURINO, a hermenêutica da desigualdade destina-se à inclusão de cada sujeito em face da consideração total de sua diferença para o usufruto pleno do direito e da cidadania e, por isso, deriva de uma matriz teórica crítica que opera no espaço "realidade-dogmática-zética-dogmática" e repercute na elaboração de um modelo alternativo de saber jurídico; "a hermenêutica a partir de um fenômeno: assimetria patrimonial". O intuito é que "a solução dada e pressuposta decorra da desdiferenciação dos sujeitos e não de automatismo que sugira igualdade inexistente ou superficial, sem levar em conta a separação temporal, real e social entre eles. Nesse sentido, a investigação em termos de pergunta-resposta ora enfatizará um aspecto e ora outro".

Ao atinar para o entrelaçamento de aspectos econômicos, culturais, políticos etc. na aplicação do Direito, com sua hermenêutica da desigualdade, TAURINO estabelece, na prática, uma instância tanto crítica quanto *interna corporis* na especificidade do ato interpretativo. Superam-se, com esse método, os inconvenientes da departamentalização debatidos por Nelson C. Marcellino ao propor uma especialização baseada em *problemas* humanos, e não obedecendo a limites acadêmicos fazendo crer no equívoco de que as instituições estudadas fossem sistemas autônomos — na lição de C. Wright Mills — tudo com vistas a "uma efetiva correspondência entre a unidade do mundo social e o conhecimento das ciências que o têm por objeto", até porque um "saber sobre o homem, capaz de integrar todas as explicações propostas pelas diversas ciências, não pode[ria mesmo] prescindir da filosofia", postula com base em Hilton Japiassu.

Tratando da desigualdade de forma transdisciplinar e buscando uma porta de complementariedade entre as ciências sociais, um desafio que não perde de vista, Taurino traz-nos um ponto de vista histórico e global mostrando facetas da desigualdade e desigualdades dentro da desigualdade, como nos casos da Escandinávia, América Latina e Estados Unidos, alertando para as diferenças entre dirigentes e dirigidos e ilustrando as nuances transculturais.

Além disso, a discussão sobre a desigualdade e a igualdade formal alicerçadas em pressupostos teóricos merece atenção do leitor para desnudar as bordas de igualdade na desigualdade e de desigualdade na igualdade, aqui novamente buscando Derrida, assim como para um olhar no círculo hermenêutico e na compreensão de que para melhor leitura de Taurino deve-se recorrer a uma fusão das igualdades e das desigualdades, em seus espaços geográficos e culturais e concluir que esse desafio passa por navegar sua extensa e erudita bibliografia para desaguar com Hans-Georg Gadamer na fusão de horizontes que leva à compreensão do que e porque Taurino se debruça para propor: um novo enfoque para exegese das fronteiras da igualdade formal, uma releitura a partir de uma hermenêutica própria voltada para o estudo da desigualdade.

Esse estudo encontra-se, assim, além de Hermes, além da visão prescritiva de Platão e seguidores para redefinir a hermenêutica *au-delà* da interpretação de base lógica formal e da ótica descritiva de Aristóteles, optando por um viés centrado na concepção dialética da história, na real materialidade da práxis para desembocar em sua desafiadora Tese sobre a hermenêutica da desigualdade.

Nelson Cerqueira, PhD.

SUMÁRIO

INTRODUÇÃO

"Aquilo que 22 anos atrás eu profetizei (...)
Finalmente eu trouxe à luz, e conheci a sua verdade
além de todas as minhas expectativas (...)
Nada me detém.
Entrego-me a uma verdadeira orgia sagrada.
Os dados foram lançados. O livro foi escrito.
Não me importa que seja lido agora ou apenas pela
posteridade.
Ele pode esperar 100 anos pelo seu leitor, se o
próprio DEUS esperou seis mil anos para que um
homem completasse a Sua obra".

JOHANNES KEPLER

Escrevo estas notas introdutórias há pouco mais desde 22 anos de minha colação de grau em Direito em 17 de dezembro de 1993. Orador da Turma, proferi o discurso *Por um caminho juncado de flores* conclamando a sociedade à construção de um projeto de Universidade comprometida com a filosofia, as ciências e as artes. Refiro-me à Universidade Estadual de Santa Cruz (UESC), que ajudei a estadualizar, o que a tornou pública, gratuita e de qualidade. É a recordação de um percurso que ora resulta em 38 anos de vida pública dedicados ao Brasil, desde a oposição à Ditadura Militar de 1964, passando pela especificidade das lutas pela Anistia, Grêmios Livres, Diretas Já; em ser o mais jovem Secretário de Administração do Brasil (UBATÃ, 1989), criando a ideia precursora da Responsabilidade Fiscal no país, a *Quádrupla de Taurino para melhor emprego do dinheiro público*: "o dinheiro não é meu, o dinheiro não é seu, o dinheiro parece nosso, mas não é"; a labuta de advogado e professor de Direito e, mais recentemente, o reconhecimento público em face da condecoração com a maior honraria do Estado da Bahia, tornando-me o mais jovem detentor da Comenda de Cidadão Benemérito da Liberdade e da Justiça Social João Mangabeira (CBJM) concedida, ao longo de idênticos 22 anos, a apenas meia dúzia de notáveis, entre eles JORGE AMADO (*post mortem*).

A presente Tese, portanto, é Tese da maturidade, o que me fez, guardadas as proporções, rememorar em epígrafe a saga de JOHANNES KEPLER depois formular, ao longo de também 22 anos, suas três leis sobre o movimento dos planetas, num empreendimento igualmente além de suas expectativas. No nosso caso, as indagações iniciais restritas à Filosofia e à História do Direito adentraram o campo da Hermenêutica e da Teoria Geral e, finalmente, agora abrangem (em profundidade e extensão) uma Introdução às Ciências Jurídicas e (também) Sociais, a partir do emprego da hermenêutica da desigualdade.

Com a globalização, ao longo desses 22 anos, e palmilhando o percurso intelectual, militante e humano, vivenciei mais nitidamente a complexidade do mundo atual e a tensão entre objetividade e subjetividade, ora colocadas entre parênteses, questionando a unidade ou a departamentalização das ciências, pondo em xeque, de forma cientificamente válida, todas as infundadas e simplificadoras "certezas" dessa formação, inclusive a igualdade de todos perante a lei.

Não estamos mais no tempo em que bastava o ideal de objetividade do conhecimento científico do início do século XX, de estabelecer "verdades simples" através dos princípios de ordem, separação, redução e validade absoluta da lógica clássica, que atribuía valor de verdade quase absoluta à indução e à dedução pelo qual o aparecimento de qualquer contradição deveria ser eliminada considerando-se erro – lembra EDGAR MORIN (2004). Aquela ideia de ordem continha e se contentava com o determinismo de que tudo parecia estável, constante, regular, cíclico. A separação, muito bem formulada para a época por RENÉ DESCARTES, separava o *objeto* conhecido do *sujeito* conhecedor, fazendo nascer os especialistas, embora muitas descobertas continuassem sendo feitas em domínios intermediários, vagos, "não separados", indisciplinares. Assim é a pós-modernidade.

A complexidade de agora, em tempo real, demonstra a incidência da desigualdade a cada instante, nos mais diversos lugares do planeta, necessitando-se, pois, de uma "religação de saberes" para diminuí-la. Em rota de colisão com o cenário atual, aquele reducionismo de antes se sustentava na ideia de que importava apenas o conhecimento das unidades elementares com a pretensão de conhecer o conjunto dos quais eram componentes[1], mas com o tempo tudo isso passou a ser questionado e combatido em diversas áreas do conhecimento, tanto nas ciências da explicação (*v.g.*, física e matemática) quanto nas ciências da compreensão (*v.g.*, direito e economia) com apoio na clássica, mas superada, distinção elaborada por Dilthey, uma vez que Gadamer nega que a compreensão seja um ato tardio da interpretação estando esta, na verdade, interrelacionadas: "compreendo para interpretar e nisso amplio a compreensão e vice-versa": quando se contata o universo, *v.g*, através da rede mundial de computadores, isso se torna algo gritante, havendo necessidade de reordenar e compreender um conjunto grande de realidades distintas e subjetivos vieses, "certificando-os" na medida do possível incerto, acertando as incertezas, voltando dessa estrutura especializada às condições mais primitivas, desdiferenciando-os nessa base, conforme a hermenêutica aqui defendida.

A presente Tese, portanto, opta pela complexidade neoparadigmática ao abordar a desigualdade com base no pensamento sistêmico, tanto para construir uma hermenêutica quanto para esboçar uma teoria geral do direito, alçando-a a conceito jurídico fundamental. Não que a complexidade seja nova (ela é tão antiga quanto a desiguadade), mas o seu reconhecimento por parte da ciência o é. Logo, embora simples e complexo tenham origem comum no escandinavo *plek*, que significa dobra (sendo simples "sem dobra" e complexo "com dobras") abordagens complexas não apenas divergem das simples, mas podem levar a resultados diferentes considerando-se lógica, dinâmica/estática, ordem/desordem, certeza/incerteza ou, ainda, a calibragem propiciada por um maior (ou menor) contato com a realidade. Logo, embora desejável e útil, ser simples, "gerar palavras grávidas de imagens" ou arquitetá-las numa estrutura simples, é complicado, lembra Mario Sergio Cortella[2], sob pena de simplificação ingênua em vez de verdadeira simplicidade. Revisita-se, então, a importância do todo e das partes na interpretação/compreensão do processo. Por isso, no mínimo, "repensar o direito é [seria] tarefa que se impõe, a fim de superar o anacronismo que o caracteriza quando comparado às outras ciências

---

[1] Edgar Morin. *Religação de saberes*: o desafio do século XXI, op. cit., p. 560.

[2] V. Mario Sergio Cortella. *Não espere o epitáfio...*, op. cit., p. 62-63 e a remissão a uma dinâmica de verdadeira busca de simplicidade em Alice Roosevelt Langsworth: "Minha filosofia é simples. Encha o que estiver vazio. Esvazie o que estiver cheio. E coce quando sentir coceira". Alice foi a única filha do ex-presidente norte-americano Theodore Roosevelt (1901-1909) com sua primeira mulher, Alice Hathaway Lee. Viveu uma longa vida, morrendo aos 96 anos de idade, em 20 de fevereiro de 1980. Era conhecida como a *Princesa da Casa Branca*.

sociais"[3], não apenas em termos de reconhecer um espaço para transformação, mas para aprofundar questões estruturais. Afinal, conforme diriam PAULINE MAISANI e FLORENCE WIENER (1994):

> La conception moderne du droit est en effet jugée obsolète par nombre de théoriciens en raison d'une triple crise qui effecte ses principaux fondements: l'Etat conaît des difficultés dans l'exercice de sa fonction de régulation et partant dans la production des règles juridiques; la règle de droit elle-même est confrontée à une crise de racionalité suscitée par son incapacité coissant à rendre compt du réel et à le façonner; enfin l'outil juridique voit de ce fait su légitimité contestée comme source de régulation sociale[4].

Adotando-se a complexidade, insere-se a desigualdade no epicentro do debate jurídico e, enxergando-a pode-se diminuí-la através de uma hermenêutica própria, em vez de considerá-la simples ou resolvida pelo postulado de igualdade formal. A abordagem neoparadigmática, portanto, não é opção arbitrária. Com base em LUIZ FERNANDO COELHO (2004), constata-se que a teoria clássica do direito, contrapondo-se à universalidade do jusnaturalismo, gira em torno de conceitos lógico-jurídicos *a priori* desenvolvidos no âmbito civilista da Escola Histórica dos juristas alemães (século XIX), mais precisamente, adstritos aos referenciais do pensamento analítico e do Direito Civil. No primeiro aspecto, seria correto afirmar que os conceitos jurídicos fundamentais teriam sido definidos por derivação analítica, identificando-se com os elementos conceituais formadores da relação jurídica e, no segundo aspecto, prevalecendo a ótica civilística, omitia-se uma visão interdisciplinar mais ampla em que o direito, na verdade, mescla-se com o político e o econômico, com o factual e o valorativo[5], principalmente agora, numa época em que o Código Civil não é mais (nem pode ser) o estatuto da vida privada, bastante demarca-

---

3 LUIZ FERNANDO COELHO. *Teoria Crítica*, op. cit., p. 2.

4 PAULINE MAISANI e FLORENCE WIENER. *Réflexions autour de la conception post-moderne du droit.* cit., p. 445. Reflexões em torno da concepção pós-moderna de direito. Numa tradução livre, a concepção moderna de direito está sendo considerada ultrapassada por muitos doutrinadores, pois se encontra afetada triplamente em seus principais fundamentos: o Estado tem dificuldade no exercício da sua função reguladora e, portanto, na produção de normas jurídicas; o Estado de direito em si está enfrentando uma crise de racionalidade desencadeada por sua incapacidade crescente de fazer contato com a realidade. Finalmente, a ferramenta legal vê, assim, sua legitimidade contestada como fonte de regulação social.

5 LUIZ FERNANDO COELHO. *Aulas de introdução ao direito*, op. cit., p. 194-195.

da em sua meio e (socio)diversidade sabendo-se, como se sabe, que a história não é (nem nunca foi) linear como se pensava, mas marcada por avanços, percalços e retrocessos e, de igual forma, a regulação da vida social é cada vez mais a regulação específica de grupos ou condições: trabalhador, meio ambiente, águas, consumidor etc.

Com a proposta de diminuir a desigualdade entre dirigentes e dirigidos, atina-se para a falta de solução pronta para o problema da desigualdade na "correlação desigual de forças" entre os que estão implicados num sistema de conflito, na medida em que o quadro institucional legitima a ideia de formalmente igualar diferenças materiais nessa correlação o que, segundo Louk Hulsman e Jacqueline Bernat de Celis (1997), constitui uma ideia falsa e bem diversa de apenas admitir, *in abstrato*, a profunda desigualdade na coexistência entre os seres humanos — ou seja, sua diversidade e singularidade — o que constitui "o próprio germe da vida, toda vida social que se queira rica e não alienante deve ser construída sob o princípio desta desigualdade"[6], mas o excesso pode ser pervertido nessa correlação conflitual, se não for identificado e ponderado enquanto separação temporal, real e social de sujeitos. Quanto maior a desigualdade, maior a exclusão. Nesse sentido, Celso Ribeiro Bastos e Ives Gandra Martins (2001) afirmam que, nos tempos primitivos, o que denominamos distância temporal entre sujeitos era algo bem pequeno: "isto é, os familiares dos dirigentes e dos demais componentes da tribo, [ainda] não vivem em mundos separados. A partir do crescimento da tribo, entretanto, "a acumulação de experiências [já] começa a ser transferida apenas para os elementos da própria família do dirigente", tornando a classe dirigente não só "uma classe dirigente por pretendida inata liderança, mas por detenção dos maiores conhecimentos da época"[7], e isso já constitui significativo aumento da assimetria patrimonial em razão de um maior ou menor aparato tecnológico, por nós denominado distância temporal de mundos de consumo ao que se somaria uma separação real ainda mais demarcada já à época da cidade antiga quanto aos espaços ocupados por pobres, ricos e "estrangeiros", *v.g.*, demonstrando o que chamamos de crescente separação social, através de manifestações de *status* e de menosprezo para quem esteja nesta ou naquela posição daí para frente, até os dias atuais.

---

6 Louk Hulsman e Jacqueline Bernat de Celis. *Penas perdidas*: o sistema penal em questão, op. cit. p. 128.

7 Celso Ribeiro Bastos e Ives Gandra Martins. *Comentários à Constituição do Brasil*, op. cit., p. 19.

Na exemplicação de Gastão Rubio de Sá Weyne (2005), são contempladas as situações de desigualdade material ou substancial que impliquem efetiva desigualdade de acesso à educação, à justiça, bem como na diferença de oportunidades de existência para ricos e miseráveis e privilégios que somente aqueles desfrutam[8], o que impediria a realização dos demais componentes do grupo (sociedade). Por isso, a separação entre os sujeitos é também exercida através da pressão que a sociedade exerce sobre o indivíduo em particular, principalmente, os "desviantes", os assim denominados loucos, criminosos, marginais ou simplesmente "diferentes", de um modo geral. Aliás, além das manifestações de *status* para os que estão por cima e de menosprezo para os que estão em alguma forma de desvantagem, por conta de uma difundida apologia de "ordem" chega-se ao absurdo, até mesmo, de "tratar" esses desviantes através de um "modelo farmacológico e hospitalocêntrico", isso quando, de outras formas, não os encarcera desnecessariamente, transformando meros desajustes sociais em questão de polícia ou de saúde pública, para que o grupo social se sinta melhor e livre de "desajustados" de qualquer sorte.

É consabido que são muitas as regras (regras de diversas ordens) às quais um indivíduo está sujeito. Desde as estabelecidas pelo poder de polícia do Estado até os acordos informais e não escritos, isto é, adstritos ao âmbito do socialmente aceito. Howard Becker, citado por Celso Castro e Julia O'Donnell (2015), questiona quem define o "certo" e o "errado" e o que é "errado", "normal" ou "patológico", haja vista que agimos sob regras estabelecidas, que são estabelecidas segundo determinadas formas de pensar e de agir socialmente aceitas, enquanto outras são legalmente proibidas ou consideradas como equivocadas e inadequadas. O cerne dessa observação está no fato de que as regras são essencializadas e vistas como "naturais", o que pode fazer

---

[8] Segundo Gastão Rubio de Sá Weyne. *Igualdade e poder econômico*, op. cit, p. 49-50, "O conceito de igualdade é complexo e multiforme, sendo, ao mesmo tempo, amplamente abrangente, de um lado (caso da igualdade perante a lei) e, de outro, caracterizado por ser extremamente restritivo, como é o caso de ciências exatas, como a Matemática, que admite severas restrições a esse conceito. Quando se consideram, por exemplo, dois triângulos com ângulos e lados de mesmas medidas que se superpõem exatamente um sobre o outro, diz-se que esses triângulos são congruentes. O termo **congruência** foi criado pelos matemáticos para assegurar que todo triângulo (ou outra figura geométrica) somente é igual a si mesmo, num instante determinado, ou seja, todos os triângulos são materialemente desiguais. Idêntica situação acontece no universo social, caracterizado pela desigualdade material, onde todas as pessoas são desiguais em sua singularilade, tendências, capacidades, interesses, habilidades, ou seja, ninguém é igual a ninguém, se consideradas caracterísiticas pessoais de cada ser humano".

perder de vista o processo de produção social que as origina e, sobretudo, a questão da imposição dos "desvios e dos rótulos". Assim, diferentes correntes farão do desvio o seu objeto de estudo: **desvio estatístico** reúne num mesmo grupo as exceções, deixando de lado a diversidade dos critérios que definem as diferentes infrações; **desvio patólogico** considera o desvio sintoma de uma doença *mental*, *v.g*, enxergar o viciado como doente [ou contrariar *regra de experiência comum* ao negar que a desviança atribui direitos inalienáveis ao alienado cujo desvio, na realidade, se verificou bem antes — na data da suposta prática do "crime" — até porque "ninguém enlouquece da noite para o dia" ou deve ser considerado louco apenas a partir da data da interdição contendo respectivo CID, se sinais de evidente patologia preexistiam, a fundamentar interdição, e é inarredável a qualquer julgamento o emprego de aludidas regras de experiência]; **desvio como fonte de desequilíbrio funcional** define o objetivo de um grupo social como sendo não resultante de conflito político, mas algo "objetivamente" dado pela natureza da organização e; **desvio por incapacidade de seguir regras** desconsidera contradições e ambiguidades inerentes ao processo de quais regras seriam usadas como parâmetro de "normalidade": "a iniciativa gerada por interesse pessoal, armada com publicidade e condicionada pelo caráter da organização é, portanto, a variável-chave na imposição da regra". Logo, a transgressão é o foco dessa reflexão, mas também objeto de conflito e discordância por parte do processo político da sociedade.[9]

Questões de mero desajuste social se transformam em temas de saúde coletiva, como ocorre, *v.g.*, no processo denominado medicamentalização a que se refere MÁRCIA MARIA MONT'ALVERNE DE BARROS et al (2014). Citando AMARANTE e TORRE, eles descrevem o fato hoje corriqueiro de que muitas pessoas, sentindo-se rechaçadas, rejeitadas ou inoportunas em face de situações de angústia, insatisfações, tristeza, entre outras (facilmente medicalizáveis), identificam-se com determinados diagnósticos para, no momento em que passem a ser consideradas e tratadas como "doentes", não se sintam mais culpadas por suas características, as quais consideram incomodar os demais cedendo, dessa forma, a um padrão social imposto em detrimento indevido de sua singularidade[10].

---

[9] CELSO CASTRO e JULIA O'DONNELL. *Introdução às ciências sociais*, op. cit., p. 104-111.

[10] MÁRCIA MARIA MONT'ALVERNE DE BARROS et al. *Medicamentalização e suas contradições, cultura e conflitos nos modelos de atenção psicossocial*, op. cit., p. 209-210. Medicamentalização (em inglês *medicamentation*) é o uso não médico de fármacos para tratar problemas ou situações da vida os quais não requerem "tratamento farmacológico", como por exemplo envelhecimento, distúrbios do sono, alimentares e perda da libido o que representaria o risco do aumento do poder da psiquiatria, da psicologização dos problemas

É lógico que essas transgressões (pequenas e grandes) afrontam a concretização dos direitos fundamentais, em se considerando tanto a possessão de bens quanto a sua falta, por parte de um sujeito singular e concreto, e isso vale até mesmo para quem esteja sendo processado criminalmente, como ensina Hernán Hormazábal Malarée (2005):

> La experiencia indica que la realidad es otra, que el hombre real es el hombre en una sociedad concreta que genera desigualdades y en la que el Estado ha de asumir la tarea de nivelarlas. Hay diferencias entre las personas provocadas por el propio modelo de sociedad. En consecuencia, la teoría de la responsabilidad penal o de la responsabilidad del sujeto tiene que partir de estas premisas y también de una básica que encuentra sus raíces en la Ilustración: la antinomia entre la persona y el Estado que está latente en el propio texto constitucional. (...) De esta manera, se proyectamos estos principios constitucionales al Derecho Penal, el momento de hacer efectiva la justicia no puede ser sino otro que aquél en que se ha de enfrentar al individuo con su hecho, esto es, el del establecimiento de su responsabilidad que, como hemos explicado anteriormente, es independiente del hecho punible. En ese momento el juez ha de considerar todas las circunstancias del individuo especialmente las que dicen relacion con suas oportunidades de acceso a los bienes naturales, sino también en su carencia de los mismos[11].

No âmbito do Direito, o desafio da complexidade se justifica por conta do abalo sofrido pelos princípios da ordem, da separação, da redução e da validade absoluta da lógica clássica. É por essa razão que Edgar Morin (2004) sempre recorre à frase de Pascal: "O conhecimento do todo precisa do conhecimento das partes, que precisam do conhecimento do todo", eles sequer existem separadamente. Daí a conclusão de que o conceito de sistema leva indubitavelmente à ideia de organização, que produz emergências e, devido às restrições que impoe, "inibe certo número de propriedades que existem no nível das partes e que, de fato, não podem desde então exprimir-se": desse ponto de vista, o todo não é somente a simples soma das partes. Na verdade, o todo tanto será maior do que a soma [das partes incompletamente expressas]

sociais, da ampliação e da ambulatorização às quais se contraporiam as conquistas nos âmbitos da saúde mental e da saúde coletiva. Correlações entre psicologia, sociologia, filosofia e direito podem ser visualizadas na p, 32, a partir do quadro das ciências sociais elaborado por Pierre Jaccard.

[11] Hernán Hormazábal Malarée. *Una necesaria revision del concepto de culpabilidad*, op. cit., p. 182.

quanto menor do que tal resultado. Por isso, o conhecimento do todo não exclui a necessidade de conhecimento das partes, e vice-versa[12].

Note-se que, modernamente, até mesmo o processo é visto como uma relação jurídica trilateral (autor e réu e juiz) embora isso pudesse equivaler a uma relação lógica com três termos — o que é impossível. Logo, também no âmbito do processo o que haverá (mesmo do ponto de vista lógico) é uma complexidade de relações bilaterais, envolvendo partes e seus advogados, testemunhas, peritos, juiz. Ali, este último articula uma relação com cada qual, ou seja, no processo existem basicamente duas relações jurídicas denominadas processuais ambas incidindo sobre um mesmo objeto[13]. Considerando-se o número de relações, a mera comparação detecta desigualdade a ser diminuída, afora complexidade transdisciplinar envolvida no *thema* propriamente dito.

Nesse particular, constata-se que a desigualdade tem sido sempre descrita, de modo semelhante e complexo, em todas as ciências sociais, menos no campo do direito, no qual é escamoteada e simplificada em sua complexidade empregando-se o oposto conceito não correspondente de igualdade formal, impedindo, muitas vezes, uma análise profunda e discriminada do problema, colocando tanto a objetividade quanto a subjetividade entre parênteses[14], ignorando-se, inclusive, a formação das elites do ponto de vista político, econômico e ideológico e, ainda, como se dá a formação da minoria dirigente a partir da organização desse grupo e a possibilidade de que uma minoria domine tão drasticamente uma maioria numericamente bem superior, com a consequente duplicação de *status* para si e de menosprezo para tantos "desorganizados dirigidos", participando do governo ou influenciando-o graças aos importantes recursos sociais que controlam, como dinheiro, cultura, religião, saber etc., para que desenvolvam ideias gerais a esse respeito, num campo transdisciplinar e sistemicamente hermenêutico. Logo, a elaboração da Tese sobre a hermenêutica da desigualdade, ou seja, hermenêutica da assimetria patrimonial no direito enquanto condição para diminuir a crescente distância entre dirigentes e dirigidos, leva em consideração as seguintes e complexas razões: 1ª) Numa quantidade razoável de casos levados a juízo ou matéria de controvérsias no plano doutrinal, o intérprete desinteressado muitas vezes encontra dificuldade para construir a solução adequada do conflito por conta de um paradigma

---

12 EDGAR MORIN, op. cit., p.563.

13 LUIZ FERNANDO COELHO. *Aulas de introdução ao direito*, op. cit., p. 207.

14 MARIA JOSÉ ESTEVES DE VASCONCELLOS. *Pensamento sistêmico*, op. cit., p. 92-93.

discursivo todo construído com base na igualdade formal, enquanto a transdisciplinaridade aponta para a casuística da desigualdade real; 2ª) As abordagens no campo hermenêutico, através dos sistemas jurídicos de interpretação, construiram até hoje abordagens *a priori* ou *a posteriori*, mas ao fazermos pesquisas sobre o tema pudemos perceber que o mesmo comporta novas abordagens, embora a (in)justiça seja um tema perpétuo e ainda sem respostas prontas e não deva ser negligenciada; 3ª) Se a desigualdade é um tema perpétuo e o objetivo do sistema é de total eficácia, então uma nova teoria do direito, através da proposição de uma hermenêutica da desigualdade, deveria alçar esse conceito a categoria jurídica fundamental; 4ª) A necessidade de novos estudos para verificar se tal construção pode facilitar o acesso à justiça em termos de efetiva defesa de direitos e garantias difusos e (trans)individuais.

Para atender a esse propósito, fez-se a redefinição dos conceitos jurídicos fundamentais concebidos pela teoria clássica, incluindo a desigualdade de modo a integrar esse modelo neoparadigmático com valoração subjacente no meio social e inererente ao direito como um todo, comparando-se realidades sociais que acabam por se inserir num contexto estruturado de controvérsias e pretensões ideológicas em conflito, uma vez que a desigualdade é a tônica das sociedades complexas, e trazer esse tema para o centro do debate não deixa de ser fazer uma revaloração dos princípios fundamentadores dos ordenamentos jurídicos aos quais o nosso comparativismo se refere — baseado em J. H. M. Van Erp (1999) — por intermédio de uma *praesumptio similitudinis*[15]. Sua detecção e aplicação como conceito jurídico fundamental é a reconstrução de um velho conceito, pois a desigualdade sempre existiu em maior ou menor grau e seria apta, naquela estratégia apontada por Luiz Fernando Coelho (2004)

[15] V. a respeito o método funcional de comparação jurídica defendido por Zweigert e Kötz, citados por J. H. M Van Erp, in *European private Law*: postmodern dilemmas and choices, towards a method of adequate comparative legal analysis, op. cit., p. 4. Soluções idênticas são encontradas para problemas similares, seja este ou aquele ordenamento, em que pesem diferenças de estrutura dogmática [embora direito, sociologia e economia não sejam a mesma coisa]. Do ponto de vista dialético, defendemos que a desigualdade seja o dado global idêntico por excelência, o que chega a dispensar maiores cautelas na análise dos resultados, até porque as diferenças já seriam em si reveladoras das bases sobre as quais se apoia a assimetria — e são muitas. De igual modo, admitimos (em tradução livre) as limitações do direito comparado e da jurisprudência, para não mencionar a prática da aplicação da lei, na qual sempre permanecerá uma área residual em que apenas bom senso ou mesmo inspiração ajudará [a diminuir a desigualdade duplicadora de privilégios e de menosprezos], pois o critério decisivo, muitas vezes sozinho, será a evidência prática do que possa ser o melhor direito.

para a construção de qualquer teoria crítica a abarcar, de maneira prospectiva, a realidade social e axiológica mais justa que se pretende construir através do emprego de uma hermenêutica própria — a "hermenêutica da desigualdade" — sendo, como tem de ser e partindo, como tem de partir, de uma revisão epistêmica dos chamados conceitos jurídicos básicos, revelando-lhes, inclusive, o significado ideológico subjacente, o qual não contém e nem pode/deve conter neutralidade científica, mas constituirá, no mínimo, problematização do caráter dogmático de que se revestem perante o senso comum teórico[16], em virtude da própria raciocialidade que espelham[17], ocultando, através da igualdade formal, as implícitas ilogicidades, desordens e (in)certezas em torno de algo do qual se espera (e se propagandeia) justiça e segurança plenas. Assim, a Tese a ser aqui demonstrada é que a desigualdade real, compreendida por todas as ciências sociais como sendo objeto de uma hermenêutica juridica própria, pode contribuir para diminuir a distância entre dirigentes e dirigidos quando eles se encontram em disputa pelos bens jurídicos (vida, liberdade, propriedade), concretizando a justiça de tratar, efetivamente, os desiguais na medida de suas desigualdades, inclusive reais. Para tanto, temos primeiro de examinar um preliminar teórico preparando o terreno para inserir a desigualdade entre os conceitos jurídicos fundamentais, percorrendo, ao mesmo tempo, os meandros de uma teoria geral, reinterpretando-a numa espécie de esboço no qual a desigualdade se inscreve e passa a ser objeto de uma hermenêutica jurídica própria: a "hermenêutica da desigualdade". Antes, entretanto, percorreremos o marco da igualdade tal como tem sido encarada, delimitada e compreendida pelo direito para, a partir de um elogio da desigualdade, demonstrarmos o que a desigualdade pode ser e a até onde pode ir sem que o ideal de justiça seja comprometido.

Para exemplificar os eixos público e privado da vida em sociedade aborda-se a questão da desigualdade no Direito Penal e no Direito Civil: neste último, família, propriedade e contrato demarcam as posições ocupadas pelas pessoas nos planos temporal, real e social ao passo que o direito penal serve para demarcar de modo bem nítido a desigualdade real quando retira a liberdade do sujeito, o priva de bens, impõe multas ou lhe retira *status* quando, na verdade, a criminalização deveria ser apenas imposta na medida em que corroborasse para a efetiva proteção de um bem jurídico, não incidindo

---

[16] V. a respeito Luis Alberto Warat. *Saber crítico e senso comum teórico dos juristas*, op. cit.

[17] Luiz Fernando Coelho. *Aulas de introdução ao direito*, op. cit., p. 388.

quando outras soluções mais brandas pudessem ser adotadas, porque a regra geral é a de que as relações serão regidas preferencialmente pelos demais ramos do direito, ficando a aplicação do Direito Penal para o último caso (*ultima ratio*)[18]. É necessário conter, inclusive, a sanha de controle e encarceramento que, em muito, na verdade, resulta das indesejáveis consequências da insegurança econômica, de uma cultura de consumo, de uma ordem moral pluralista que reclama a preponderância dos pleitos mais distintos e de uma alta taxa de criminalidade somada à falta de coesão social e familiar, como diria David Garland (2008)[19]. Por isso, antecipando o preliminar metodológico, assume-se que a Tese é elaborada a partir de revisão bibliográfica, sem perder o foco da aplicabilidade tanto para aprender quanto para ensinar e aplicar o direito. Afinal, o resultado de toda Tese deveria necessariamente ser o de contribuir com a comunidade e a ciência e, para tanto, no mínimo, esboçamos no presente trabalho teoria e hermenêutica próprias ao inserirmos a desigualdade entre os conceitos jurídicos fundamentais.

Salvador da Bahia de Todos os Santos, 1º de novembro de 2016.

---

18 Luiz Luisi. *Os princípios constitucionais penais*. 2. ed. Porto Alegre: Fabris, 2003, op. cit., p. 38-39.

19 David Garland. *A cultura do controle*, op. cit. p. 57.

PARTE I
FUNDAMENTOS PARA O EXAME DO TEMA

"Por esta mesma razão, ponham todo o empenho possível em unir à fé, a virtude; à virtude, o conhecimento; ao conhecimento, a temperança; à temperança, a perseverança; à perseverança, a piedade; à piedade, o espírito fraternal, e ao espírito fraternal, o amor".

São Pedro 2 1, 2-7.

1

PRELIMINAR METODOLÓGICO

"É a força de um bom desejo
que nos conduz ao lugar certo".
MAUNG TUN KYAING

Através do presente tópico pretende-se demarcar a conveniência e a oportunidade de uma opção metodológica valorativa, adequada ao estudo da desigualdade — seu sentido e alcance — enquanto conceito jurídico fundamental, através de uma hermenêutica própria.

Com apoio em TÉRCIO FERRAZ SAMPAIO JR. (2001), MARIA HELENA DINIZ (2001) aponta três posições sobre o método apropriado ao estudo da ciência jurídica: a primeira delas insiste na "historicidade" do método consistente em colocar em relevo o relacionamento espacio-temporal do fenômeno jurídico, buscando neste relacionamento o "sentido"; a segunda reduz o direito a correlações lógicas, e a terceira, fugindo à historicidade, pautar-se-ia no relacionamento do direito com as condições a ele subjacentes na busca de "estruturas funcionais"[20]. Sob o ponto de vista de quaisquer das posições, a desigualdade decorreria de fatores históricos e seria também a resultante da diversidadade ou a causa de se buscar "estruturas funcionais" que seriam desnecessárias, fosse tudo igual.

---

[20] V. MARIA HELENA DINIZ. *Compêndio*, op. cit, p. 31.

A construção de uma Teoria Geral pertinente a todas as ordens jurídico-positivas será, então, uma espécie de denominador comum para o estudo dos diversos ramos do direito a partir de uma noção panorâmica[21], alçando a questão da desigualdade a conceito jurídico fundamental.

Leva-se em conta, pois, um estudo que se desenvolve ao nível das diversas formas de conhecimento positivo do direito cujas conclusões, a essa altura, são aplicáveis também à Sociologia Jurídica e à História do Direito na medida em que a Teoria Geral não pode ser uma para o jurista e outra para o sociólogo ou historiador se qualquer estudioso de tais ciências se subordina a um sistema de conceitos gerais, sem os quais sequer seria possível identificar um *fato jurídico* ou sua efetividade tempo-espacial, se a problemática é comum ao jurista, ao historiador e ao sociólogo, conforme adverte Miguel Reale (1994)[22]. E a desigualdade, assim, é o *a priori* de tal identificação, o fio condutor por excelência de todas as coisas e processos. Para chegar a aludido desfecho, norteiam a Tese o objetivo geral de propor o emprego da "hermenêutica da desigualdade" enquanto forma de diminuir a crescente distância temporal, real e social entre sujeitos, distorsiva do usufruto concreto dos direitos fundamentais, através da teoria crítica ao qual seguem os específicos no sentido de a) Identificar a origem patrimonial da assimetria e da distância entre sujeitos, enquanto situação determinada, de cunho global, presente no tempo-espaço de toda geografia jurídica, interferente na aplicação dos princípios gerais de direito, especialmente no *Civil Law* e no *Common Law*; b) Descrever a separação entre dirigentes e dirigidos nos planos temporal, real e social; c) Analisar o sentido abstrato, geral e impessoal da Lei, tendo em vista o caráter absoluto, exclusivo e perpétuo da propriedade por ela amparada, bem como a autonomia da vontade, sob a ótica da relação capital-trabalho; e d) Construir um esboço de Teoria Geral a partir da consecução dos objetivos anteriores.

Afinada com a crise do direito e as exigências da pós-modernidade, a Tese adota visão holística do objeto do direito, através da qual os aspectos parciais da realidade constituem projeto coletivo para a solução de problemas humanos, fazendo com que a sociedade possa ser o ambiente dessa práxis, em virtude da própria ação cognoscitiva, entre o saber, o sentir e o fazer, afastando-se do campo meramente positivo, artificialmente neutral e esterilizado, conforme

---

21 Idem, op. cit, p. 219.

22 Miguel Reale. *Lições preliminares*, op. cit, p. 330.

sugerem as reflexões finais de LUIZ FERNANDO COELHO (2003)[23]. Destarte, ultrapassa-se o vestíbulo do tridimensionalismo (fato, valor e norma), através de uma hermenêutica com vistas à desdiferenciação de sujeitos e situações, voltando dessa estrutura especializada às condições mais primitivas, desdiferenciando-os nessa base, conforme hermenêutica própria. Nesse sentido, a desigualdade é um conceito fundamental.

O objeto de uma ciência passa a ser considerado sob um certo prisma, mas a investigação não inventa seu objeto e a forma pela qual será examinado, pressupondo reflexão sobre o tipo de conhecimento que se pretende obter[24], pois o paradigma de igualdade formal, além de encobrir os condicionamentos sociais concretos, reclama hermenêutica própria e, portanto, abrangente tanto dos aspectos elementares do direito quanto em função da dialeticidade do social, contemplando as mais diversas formas de manifestação de sua complexa estrutura, desde o plano meramente retórico até o plano da (in)efetividade das decisões judiciais.

Sabe-se, conforme a ponderação de JUSSARA MARIA LEAL DE MEIRELLES (1998)[25], haver discrepância entre o sujeito real e o virtualmente previsto pelo modelo legal. De um lado, o que se pode denominar *pessoa codificada* ou *sujeito virtual;* e, do lado oposto, o *sujeito real,* correspondente à pessoa verdadeiramente humana, vista sob o prisma de sua própria natureza e dignidade, a *pessoa gente* que, muitas vezes, passa pelo mundo sem o mínimo de condições necessárias à sobrevivência, muito menos de pleno exercício do direito a uma vida feliz. Nesse sentido, a presente Tese se insere num quadro de repensar a função do direito nos termos propostos por LUIZ FERNANDO COELHO e uma plêiade de autores contemporâneos que adotam o comprometimento do intérprete com a realidade social concretizando a efetividade do direito através de uma teoria crítica[26]

> [...] — cujo exemplo mais notável é a revalorização do direito natural, após a tragédia da Segunda Guerra Mundial — que se contextualiza nova leitura da chamada *crise do direito,* a qual assume novos contornos, não mais como o permanente anacronismo das instituições, mas

23 LUIZ FERNANDO COELHO. *Teoria crítica do direito*, op. cit, p. 567-8.

24 IDEM, op. cit, p. 20.

25 JUSSARA MARIA LEAL DE MEIRELLES. *O ser e o ter na codificação civil brasileira*, op. cit., p. 91.

26 LUIZ FERNANDO COELHO. *Teoria crítica do direito.* 3. ed. rev. atual. ampl. Belo Horizonte: Del Rey, 2003, p. 300.

como crise ontológica, que se projeta no campo da epistemologia e da axiologia do direito, com repercussões na lógica, na hermenêutica e na própria dogmática.

Tal visão (empírica) é superveniente no tempo-espaço ao reducionismo contido no racionalismo dogmático da teoria kelseniana, expressão máxima do estrito positivismo jurídico e consequência da decadência do capitalismo liberal culminando com a Primeira Guerra Mundial. Segundo Maria Helena Diniz (2001), com fundamento em Machado Neto e Legaz y Lacambra[27] aquela doutrina não se importava com o conteúdo do direito, porque a época era de "racionalização do poder" compatiblizando uma Teoria Geral que tivesse condições de admitir a coexistência no mundo de um direito democrático-liberal, soviético, fascista ou nazista, afastando-se, por opção metodológica, do fundo político, ético ou religioso das normas jurídicas, sendo o positivismo um fenômeno quantitativamente majoritário no início do século XX, mas não a palavra final em matéria jurídica, quando já se sabe dos inconvenientes de toda atitude simplificadora, principalmente no abarcamento da complexidade do global, diverso e superpopuloso.

Há uma interdependência entre o que acontece na vida [nas cidades] e nos fóruns enquanto espaços de (re)criação. É preciso reinterpretar uma noção de cidadania que leve em conta a complexidade e a heterogeneidade da vida e da felicidade que tem de acontecer onde a gente mora, no campo do pensamento complexo de Edgar Morin e, principalmente, nos grandes aglomerados nos quais deveria conviver em plenitude a maioria da população. Até porque, lembra Henri Lefebvre, "um dos aspectos mais fascinantes da cidade não são **só** as pessoas que nela vivem, mas o fato de que ela é [ou deveria ser] um ambiente que tanto reflete como cria a sociedade"[28], até porque a restrição do espaço público tem restringido bastante

> [o]s lugares onde as pessoas podem se encontrar em pé de igualdade com outras, erodindo assim a liberdade individual e sufocando os meios de satisfazer suas necessidades sociais e psicológicas. Isso pode levar a sérios problemas sociais, como crime, depressão, falta de moradia, exclusão social e pobreza[29].

---

[27] Maria Helena Diniz. *Compêndio*, op. cit, p. 117.

[28] Christopher Thorpe et al *O livro da Sociologia*, op. cit., p. 106-107.

[29] Idem, op. cit., p.107.

"Tem que haver olhos na rua" [e não apenas no próprio umbigo!] diria Jane Jacobs na síntese também desenvolvida por Christopher Thorpe et al (2016), o que acaba servindo de eloquente metáfora para a construção do direito novo, através da hermenêutica da desigualdade, que defendemos aqui: "Uma **boa rua de cidade** tem prédios que se voltam para fora[...] e uma mistura de **propriedades comerciais e residenciais**. Ela precisa de um **tráfego regular de pedestres** nas calçadas[...] para melhorar **a comunidade** e a **segurança**[...] e criar atividades para que as pessoas vejam e desfrutem. **Tem que haver olhos na rua**", comerciantes e moradores locais que conhecem a sua área e assim podem oferecer "uma forma natural de vigilância":

> Também deveria haver uma diversidade de prédios velhos e novos, e as interações entre as pessoas é que deveriam definir como os prédios deveriam ser usados ou reutilizados. Por fim, as comunidades urbanas florescem melhor em lugares onde uma massa crítica de pessoas vive, trabalha e interage. Tais espaços de alta densidade — mas não lotados — são, segundo ela, motores de criatividade. Também são lugares seguros para estar, porque a maior densidade de pessoas quer dizer que existem 'mais olhos na rua'[30].

No limiar do século XXI, portanto, impõe-se revisitar a pertinência, sentido e alcance daquele posicionamento num mundo que se nos apresenta mais complexo, plural e globalizado: não se deve admitir que a distância entre dirigentes e dirigidos dilua a demanda individual e mesmo o sujeito de desejo, de direitos e obrigações, tampouco cabem apelos à subjetividade ou à objetividade sem o imediato se dar conta que sempre devam estar submetidos à força de uma hermenenêutica própria, totalizadora, com a objetividade e a subjetividade entre parênteses.

Inserindo-se ditas noções num âmbito maior, retoma-se o ensinamento de Tercio Sampaio Ferraz Jr. para distinguir os métodos de explicação e de compreensão adequados às ciências naturais e às ciências humanas, respectivamente, para destacar que ao estudar fenômenos sociais, como a desigualdade, não é suficiente constatar a existência de ligações constantes entre fatos, deles deduzindo os fenômenos que daí derivam (apenas explicando-os), mas acresce reproduzir, intuitivamente, o sentido do fenômeno, valorando-o, pois a ciência reconhece a conduta humana tanto no sentido que lhe damos quanto no sentido que ela própria se dá, conforme adverte Maria Helena

---

[30] Ibidem, p. 108-109.

DINIZ (2001)[31], ao afirmar que o método compreensivo pode ser valorativo, como pretendem GUNNAR MYRDALL, HANS FREYER, MIGUEL REALE, ou conter "neutralidade axiológica" como preferem, dentre outros, MAX WEBER e HANS KELSEN.

A proposta da "hermenêutica da desigualdade" surge, então, nesse ambiente transdisplinar de articulação entre o político, o sociológico, o semiológico e o psicanálitico exigido pela complexidade globalizada do nosso tempo, decorrente de situação determinada nos diversos sistemas de justiça, enaltecendo o valor da jurisprudência e do direito efetivamente concretizado, marcado pelo "deslocamento cêntrico rumo à figura do intérprete"[32], a que também se refere ANTONIO CARLOS DE ALMEIDA DINIZ (2008)[33], notadamente depois da Segunda Guerra e com o advento da chamada *crise do direito*, que praticamente introduz o paradigma hermenêutico-linguístico no campo da (pré)compreensão:

> Verificado [a partir daí] o descompasso entre a realidade altamente cambiante das condições de vida e relações sociais na atualidade, e a aptidão técnico-linguística do legislador para juridicizar as condutas reputadas imperativas, convenientes ou oportunas, resta ao intérprete a árdua tarefa de compatibilizar, à luz dos instrumentais hermenêuticos de que dispõe, o texto da norma aos casos concretos a ele submetidos. A despeito do rigor e preciosismo formal de muitas legislações na descrição das condutas normatizadas, nunca se consegue sob o **paradigma positivista atual** acompanhar satisfatoriamente a velocidade vertiginosa dos potenciais de conflito e de solução de controvérsias nos mais diferentes campos relacionais. Neste vácuo social de exigência progressiva por novos *quanta* de concreção normativa, é mister reconhecer, assume ares de relevo crescente tanto a figura do **intérprete-julgador** quanto das **técnicas** de hermenêutica jurídica, enquanto alternativas aptas a enfrentar competentemente os novos desafios materiais e funcionais desenhados no horizonte do direito.

---

31 MARIA HELENA DINIZ, idem, p. 19.

32 GEORGES ABBOUD et al. *Introdução à teoria e à filosofia do direito*, op. cit., p. 73. No plano teórico, esse deslocamento cêntrico em direção ao intérprete implica deslocamento do foco metodológico em direção à decisão judicial (que é produzida pelo intérprete da norma). Logo, o aprofundamento causado através da articulação interdisplinar, as questões sobre interpretação passam a ocupar o centro das atenções.

33 ANTONIO CARLOS DE ALMEIDA DINIZ.*Teoria da legitimidade do Direito e do Estado*: uma abordagem moderna e pós-moderna, op. cit., p. 181.

Compreendida nessas bases, a perspectiva jurídico-propositiva[34] da Tese remeterá às peculiaridades da realidade cada vez mais complexa do pós-guerra, que praticamente direciona a produção de uma teoria única a partir de campos de conhecimento antes compreendidos como autônomos emergindo com força, a transdisciplinaridade, conforme a constatação de Miracy Barbosa de Sousa Gustin e Maria Tereza Fonseca Dias (2002). Elas compartilham da compreensão de que o direito seja "o fenômeno jurídico historicamente realizado" que se positiva no tempo/espaço e se realiza enquanto experiência efetiva (passada ou atual). Por isso, adotam-se e "tornam-se imprescindíveis uma linguagem compreensiva e novos voos metodológicos e conceituais que façam aflorar um aluno-pesquisador mais consciente de sua importância no mundo vivo da ciência"[35].

Essa consciência de importância no mundo vivo da ciência ensejou o deslocamento de uma perspectiva apenas analítica do fenômeno jurídico para outra mais abrangente, sistemática ou neoparadigmática no dizer de Maria José Esteves de Vasconcellos (2012), com o efetivo enfrentamento das dificuldades no emprego das abordagens transdisciplinares, conforme as descreve Vitor J. Leffa (2006), porém com o amplo alcance de ofertar à comunidade esta hermenêutica da desigualdade como inédita introdução às ciências jurídicas (e também) sociais:

> A abordagem transdisciplinar apresenta dificuldades, tanto da perspectiva do objeto de investigação como das diferentes disciplinas envolvidas. Em relação ao objeto, é necessário que o investigador tenha competência e empenho para circular entre as diferentes áreas, não necessariamente reproduzindo os conceitos lá existentes, mas interagindo com eles e possivelmente iluminando-os. Isso pode ser demonstrado através do conceito de acomodação, um termo que atravessa várias disciplinas (QUADRO 1). Embora o significado comum da palavra possa dar a ideia de passividade (o sujeito acomodado é aquele que nada faz), o significado atribuído ao termo nas diversas disciplinas tem uma conotação mais ativa, dando a ideia de uma resposta a alguma mudança

---

[34] Sobre a classificação de tipos genéricos de investigação no campo do direito a enquadrar o presente trabalho na categoria jurídico-propositiva de uma mudança na concepção interpretativa — hermenêutica — v. Jorge Witker. *Como elaborar una tesis en derecho*: pautas metodologicas y tecnicas para el estudiante o investigador del derecho. Madrid: Civitas, 1986.

[35] Miracy Barbosa de Sousa Gustin; Maria Tereza Fonseca Dias. *(Re)Pensando a Pesquisa Jurídica*. 2. ed. Belo Horizonte: Del Rey, 2006, p. 8.

> que possa ocorrer no meio ambiente. Para transitar por essas áreas, o pesquisador precisará, num primeiro momento, contextualizar cada um desses conceitos lá na sua área de origem, para depois trazê-los para sua área de interesse, submetendo-os possivelmente a um processo de ressignificação. Terá com isso a possibilidade não só de enriquecer sua pesquisa, iluminando-a com a contribuição de outras áreas, mas também, por um processo de realimentação, enriquecer as áreas de origem, confirmando ou rejeitando as informações que foram usadas[36].

Essa teoria crítica admite, ademais, a contribuição da teoria egológica de Carlos Cossio, na medida em que o mesmo considera o direito como um objeto cultural a ser compreendido, pois as implicações de valor não se explicam, mas se compreendem na conduta humana em interferência intersubjetiva e nos valores que a informam e cabe ao jurista recriá-la em sua própria consciência[37] indo, entretanto, além da perspectiva egológica, com vistas à construção de uma teoria crítica.

Aliás, de uns quarenta e cinco anos para cá assiste-se ao retorno aos valores como caminho para a superação da falência do[s] positivismo[s]. Seria a reaproximação entre ética e direito através do que se convencionou chamar de 'virada kantiana' (kantishe Wende), ou seja, a busca da justiça fundada no imperativo categórico. O livro *A Theory of Justice* de John Rawls, publicado em 1971, segundo Ricardo Lobo Torres (2005), constituíria a certidão do renascimento dessa nova ordem de ideias[38].

Pesquisas como esta, que se propõe à análise de diversas posições acerca de um problema, costumam ser desenvolvidas quase exclusivamente mediante fontes bibliográficas, conforme orienta Antonio Carlos Gil (2002)[39]. Esta posição é ratificada por Edivaldo Machado Boaventura (2004)[40] quando

---

36 Vilson J. Leffa. *Transdisciplinaridade no ensino de línguas*, op. cit. p. 43.

37 Cf. Maria Helena Diniz. *Compêndio*, op. cit, p. 137, inclusive, afirmando o sentido do direito enquanto ciência da realidade, em Carlos Cossio, bem como o ater-se da dogmática a um empirismo científico para estabelecer equivalência entre o dado normativo e o fato da experiência com vistas a chegar à intenção do legislador com o que há de contingente no fenômeno jurídico.

38 Ricardo Lobo Torres. *Tratado de direito constitucional, financeiro e tributário*: valores e princípios constitucionais tributários, op. cit. v. II, p. 41.

39 Antonio Carlos Gil. *Como elaborar projetos de pesquisa*. 4. ed. São Paulo: Atlas, 2002.

40 Edivaldo Machado Boaventura. *Metodologia da pesquisa*: monografia, dissertação, tese. São Paulo: Atlas, 2004, p.70.

afirma: "A pesquisa bibliográfica atua sempre como uma primeira fase da investigação, mas existem dissertações e teses que usam tão somente esse tipo de metodologia, intensamente, nas demais etapas de elaboração da dissertação".

WANDERLEY RIBEIRO (2002)[41] reforça esta Tese ao assinalar que há temas que podem ser estudados exclusivamente através dessa metodologia. Cita o exemplo do estudo do Código Comercial brasileiro (1850) e a relação social no país quando de sua publicação.

Note-se que o conjunto das coisas que uma pessoa possui forma o seu patrimônio, no sentido subjetivo que lhe atribui CLÓVIS BEVILAQUA, como sendo o complexo de relações jurídicas da pessoa apreciáveis economicamente, ou melhor, a projeção econômica da pessoa, conforme definiu LUIZ FERNANDO COELHO (2004)[42], perspectiva, aliás, adotada pela presente Tese. Nesse sentido, para nós, patrimônio é conceito mais abrangente que a manifestação objetiva de "conjunto de bens", perspectiva, portanto, mais adequada tanto para aferir a desigualdade quanto para considerar o patrimônio moral de alguém, pois os danos causados a esse patrimônio são também indenizáveis na mesma medida em que a desigualdade se manifesta tanto no plano temporal quanto no real e social, distinguindo os sujeitos do ponto de vista tecnológico ou obrigando-os a viver em mundos diferentes de acesso a informação ou de usufruto tecnológico; bem como nos espaços reais a separar ricos e pobres e, inclusive, naqueles que duplicam manifestações de *status* para cima e da mesma forma duplicam manifestações de menosprezo para baixo.

Concorre com a necessidade de emprego desta hermenêutica da desigualdade, de acordo com JEAN BAUDRILLARD, citado por CHRISTOPHER THORPE et al (2016), o que denominamos uma abertura para as duplicações em série, desconformes ao caso em discussão, até porque, nos dias atuais, realidade "não é a que acontece no mundo físico (essa 'realidade' está morta), mas a capaz de ser simulada ou reproduzida. De fato, diz, o real é aquilo que já está reproduzido". Com o início da era industrial, "a relação entre o objeto e sua representação começa a ficar menos clara, já que o objeto original, ou um modelo dele, poderia ser reproduzido centenas ou milhares de vezes" e também através do "fluxo de imagens que são reproduzidas sem cessar para o nosso consumo por revistas,

---

41 WANDERLEY RIBEIRO. *A monografia no curso de direito:* anotações para a sua produção. 2. ed. Rio de Janeiro: Forense, 2007.

42 LUIZ FERNANDO COELHO. Aulas, op.cit., p. 232.

TVS, jornais, filmes, propagandas e websites"[43], muitas vezes sem pausa para integrar adequadamente sentimento, pensamento e ação.

Ao assumir a pesquisa bibliográfica, na escolha das fontes considera-se, também, a assimetria patrimonial no direito através do exame crítico da literatura e de legislações passadas, com o fim de identificar as suas sucessivas transformações, que têm determinado a crescente distância entre dirigidos e dirigentes tanto na formação quanto na evolução das fontes (ideias norteadoras, formas, técnicas e instituições jurídicas), primando pela transformação presente do conteúdo legal instituído à qual também se referem ANTONIO CARLOS WOLKMER (2003) e JOSÉ REINALDO DE LIMA LOPES (2002), este declaradamente atento à valorização da vida material, quantificando em tudo a percepção das rupturas e das continuidades nas quais vivemos, distinguindo, com remissão a FERNAND BRAUDEL, níveis de tempo (lento e "preguiçoso", mais acelerado e também "nervoso") com os quais se pode compreender os encontros e concomitâncias, primeiro na lentidão das civilizações, em seguida nas formações sociais mais aceleradas e, por derradeiro, ao nível dos acontecimentos conjunturais e cotidianos. "Movemo-nos nos três [tempos]: pertencemos a grupos de vida cotidiana, submetidos à conjuntura, ao ritmo das redações dos jornais cotidianos"[44]. Na instância desses tempos com ritmos tão diferentes, o futuro nunca será a simples continuação de nosso mesmo tempo. Avanços, percalços e retrocessos nos surpreendem [para o bem e para o mal], mas é assim que se explica a interdependência [com repercussão em si coletiva] da ação individual dos homens [no mundo e nas redes sociais], daquelas ações provenientes da irrupção das massas de pobres, estrangeiros, regufiados [mesmo que em âmbito ainda restrito] e também as ações-macro, decorrentes das grandes transformações do papel do Estado — ao longo do tempo — de liberal a intervencionista e depois a árbitro-regulador. Não se olvide, pois, o fenômeno da urbanização em megálopes, as mudanças na tradicional divisão de tarefas entre gêneros e assim nas relações de família e de vizinhança. Enfim, num mundo cada vez mais complexo tudo demanda "hermenêutica da desigualdade" revisitando-se, inclusive o ensinamento de THEODOR ADORNO sobre a única possibilidade de "julgar sabiamente" assim resumida por WILL BUCKINGHAM et al (2014): [i]nteligência e emoção, "[a]mbas são necessárias para que eu faça julgamentos sobre o que é certo ou errado. Então, para agir

43 CHRISTOPHER THORPE. *O livro da Sociologia*, op. cit., p. 197.

44 JOSÉ REINALDO DE LIMA LOPES, op. cit., p. 22.

moralmente, preciso ser capaz de usar minha inteligência assim como minhas emoções: "[a] inteligência é uma categoria moral":

> Por essa razão ADORNO acreditava que as ciências — enquanto forma de conhecimento que não faz referência às emoções — tiveram efeito desumanizador sobre nós. Ironicamente, é possível que as ciências, afinal demonstrem a sabedoria das preocupações principais de ADORNO acerca da ruptura entre inteligência e sentimento. Desde a década de 1990, cientistas como ANTONIO DAMASIO têm estudado as emoções e o cérebro, fornecendo cada vez mais evidências sobre muitos mecanismos por meio dos quais as emoções guiam a tomada de decisão. Então, se quisermos **julgar de maneira sábia**, ou mesmo só julgar, convém empregar tanto a emoção quanto a inteligência.[45]

Nesse debate, ANTONIO CARLOS GIL (2002) lembra que a principal vantagem da pesquisa bibliográfica reside no fato de esta permitir ao investigador a cobertura ampla sobre o objeto em estudo. Esta vantagem torna-se particularmente importante quando o problema de pesquisa requer dados dispersos no tempo e/ou espaço. Vale ressaltar que a pesquisa bibliográfica é indispensável em estudos que privilegiam dados históricos, pois na maioria das situações não há outra maneira de conhecer fatos passados se não com base em dados bibliográficos.

Não há, portanto, limitação quanto à história externa (que trata do exame formal dos acontecimentos político-sociais e que influenciam as fontes clássicas do direito como documentos, legislação, costumes e jurisprudência), mas sim à história interna, que consiste no estudo material da vida dos institutos e das instituições públicas e privadas, como família, propriedade, contrato e corporações, como ensina ANTONIO CARLOS WOLKMER (2003), opção decorrente do entendimento de que a história interna é marcada por crises, avanços e retrocessos, bem como por contradições, desigualdades e conflitos.

Para a abordagem do objeto em estudo, assume-se que o passado não deve ser estudado como um objeto morto, como uma ruína, nem como uma fonte de autoridade, mas como uma experiência apreendida e consolidada. Portanto, ainda conforme ANTONIO CARLOS WOLKMER (2004), a historiografia não necessita ser e não será passadista, distante ou inacessível. Daí a perspectiva sincronico-diacrônica da presente Tese. Assume-se (semioticamente, portanto), como ensina TÉRCIO SAMPAIO FERRAZ JR. (2001), que o discurso dogmático

---

45 WILL BUCKINGHAM et al. *O livro da Filosofia*, op. cit., p. 266-267.

nunca é apenas informativo [*de fatos*], mas persuasivo [*de julgamentos*] no sentido de motivar tanto as condutas quanto a crença do receptor e estando a esse serviço corre o risco do encobrimento ideológico, inclusive, da assimetria e de seus efeitos.

Destarte, propondo-se o emprego da "hermenêutica da desigualdade" para diminuir essa distância, a Tese reúne os ingredientes necessários à formulação de uma Teoria Geral do Direito à luz da discussão sobre a desigualdade e dessa privilegiada matriz teórica que é a hermenêutica: se os sujeitos de uma oposição binária são desiguais do ponto de vista temporal, real e social, até onde essa desigualdade pode prevalecer, de modo que as incidências de ritualizações de *status* e de menosprezo não sejam processualmente duplicadas e repetidas? Logo, preenche-se uma lacuna na linha de investigação *sistemas de justiça* partindo de uma situação determinada inerente à toda geografia jurídica, recorrente no mundo globalizado, a saber: crescente separação temporal, real e social dos sujeitos impedindo ou dificultando o usufruto concreto dos direitos fundamentais, entre eles, acesso à justiça e ao devido processo legal apresentando-se a "hermenêutica da desigualdade" como forma de diminuir a apontada distância.

Segundo Luiz Fernando Coelho (2003), o denominador comum do pensamento jurídico crítico é a concepção do direito como lugar de concreta afimação dos valores humanísticos que, a despeito do idealismo de que se revestem, não deixam de preparar o terreno para a consciência da realidade social subjacente:

> Segundo N. Fraser, as compreensões atuais sobre justiça podem ser esquematizadas a partir dos paradigmas da justiça socioeconômica e da justiça cultural ou simbólica, distribuição e reconhecimento, respectivamente. No primeiro, a injustiça se relaciona com a estrutura econômica da sociedade, preocupando-se com situações de exploração (apropriação do trabalho alheio em benefício de outros), marginalização (confinamento a situações de baixa remuneração e impossibilidade de melhoria de condições) e privações de condições de vida materialmente adequadas. No segundo, com padrões sociais de representação, interpretação e comunicação exemplificados por situações de dominação cultural (sujeitar-se a pradrões sociais de representação, interpretação e comunicação e sujeitar-se a padrões de interpretação e de dominação próprios de outras culturas, alheios e hostis à cultura do grupo dominado), não reconhecimento (práticas culturais dominantes que tornam inivisível e irrelevante certo grupo) e desrespeito (ser cotidiamenate

injuriado ou menosprezado por meio de esterótipos presentes na cultura dominante e nas interações cotidianas) [46].

De modo semelhante, Gastão Rúbio de Sá Weyne reconhece avanços no direito atual dada, *v. g.*, a conquista da dignidade humana pelo direito penal, a abolição da escravatura e o surgimento do direito do trabalho. Ditas proclamações, entretanto, continuariam longe de impedir o colonialismo ou a substituição da escravatura individual pela escravidão social de uma "maioria desorganizada": permanece a exploração do homem pelo homem de forma mais sofisticada através da exploração do mundo subdesenvolvido pelas nações com maioria rica[47], *v.g.*, onde as desigualdades são menores e, desse modo, mais cidadãos influenciam a ação dos governos mesmo sem participar diretamente deles. Aliás, com fulcro em Pierre Salama, o subdesenvolvimento é, conforme Gastão Rúbio de Sá Weyne (2005), um parâmetro que dificulta a efetiva aplicação de princípios igualitários, pois o subdesenvolvimento sequer se explica por si mesmo, sendo necessário ir além de uma compreensão simplista e partir para um minucioso estudo sobre as diversas formas mundiais de subdesenvolvimento e sua evolução[48], em cuja tarefa também concorre o emprego da hermenêutica da desigualdade.

Por isso, passeando com desenvoltura nesse ambiente teórico, a Tese tem o mérito de conciliar a dificuldade do pressuposto filosófico de universalidade do problema supostamente ilidindo com o aspecto social do ser jurídico discutido por Luiz Fernando Coelho (2003), com vistas à missão que o senso comum teórico atribuiu à jusfilosofia: identificam-se, portanto, duas direções tradicionais — como parte de um sistema filosófico ou como teoria geral — no escopo de revelar o que no direito pode ser universal. Nesse particular, reportando-se a uma *preasumptio similitudinis* (Van Erp), a hermenêutica da desigualdade foi concebida como "um saber anistórico", de cunho global ocorrente nos diversos sistemas de justiça, não apenas no sentido de identificar desigualdades, mas de diminuí-las, não através da *law in the books,* mas da *law in action.* Supera-se, assim, o inconveniente de raciocinar-se em de termos igualdade formal independentemente dos condicionamentos sociais concretos, pois quando aplicada a "hermenêutica da desigualdade" reporta-se

---

46 V. a respeito Roger Raupp Rios em *Direito da antidiscrimação.* Porto Alegre: Livraria do Advogado, 2008, p. 80.

47 Gastão Rúbio de Sá Weyne. *Igualdade e poder econômico*, op. cit., p. 299-300.

48 Idem, op. cit., p. 151-152.

situação a situação, específica, determinada, ao desdiferenciar sujeitos, pessoas, blocos, sistemas e situações.

Por meio do emprego de uma metodologia naturalmente multidisciplinar, a teoria é aqui adotada tanto para melhor explicar o direito em seu estágio atual quanto para empregá-lo de forma mais justa, sob o fundamento de uma justiça na medida do possível distributiva, na forma de "direito a ter direitos". Para essa finalidade, considera-se a afirmação de que a produção de um discurso jurídico dissidente e uma melhor compreensão do direito para enfrentar as novas dimensões de sua aplicação inserem a própria desigualdade entre os conceitos jurídicos fundamentais porque [a diminuição da desigualdade] "não se esgota[ria apenas] na descrição dos aspectos da crise e dos respectivos efeitos na experiência social, mas, prioritariamente, trata-se de recuperar o jurídico como um espaço de afirmação da dignidade humana"[49]. Através da "hermenêutica da desigualdade", concretiza-se o princípio da dignidade da pessoa humana emprestando-se efetiva inserção à eficácia vertical e horizontal dos direitos fundamentais em todas as relações, inclusive entre cidadãos.

Segundo Luiz Fernando Coelho (2003), a busca por um saber anistórico nunca foi alcançada, sequer aprioristicamente por categorias axiológicas (Kant) ou por intermédio de *a priori* material (neokantianos de Baden), que aprofunda o abismo entre filosofia e teoria geral do direito positivo, numa espécie de impossiblidade de teorização ao mesmo tempo voltada para a experiência que não estivesse integrada ao contingenciamento histórico[50].

Nesse debate, portanto, as concepções vinculam a interpretação do jurista à realidade social, bem como aquelas que, mais especificamente, propõem um modelo de superação. Daí a estratégia de explicitar a desigualdade através de uma hermenêutica específica ("hermenêutica da desigualdade") levando-se em conta que os ideais proclamados pelo liberalismo nem sempre correspondem à aplicação concreta do direito legislado, devendo-se buscar um ponto de partida para a concreção, combinando-se análise e intuição.

Ainda que sejam desrespeitados diariamente nos quatro cantos do mundo, segundo afirma Lynn Hunt (2009), os direitos humanos são tidos hoje como um valor indiscutível e universal, a partir da Declaração de Independência dos Estados Unidos (1776), da Declaração dos Direitos do Homem e do Cidadão surgida da Revolução Francesa (1789) e da Declaração Universal dos Direitos

---

[49] Luiz Fernando Coelho (2003), op. cit., p. 302.

[50] Idem (2003), op. cit., p. 301.

Humanos promulgada pelas Nações Unidas somente em 1948. Cada conceito embutido nessas declarações — como o de liberdade religiosa, por exemplo, ou o direito ao trabalho — é fruto de uma longa luta no plano das mentalidades e no *front* social e político, com lentos avanços e drásticos recuos. Em decorrência disso, constata-se que os direitos humanos foram "inventados"[51] há pouco tempo e passaram a integrar a cena internacional há menos tempo ainda, através da Declaração Universal dos Direitos Humanos, sem levar em conta o fato de que os diversos catálogos de direitos fundamentais das constituições modernas representam apenas intenções de atribuir dimensão positiva aos direitos humanos, estes, de contorno mais amplo e indeterminado, devem ser reconhecidos enquanto condição para o exercício dos demais direitos:

> Acontecimentos históricos que geraram infelicidades, como as guerras, a escravidão, a segregação racial, a Inquisição, como os conflitos sociais de natureza análoga, constituíram-se em formas de violação de direitos humanos e se contrapõem frontalmente aos procedimentos para implantação de princípios igualitários. Os direitos humanos para Carrió derivam de três princípios e de suas combinações e influências recíprocas: a) da inviolabilidade da pessoa, através da qual não se podem impor sacrifícios a um indivíduo somente em razão de que esses sacrifícios resultam em benefício a outros indivíduos; b) da autonomia da pessoa, pela qual é livre a realização de qua qualquer conduta que não prejudique a terceiros, pois a elaboração de planos racionais de vida e de ideais racionais de excelência têm um valor intrínseco; c) da dignidade da pessoa, por isso deve-se tratar e julgar os homens de acordo com os seus atos de vontade, e não em relação a outros fatores não controlados por eles. Em síntese, os direitos humanos são considerados, basicamente, institutos nos quais predomina a conotação moral sobre a sua caracterização como prescrições de direito positivo, do qual são titulares todos os seres humanos. Trata-se, evidentemente, de uma visão idealista e positivista[52].

Com base em Gastão Rubio de Sá Weyne (2005), segue-se análise realista e crítico-reflexiva do quadro, pois até mesmo a defesa da inviolabilidade, da autonomia e da dignidade da pessoa humana concorrem para a manutenção de privilégios dos poderosos frente aos desfavorecidos, sendo necessário o

---

[51] V. Lynn Hunt. *A invenção dos direitos humanos*: uma história. Tradução Rosaura Eichenberg. São Paulo: Companhia das Letras, 2009.

[52] Gastão Rubio de Sá Weyne. *Igualdade e poder econômico*, op. cit., p. 82-83.

emprego da hermenêutica da desigualdade para diminuir essa distância, assegurando-se a efetividade dos direitos sem que incida com tanta força a dissimulação dos efeitos negativos das desigualdades materiais.

Coerente com tal perspectiva, fundamentações adicionais serão apresentadas ao longo dos demais capítulos, estando elas relacionadas aos aspectos específicos, por finalidade didática. No mais, a linha de investigação insere-se nos "sistemas de justiça" partindo de uma situação determinada inerente à toda geografia jurídica, recorrente no mundo globalizado, a saber: crescente separação temporal, real e social dos sujeitos, o que impede ou dificulta o usufruto concreto dos direitos fundamentais, entre eles o acesso à justiça e ao devido processo legal. Não se trata de dar resposta a um problema como solução contingencial entre várias possibilidades. Segundo Ralf Michaels (2006), a atenção não está em regras, mas em efeitos; não em estruturas doutrinárias, mas em eventos concretos, decisões judiciais. Leva-se em conta a especificidade do sistema na apresentação de certo problema universal [objeto da Tese] centrando-se a decisão por uma entre outras soluções funcionalmente equivalentes[53], com base na aplicação da "hermenêutica da desigualdade", em busca do "melhor direito".

53 V. Ralf Michaels. *The functional method of comparative Law.* Disponível em: <http://scholarship.law.duke.edu/cgi/viewcontent.cgi?article=2033&context=faculty_scholarship>. Acesso em: 22 jan. 2011.

2

QUE DIZEM AS CIÊNCIAS SOCIAIS?

"Se é para manter tudo como está, para que pensar?
Se é para aceitar os dados da realidade,
então para que compreender o mundo,
se aceitá-lo seria mais simples e econômico?".

EDUARDO BITTAR

"Os mundos dos biólogos, ecologistas, juristas, economistas, cientistas sociais e políticos vêm passando por grandes mudanças com a "globalização", o meio ambiente, o terrorismo e vários outros "temas". (...) Esssas mudanças são sintomas de que já atingimos os limites do paradigma ocidental, cartesiano, tradicional. [MARIA JOSÉ ESTEVES DE VASCONCELLOS] nos convida a uma revisão profunda e integradora dos paradigmas — que já não são mais paradigmas das diversas disciplinas científicas, mas de uma nova Ciência Transdisplinar".

MATEUS ESTEVES-VASCONCELLOS

Considere-se o quadro das ciências sociais traçado por PIERRE JACCARD (1977), inspirado em GASTON RICHARD (1926) e seu sofisticado exemplo da sociologia comparada e genética "simultaneamente indutiva e explicativa, ela é, no entanto, sintética porque estabelece a ligação entre os trabalhos do estatístico e do economista com os do historiador e do etnógrafo, com o objetivo de construir uma teoria científica da solidariedade ([8])". Leve-se em conta, também, uma ideia de "continuidade" entre as diversas ramas científicas, bem como as hipóteses de indução científica e de dedução filosófica e a

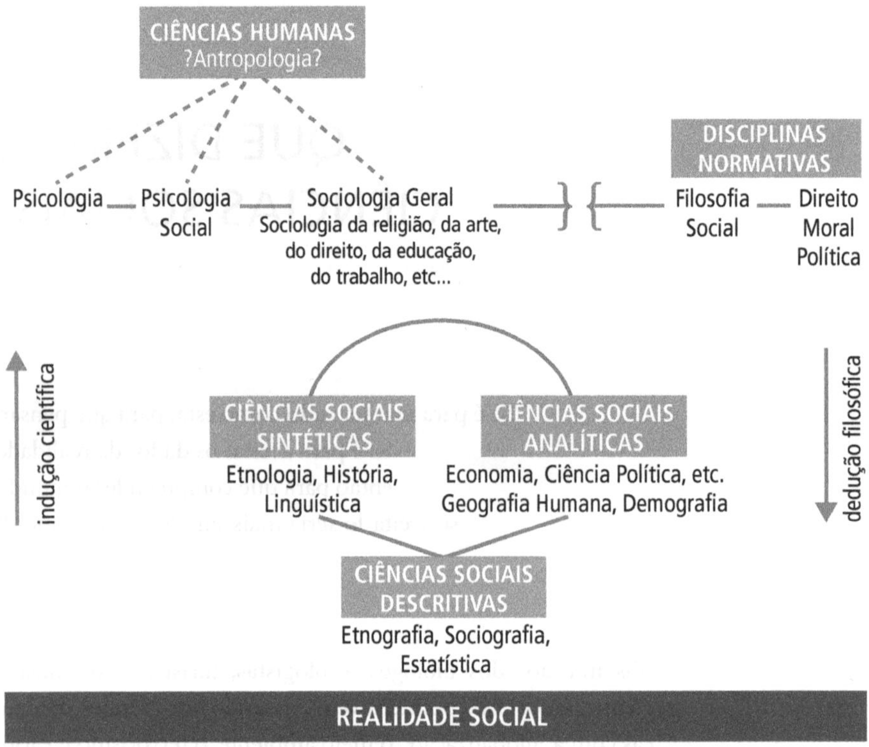

"interdependência entre elas [ciências humanas] numa progressão evidente"[55]. Note-se, conforme diria Nelson Saldanha (2005), que o direito pode ser - ao mesmo tempo - "coisa autônoma" e "coisa" resultante da economia ou do

[55] Segundo Nelson Saldanha, op. cit., p. 55-56: "[Não importa tanto se o ponto de partida do leitor tiver sido o direito ou as demais ciências sociais] o que importa acentuar é que os outros objetos, dos quais ele se distingue (e queremos que se distinga), são os outros 'setores' (ou as outras áreas) da vida social, que são estudadas por ciências específicas, como a economia, a educação etc. Distinguem-se do direito justamente por serem, como ele, partes do viver social, posições institucionalizadas da ordem social geral. Essa diferenciação não é a mesma coisa que a distinção entre as ciências que, respectivamente, tratam daquelas porções: a do direito, a sociologia, a ciência econômica e *via dicendo*. Pensar no direito [e, *a contrariori*, pensar nas ciências sociais] envolve uma 'noção' do fenômeno jurídico, mas a referência a esta noção supõe uma distinção (pelo menos implícita) entre o direito e cada um dos setores da vida social — mencionamo-los acima —, os setores que preenchem a ordem social geral. Evidentemente esta ordem social geral é um *denominador comum* para a conceituação daqueles setores: nela se situam a organização econômica, o sistema educacional, a religião, a estrutura familiar. Ao entender o direito dentro desse *denominador comum* compreendem-se as relações entre a ordem jurídica e os outros setores que 'ocupam' (e movimentam) o sistema social".

poder político. É com essa abertura que abordaremos o que dizem as ciências sociais:[56]

O problema da desigualdade reclama abordagem transdisciplinar para ser corretamente comprendido, na impossível ânsia de ser esgotado, leve-se em conta o esforço de JACCARD em definir o que seja propriamente a sociologia, ao criticar os outros enfoques sobre o social e o humano experimentados tanto na Europa quanto nos Estados Unidos até a década de 1960 ou aquele desenvolvido por NELSON CARVALHO MARCELLINO (2014), que enfatizou a necessidade de cooperação entre as diversas especialidades das ciências sociais, fundada no desenvolvimento da cultura geral por parte do pesquisador, e da filosofia, ou seja, conforme HILTON JAPIASSU, "um saber sobre o homem, capaz de integrar todas as explicações propostas pelas diversas ciências não pode prescindir de filosofia" visando a efetiva "correspondência entre a unidade do mundo real e do conhecimento das ciências que o têm por objeto" e, dizemos nós, esse mundo é sempre desigual em maior ou menor medida. A discussão sobre unidade ou departamentalização do conhecimento, portanto, é debatida não só no âmbito das instituições de ensino e de pesquisa, mas também na aplicação de teorias, tendo em vista a solução de problemáticas específicas[57] como o é a pretensão esboçada na presente Tese em construir uma teoria geral do direito tendo a desigualdade como conceito jurídico fundamental. Nesse sentido, vale a pena estabelecer com PIERRE JACCARD uma "distinção entre as ciências sempre indutivas, por um lado, e, por outro lado, as disciplinas chamadas 'normativas' por partirem de normas, isto é, de regras morais ou jurídicas previamente aceitas", ou seja, " a ciência puramente comparativa das regras jurídicas e a ciência dos

---

[56] V. PIERRE JACCARD. *Introdução às ciências sociais,* op. cit., e a remissão acima a GASTON RICHARD (1926), p. 25-26. Além deste quadro das ciências sociais, segundo ele, também inspirado em GASTON RICHARD (1926), *Nocões Elementares de Sociologia*, JACCARD apresenta e analisa a sua classificação das ciências sociais, p. 25. "Este princípio de classificação foi retomado por ANDRÉ BERTRAND, da UNESCO, em 1965, durante o debate organizado pela Sociedade Francesa de Sociologia: **o que deve ser** (direito e moral), **o que foi** (pré-história, arqueologia e história) e **o que é** (as ciências acima mencionadas [a antropologia, a etnologia, a linguística, a sociologia, as ciências políticas, a demografia, as ciências econômicas e a geografia humana] mais a psicologia e a psicologia social porque [ali] o autor se referia a todas as ciências do homem e não apenas às ciências sociais [como faz JACCARD])", op. cit., p. 24.

[57] V. NELSON CARVALHO MARCELLINO. Departamentalização e unidade das ciências sociais in *Introdução às ciências sociais*, op. cit., p. 108 e o destaque para HILTON JAPIASSU "na medida em que ela [a filosofia] se apresenta como a única disciplina em condições de fazer a unidade do objeto das ciências humanas, e na medida, também, em que ela impede cada uma delas [as diversas ciências sociais] de hipertrofiar-se em mito totalizante".

costumes" atendo-nos àquela parte da filosofia a quem compete sistematizar o conhecimento (à parte de qualquer divisão):

> A indução parte dos fatos e eleva-se, de certa maneira, a generalizações, e, na possibilidade de estabelecer elos, põe certas constantes em evidência. Não se trata de estabelecer uma hierarquia das ciências porque todas são igualmente válidas, mas sim uma sucessão de aproximações da realidade que Bacon afirma ser lógica. Quanto a nós, em ciências sociais, distinguiremos três conhecimentos, cada um dos quais será característico de disciplinas determinadas: o conhecimento descritivo, o análitico e o sintético. Não esqueçamos, porém, que, no processo de indução, a análise e a síntese são complementares. Em todas as ciências modernas, da natureza e do homem, e tanto na fase de observação como na da experimentação, a investigação processa-se sempre de baixo para cima.
>
> Em contrapartida, as disciplinas dedutivas, que não são propriamente 'ciência' no sentido moderno da palavra, progridem de cima para baixo, se assim nos podemos exprimir. Perfeitamente legítimas, e mesmo indispensáveis, a teologia, a moral ou a filosofia social, partem de uma noção geral prévia: o Bem, a Justiça ou a Verdade, que podemos recusar, mas que, quando aceita por convicção íntima, acarreta uma série de consequências para a vida prática, bem como para o pensamento. A matemática, como ciência abstrata com suas regras próprias, e a parte da filosofia que procura sistematizar o conhecimento ficam fora desta divisão.[58]

Anote-se que em *A Religação dos saberes* Edgar Morin (2004) e demais expositores das jornadas temáticas por ele dirigidas superaram a tendência de separar e analisar em vez de relacionar e interligar contextualizando o conhecimento do mundo ao optarem por semelhante comparação de modelos através da abordagem sistêmica sobre os denominados enfoques do mundo, da terra, da vida, da humanidade, das línguas, da história e das culturas adolescentes com os quais articulam a denominada "religação de saberes" através da transdisciplinaridade. Anote-se, ainda, com base Pierre Jaccard (1977), como fez Georges Gurvitch, denuncia sobre [a impossibilidade de interligação, ou seja,] conflito entre [o binário] indivíduo e sociedade. Aliás, o bom

---

[58] V. Pierre Jaccard. *Introdução às ciências sociais*, op. cit., p. 23. O inconveniente das interpretações totalizantes em que podem incorrer a concepção e o estudo de disciplinas compartimentalizadas sem o socorro de um lastro filosófico sólido é também criticado por este autor, com base em Jean-Paul Sartre. Para ele, *v.g.*, "é no plano da filosofia, e não das ciências humanas, que se pode conceber uma antropologia válida", op. cit., p. 117, não bastasse frisar o supremo papel da filosofia em sistematizar todo e qualquer conhecimento.

senso já proclamara através de PIERRE PROUDHON: "queres conhecer o homem? Estuda a sociedade. Queres conhecer a sociedade? Estuda o homem. O homem e a sociedade servem reciprocamente um ao outro como sujeito e objeto; o paralelismo é completo". Em igual sentido, considere-se a síntese que o próprio JACCARD desenvolveu quando foi encarregado de ensinar sozinho tanto psicologia quanto sociologia, em 1955:

> Não há nada no homem que seja tão especificamente individual ou social. Estes dois termos, como os de corpo e alma, não designam senão aspectos exteriores e passageiros de uma mesma realidade, que é a do homem que *vive, pensa e sofre* no meio de nós e que será necessário apreender no seu conjunto.[59]

Nesse sentido, mas sob outro enfoque, JOËL DE ROSNAY (2004) recorda a complementaridade e importância das abordagens análitica e sistêmica. Uma focaliza-se sobre os elementos enquanto que a outra se interessa pelas interações entre eles. Logo, para a religação dos saberes, é preciso debruçar-se sobre certo número de características comuns a sistemas complexos, diferentes uns dos outros, pois tradicionalmente as pesquisas referem-se ao microscópio e ao telescópio para dissecar a complexidade a fim de reduzi-la a elementos simples (método analítico), conquanto o computador permita ao sujeito compreender não mais apenas pela análise, porém pela "simulação do balanço sistêmico" [conforme preferimos dizer], ou seja, o *macrocosmo*, a síntese. É lógico que as abordagens analíticas continuam necessárias para extrair da natureza elementos e fatos, mas somente as abordagens sistêmicas permitirão vista mais global tornando possível a ação[60] que, concretamente, quando mais não seja, contemple tanto a semelhança genética entre os seres humanos quanto a sua diversidade cultural, racial, linguísticia e existencial: *in casu*, o efetivo emprego desta hermenêutica da desigualdade para desdiferenciar sujeitos e atribuir-lhes o efetivo usufruto de direito e cidadania, uma introdução às ciências jurídicas (e também) sociais.

A questão da diversidade enseja discussão quanto à origem de discursos e pressões entre grupos, blocos, culturas. DENYS CUCHE (2002) propõe um bom uso do relativismo cultural e do etnocentrismo ao demonstrar a possibilidade de apreender a dialética tanto do "igual" quanto do "outro"; a dialética da identidade e a da diferença, ou seja, a dialética da *Cultura* e das *culturas*,

---

59 IDEM, op. cit., p. 119-120.

60 In EDGAR MORIN. *Religação de Saberes*, op. cit., p.498.

que é o fundamento de toda dinâmica social, e esse dado é importante para o emprego desta hermenêntica da desigualdade. Ao distinguir etnocentrismo de racismo ele destaca, com base em Pierre-Jean Simon, a importância do etnocentrismo como assegurador de "uma função positiva de preservação da própria existência da coletividade, constituindo espécie de defesa *in-group* diante do exterior", pois uma cultura desapareceria caso não observasse e partilhasse algum sentimento de excelência e superioridade entre os indivíduos que a constituem[61].

> De outro lado, não há cultura que não tenha significação para aqueles que nela se reconhecem o que, levado ao extremo, seria oposição ideológica a qualquer declaração universal dos direitos do homem: o direito à diferença seria então transformado em obrigação de diferença e, em sua forma mais perniciosa, a justificação dos regimes segregacionistas. Para um bom uso do relativismo cultural, atente-se que mesmo uma cultura dependente jamais é totalmente dependente ou autônoma, bem como culturas sempre podem ser comparadas entre si. Ao contrário, se quisermos considerar que não há diferença essencial entre os homens e as culturas e o "outro" não é nunca absolutamente "outro" pois há algo de "nós" nele, a consagrada expressão de que "o universal está no particular", então podemos aceitar, com base na transcrição abaixo de Pierre Bourdier, o interesse no bom uso metodológico do etnocentrismo: a realidade, o etnólogo deve afirmar a identidade (supondo por que as pessoas não fazem nada gratuitamente, que elas têm intenções, latentes ou ocultas, interesses, talvez muito diferentes, que elas dão golpes etc.) para encontrar as verdadeiras diferenças. Estou convencido de que uma certa dose de etnocentrismo pode ser a condição para uma verdadeira compreensão, se designarmos assim a referência à sua própria experiência, à sua própria prática e desde que, evidentemente, esta referência seja consciente e controlada. Nós gostamos de nos identificar com o *alter ego* entusiasmado [..] É mais difícil reconhecer nos outros, tão diferentes na aparência, um *eu* que não queremos conhecer. Deixando então de ser projeções complacentes em maior ou menor grau, a etnologia e a sociologia levam a uma descoberta de si mesmo através da objetivação exigida pelo conhecimento do outro[62].

É nesse contexto que a unidade do mundo social, com o entrelaçamento dos aspectos econômicos, culturais, políticos etc., lembra Nelson Carvalho

---

[61] Denys Cuche. *A noção de cultura nas ciências sociais*, op. cit., p. 242-243.

[62] Idem. *A noção de cultura nas ciências sociais*, op. cit., p. 243-244.

Marcellino (2014), tanto pode ser constatada pela simples observação do cotidiano, lançando-se mão da *exemplia* da violência urbana, da reforma agrária, da marginalidade e da participação política, para que se conclua que uma questão social, para ser correta e profundamente estudada, deve comportar análises sob vários ângulos, sob pena de a falta de um deles não dar conta da totalidade, ainda mais na construção teórica ora pretendida sem prisão às amarras do *objeto* formal que seria especificamente investigado naquilo que chamou de *esmigalhamento do saber*, que faz com que qualquer disciplina perca, cada vez mais, a ligação com a realidade humana. Daí afirmar, com espeque em Gusdorf, que "devemos considerar como alienada e alienante toda ciência que se contenta em dissociar e em desintegrar seu objeto" sendo um absurdo vão "querer construir uma pretensa ciência do homem, se tal ciência não encontra na existência humana, em sua plenitude completa, seu ponto de partida e seu ponto de chegada" tal qual fazemos com o tema da desigualdade[63], até porque, lembra Joël de Rosnay (2004),

> [a]prender e ensinar para agir é outra [coisa]. Aprender e ensinar para compreender os objetivos de sua ação é ainda outra. Mais do que levar à acumulação permanente dos conhecimentos, a relação entre [as abordagens] analítica e sistêmica deve permitir a religação dos saberes num quadro de referências mais amplo, favorecendo o exercício da análise e da logica.[64]

Ainda conforme Nelson Carvalho Marcellino (2014), a reflexão no sentido de que a departamentalização, inclusive, não tivesse ocorrido de maneira racional ou obedecendo a um esquema definido, com base em Charles Wright Mills, na medida em que cada disciplina foi se desenvolvendo sozinha, fora do conjunto, fruto de exigências específicas e sem nenhum plano geral orientador, soprepondo-se e, às vezes, contradizendo-se como se as instituições estudadas fossem autonômas em vez de interdependentes, tangenciando a problemática posta para observar os limites acadêmicos impostos, ao contrário deve-se — até mesmo para a construção de uma sólida cultura geral — perceber e observar os pontos de ligação entre as disciplinas autônomas e saber onde buscar métodos capazes de auxiliar o trabalho em situações específicas, retomando Gusdorf para concluir que "a exigência interdisciplinar

---

63 Nelson Carvalho Marcellino. Departamentalização e unidade das ciências sociais in *Introdução às ciências sociais*, op. cit., p. 101-102.

64 In Edgar Morin. *Religação de Saberes*, op. cit., p.498.

impõe a cada especialista que transcenda sua própria especialidade, tomando consciência de seus próprios limites para acolher as contribuições de outras disciplinas. Uma epistemologia da complementaridade, ou melhor, da convergência, deve, pois, substituir a dissociação"[65].

A partir do quadro das ciências sociais traçado por PIERRE JACCARD (1977), constatamos que:

> Acontece o mesmo com os que se dedicam às nossas disciplinas como pode verificar-se pelo quadro [retro]anexo. O conhecimento dos fatos sociais deve progredir de baixo para cima, através de uma série de níveis de investigação. O sábio pode vincular-se mais particularmente a um ou outro destes níveis de investigação, mas não pode isolar o seu trabalho do conjunto do edifício. Todos devem ter sempre os olhos voltados para a realidade social, como se, de certo modo, a sobrevoassem de avião, a diferentes altitudes. O solo, com seus aspectos variados, é a própria imagem desta realidade global. Quanto ao processo de indução, representamo-lo por flechas, que sobem de um nível para outro, passando obrigatoriamente do conhecimento descritivo para o conhecimento analítico, e deste para o sintético[66].

Note-se, ademais que, do ponto de vista histórico, constituindo verdadeira enciclopédia e valendo-se, inclusive, do método comparado ao partir de uma *praesumptio similitudinis* da desigualdade no tempo-espaço de todas as culturas, em maior ou menor grau, a Tese percorre, em diferente medida, os mesmos lugares do pensamento e da experiência consolidada que ensejaram a palavra sociologia e as preocupações em termos de dominar a natureza e explicá-la através do mito, da religião, da filosofia e da ciência. Segundo TOM BOTTOMORE (1970)[67], os principais antecedentes intelectuais da Sociologia seriam a Filosofia Política, a Filosofia da História e as teorias biológicas da evolução e os movimentos para a reforma social e política que julgaram necessário, para tanto, empreender levantamentos sobre as condições sociais.

É nesse cenário que as Ciências Sociais inicialmente abarcaram disciplinas hoje específicas como Economia, Antrolopogia, Sociologia e Política. Tratava-se de uma Sociologia englobadora, ocupando tanto a totalidade da vida social

---

65 NELSON CARVALHO MARCELLINO. Departamentalização e unidade das ciências sociais in *Introdução às ciências sociais*, op. cit., p. 103-104.

66 V. PIERRE JACCARD. *Introdução às ciências sociais*, op. cit., p. 25.

67 TOM BOTTOMORE. *Introdução à sociologia*, op. cit., p. 13.

do homem quanto a totalidade da história. Evolucionista, tentava formular leis gerais como se a sociedade fosse um organismo com caráter idêntico ao das ciências naturais. Na Tese, há a necessidade de uma (re)visitação disso tudo quando se constrói uma hermenêutica com vistas a diminuir a desigualdade: retomando-se a definição de AUGUSTO COMTE [68] dirá que o criador daquele nome (sociologia) lamentou o caráter híbrido da nova palavra que, proveniente do latim *socius* e do grego *logos*, em compensação, remetia as próprias fontes históricas, uma social e outra intelectual das quais surgiu a civilização moderna.

Numa análise estruturalista histórica dessa civilização, entretanto — marcada pela complexidade e pela desigualdade conforme a presente Tese aponta — lembram MARGARET A. COULSON e DAVID S. RIDDEL (1979), certamente aparecerão alguns fatos decisivos como a quem beneficia a propriedade e a distribuição da riqueza que seriam ignorados numa perspectiva funcionalista de mera manutenção da ordem, evitando-se o complicado problema do envolvimento em prol de uma objetividade espúria ao simplificar a abordagem adotando um princípio extra-histórico e extrassocial, em superficial análise que, sendo alternativa ao estruturalismo não é a única, pois pelo menos é necessária para a compreensão de nossa sociedade sem o pretexto de que a análise estrutural do conflito fosse "anticientífica", devendo-se focalizar apenas a manipulação de problemas em menor escala, mesmo intuindo que a análise de problemas subordinados sempre dependerá da melhor concepção disponível sobre a estrutura geral da sociedade e que grupos se beneficiam à custa de outros:

> Os sociólogos entre os quais nos incluímos, que rejeitam o funcionalismo em todas as suas formas como um meio de se compreender a sociedade, afirmam que por a sociedade *não* ser como um relógio, ou como um corpo, nas maneiras críticas acima examinadas, é necessário analisar os interesses e finalidades dos grupos de pessoas numa sociedade — em outras palavras, estudar a estrutura social sem atribuir às sociedades as características de uma pessoa. Porque quase todos esses estudos mostram que as estruturas sociais reais se desenvolveram de tal maneira que a estrutura beneficia alguns grupos à custa de outros, existe um conflito potencial entre os grupos nas estruturas sociais, oriundos da própria estrutura. Os sociólogos que adotam esse método de análise das sociedades, que se origina de MARX, muitas vezes são chamados de

[68] V. citação em TOM BOTTOMORE. *Introdução à sociologia*, op. cit., p. 13.

teóricos do *conflito estrutural*, embora preferíssemos os termos *estruturalismo histórico ou dinâmico* (LEFEBVRE, 1968) [69].

O direito em seu estado atual, depois de viver ênfases no jusnaturalismo, no juspositivismo e na crise deste (póspositivismo), leva consigo certezas quando de sua concepção. Se "a finalidade das ciências era atingir a mesma neutralidade, imparcial e objetiva, que se atinge na Física, na Química e na Biologia", "as leis sociais são naturais, a sociedade não pode ser transformada. Ao contrário dos filósofos iluministas, considerados negativistas por AUGUSTO COMTE, o positivismo privilegia a aceitação passiva do *status quo* social", mas com base na crise e, também, na melhor compreensão do ambiente em que a sociologia surge, justifica-se a transformação em dois eixos: intelectual e levando em conta a experiência a partir daí consolidada de um mundo que a partir do século XVIII deixa de ser feudal, consolidando a sociedade capitalista com a Revolução Industrial trazendo transformações de ordem tecnológica, econômica e social conforme exemplifica ARNALDO LEMOS FILHO (2014), ao descrever o emprego intensivo e extensivo da máquina, como sendo um novo modo de produção, modificando as condições anteriores de trabalho; a concentração de capitais que propicia o acúmulo de riquezas nas mãos de poucos; a intensificação do êxodo rural e o consequente processo de urbanização enfatizando uma densidade demográfica cada vez mais desintegradora de instituições e de costumes, introduzindo novas e mais complexas formas de organização social e, sobretudo, o surgimento do proletariado de massa[70]. Aliás, a Revolução Industrial trouxe crises e desordens na organização social, o que levou alguns pensadores a concentrar reflexões em suas consequências. O positivismo seria uma primeira reação a isso, agora (re)visitada.

É interessante, portanto, fazer uma digressão às origens da cibernética, e à ideologia nascida em torno dela, haja vista sua implicação tanto na noção de sistema quanto no fenômeno denominado "ideologia da comunicação", surgindo na década de 40 do século XX, e do fato de o jornalismo (comunicação social) ser considerado o quarto poder. Nessa ordem de ideias, a hermenêutica da desigualdade talvez facilite essa correlação que considera o discurso jurídico como *discurso-ocorrência*, ou seja, manifestação do fenômeno jurídico

---

69 MARGARET A. COULSON e DAVID S. RIDDEL. *Introdução crítica à sociologia*. op. cit., p. 62.

70 ARNALDO LEMOS FILHO. As ciências sociais e o processo histórico in *Introdução às ciências sociais*, op. cit., p. 17-26. A desorganização em face da densidade demográfica, na verdade, remete ao excesso populacional por causa da incapacidade de produção de um grupo social mais numeroso.

em seus diversos e possíveis espaços, enquanto "sistema entre sistemas, como um produto social entre produtos sociais, ou mais ainda como uma palavra entre outras palavras" (discurso literário, discurso folclórico, discurso teatral, discurso jornalístico, discurso político, discurso jurídico...), promovendo-se com isso o enquadramento de eventuais particularismos e especificidades em formas mais gerais próprias do *discurso-em-si*, ressaltando-se tanto a *dinamicidade* que preside a sua realização prática quanto o fato de a mesma estar necessariamente imbricada a dados culturais, acontecimentos históricos, costumes, hábitos, tendências sociais, injunções institucionais e valores majoritários sobre os quais e com os quais o intérprete deve interagir, refletir e decidir, como ensina Eduardo C. B. Bittar (2006) , citando Margarida maria de Andrade[71], não fosse também a advertência de Maria Helena Diniz (2001) sobre a impossibilidade de substituição da apreciação [direta e circunstanciada do caso] "pela memória decisória da máquina", por ser o computador tão somente

> um poderoso e eficaz instrumento a serviço do jurista, do juiz, do advogado, do notário, do delegado, do procurador, do Ministério Público, do legislador etc., economizando o tempo gasto no trabalho de pesquisa da jurisprudência, da doutrina e da legislação, sem contudo substituí-los nas tarefas de reflexão e de decisão.[72]

Há, portanto, em todo esse processo, a predominância da heterogeneidade, da decisão e da fala, que se concretizam a partir de indivíduos e tem por destinários indivíduos reais, na interligação do binário forte/fraco, ordem/desordem, autoridade/autonomia. Segundo Denys Cuche (2002), através de seus estudos sobre linguagem e antropologia Edward Sapir (1949) foi talvez um dos primeiros a considerar a própria cultura na qual o indivíduo está inserido como "sistema de comunicação interindividual". Mais tarde, outros autores insistiram na produção de sentido que as interações entre indivíduos produzem[73].

Considere-se, ademais, a triangularidade das relações semióticas (semântica/pragmática/sintática), o trângulo de Ogden e Richards, a demonstrar "uma representação de totalidade de sentido" com relação ao sujeito (conceito, interpretante); ao referente (psicológico, lógico, físico, metafísico) e em relação significante: simbologia, linguagem, sistema de representação. Nesse caso, percebe-se que o fenômeno jurídico enfatiza o aspecto *pragmático* quando se

---

[71] Eduardo C. B. Bittar, *Linguagem jurídica*, op. cit., p. 61.

[72] V. Maria Helena Diniz. *Compêndio*, op. cit, p. 223.

[73] Denys Cuche. A noção de cultura nas ciências sociais, op. cit., p. 105-106.

acentua a pesquisa na participação do usuário, do destinatário, do jurista, do legislador; sob o especto *sintático*, quando prevalece a estrutura em que se assenta a norma jurídica, a gramaticalidade de sua representação e a coerência na apresentação dos signos. Por último, os aspectos *semânticos* dirão sobre as noções de definição jurídica, de verdade e verossimilhança, indeterminação e equívocos e outras implicações que se façam pertinentes, tudo na base da linguagem e para que ocorram "as manifestações de vontade, os atos jurídicos se promovam e as convenções e contratos se formalizem, validamente", verificando-se o sentido em que foi expressa, como ensina DE PLÁCIDO E SILVA[74].

Estabelece-se uma conexão interessante entre direito e comunicação, tanto do ponto de vista do relacionamento transdisciplinar quanto metodológico, para que não se recaia, inclusive, no equívoco de tratar o fenômeno jurídico como "uma mecânica fria de instituições, atos e técnicas sem corporeidade e cumplicidade com outros sistemas que o *in-formam*, *con-formam* e *de-formam* constantemente. A própria expressão *iuris-dictio* (jurisdição) é de grande significado dentro desse contexto: significa "dizer o que é jurídico", aplicá-lo, exercê-lo praticamente (*in discursus, inter homines; intra textus*), expressá-lo, comunicá-lo por linguagem, trazê-lo a lume, ou seja, jurisdição é fazer do jurídico um cadinho de significação, um cadinho comunicativo, um cadinho semiótico[75].

Nesse debate sobre heterogeneidade, decisão e fala, retome-se o ensinamento de DENYS CUCHE (2002) sobre a denominada "antropologia da comunicação" para a qual a comunicação não é concebida apenas como uma relação entre emissor e receptor, mas segundo um "modelo orquestral" através do qual cada um à sua maneira participa da execução da partitura invisível, que é a cultura. Segundo ele, esta corrente se desenvolveu nos Estados Unidos, na década de 1950 junto a GREGORY BATESON e à Escola de Palo Alto. Em síntese, é necessário observar o "contexto" dessas interações comunicativas, pois cada contexto acaba impondo as suas regras e expectativas particulares entre os participantes dele. Para esta hermenêutica da desigualdade, portanto, importará "o caráter plural e instável de todas as culturas e também os comportamentos aparentemente contraditórios de um mesmo indivíduo que não está necessariamente em contradição (psicológica) consigo mesmo". Por esta abordagem, torna-se possível constatar a heterogeneidade em vez de envidar

---

74 IDEM. *Linguagem jurídica*, op. cit., p. 51-52.

75 IBIDEM. *Linguagem jurídica*, op. cit., p. 68.

esforços para encontrar uma homogeneidade [concretamente] ilusória[76], e é assim também que se pode alcançar uma desdiferenciação de sujeitos e uma compreensão mais aprofundada de sistemas e blocos com vistas ao usufruto de direitos e exercício pleno da cidadania.

Ainda sobre a "ideologia da comunicação", a mesma consistiu em um "projeto utópico" de "sociedade de comunicação" pelo manejo eficiente de técnicas enaltecendo a ideia de ordem através desse contexto, em substituição às "terapias exterminacionistas" que caracterizaram as ideologias políticas reinantes no período da 2ª Guerra Mundial. Depois de encerrado aquele conflito, ficou claro que a barbárie estava em toda parte, no interior de todas as ideologias, inclusive das que sobreviveram à guerra. Na visão liberal, tratava-se do combate ao "homem novo" do nazismo e do stalinismo, até porque o período entre as duas guerras mundiais foi caracterizado pela quebra dos suportes sociopolíticos a esse modelo de democracia. Segundo Norbert Wiener, com isso se deixaria de designar um inimigo humano com raça, classe e estatuto social definidos para enxergá-lo como uma entidade diabólica, a desordem, o déficit de organização, o sufocamento da informação, em vez do vermelho, do branco e do judeu como responsáveis pela infelicidade humana, conforme demonstram Philippe Breton e Serge Proulx (2006)[77].

Para melhor compreender a propriedade dessa digressão, note-se que Margaret A. Coulson e David S. Riddel (1979) adotarão uma perspectiva estruturalista histórica ou dinâmica para combater a analogia funcionalista do relógio, pois tanto a sociedade é mais que a soma de suas partes quanto um indivíduo, diferentemente de uma peça de relógio, participa de grupos diferentes o que impede a sua "arrumação" enquanto "peça" — bem como as sociedades são criadas pelas peças (pessoas), elas próprias interagindo com opiniões muitas vezes conflitantes sobre a finalidade que a sociedade tem ou deveria ter: as sociedades mudam a partir do tipo de conflito que exercitam e dos benefícios diferenciais que recebem em suas diferentes posições na estrutura social. Logo, numa sociedade complexa, com divisão social do trabalho, isso é relativamente fácil de entender. Nas sociedades primitivas, entretanto, pessoas e grupos pareciam ajustar-se tal como peças de um relógio, por viverem num mesmo mundo bronzeando-se num mesmo "sol" e molhando-se numa mesma "chuva", embora isso já não seja verdade, pelo menos a partir

---

[76] Denys Cuche. *A noção de cultura nas ciências sociais,* op. cit., p. 107.

[77] Philippe Breton e Serge Proulx, *Sociologia da comunicação*, op. cit, p. 236-237.

de 11 de setembro de 2001, quando o ataque às "Torres Gêmeas" simbolizou mundialmente uma ressignificação dos conceitos de poder, tecnologia, separação real de espaços e (in)segurança.

Destarte, para Margaret A. Coulson e David S. Riddel (1979) o esquematismo funcionalista, ao depreciar o estudo da história e da mudança com o emprego da metáfora do relógio, comportará variedades a exemplo da visão *estrutural-funcionalista* de Radcliffe-Brown, para quem a função da sociedade era manter a ordem e a estabilidade, através da ação das partes que a compõem, o que se torna ilusório, *v.g.*, para explicar as hipóteses de ruptura dessa ordem; há também a concepção *funcionalista-biológica* no sentido de que a sociedade existe para satisfazer certas necessidades do ser humano, conforme afirma Malinowski. Por último, dissertando sobre o que se denominou *funcionalismo normativo*, Talcott Parsons apresentará um desenvolvimento mecanicista, mais elaborado que o *funcionalismo biológico*, para sustentar a manutenção da ordem pelo equilíbrio, alcançado principalmente pela existência de valores comuns ou normas, compartilhadas pela vasta maioria das pessoas. É assim que as vertentes funcionalistas encantam por apresentarem "ordem" na tremenda "complexidade" do todo heterogêneo que é a sociedade, principalmente para os interessados em manter as coisas como estão, oferecendo uma ideologia requintada para manter o *status quo*, a despeito do erro básico de tachar de "doentes" aqueles que não se enquadram facilmente à moldura ideal:

> Se nosso ponto de referência para a análise das sociedades é alguma finalidade existente, que está sempre ali, a história de como as coisas vieram a ser como são é separada de sua explicação e deixa de ser interesse fundamental. Falar de estrutura social é descrever como a organização da sociedade "mantém" a ordem. Por outro lado, se não existe nenhum ponto externo de referência, a única maneira pela qual podemos compreender as relações de grupos é examinando a maneira como eles interagem com o correr do tempo — em sua prática histórica (...) Logo, na sociologia funcionalista, o estudo da história e da mudança está depreciado (...)[78].

A reflexão acima, portanto, compatibiliza-se com a noção de direito enquanto sistema aberto, seus contágios ideológicos, o fato de a economia ser a matéria-prima do direito, conforme Washington Trindade, e assim o

---

[78] Margaret A. Coulson e David S. Riddel. *Introdução crítica à sociologia*, op. cit., p. 60-63.

comportamento tanto do sistema quanto de suas partes ser determinado pela *interação dinâmica de seus componentes* heterogêneos com múltiplas variáveis, podendo evoluir de um estado para outro mais diferenciado, a partir da advertência de BERTALANFFY de que a teoria dos sistemas é mais que cibernética (ou relógio, como querem os funcionalistas), haja vista que sistemas apresentam muitas outras caraterísticas maquinais, inclusive a possibilidade de funcionarem em criatividade, perturbações imprevisíveis e desordem em vez de cópia (como sugere a concepção estruturalista ao abordar conflitos e produções no campo indisciplinar). Nesse sentido, MARIA JOSÉ ESTEVES DE VASCONCELLOS (2012) sintetiza:

> Segundo MORIN, todo ser físico cuja atividade comporta trabalho, transformação, produção pode ser concebido como máquina, podendo-se distinguir as máquinas artificiais, fabricadas pelo homem, das máquinas naturais, físicas, biológicas ou sociais. Contrapondo as caracterísiticas dos dois tipos de máquina, ele mostra que no caso das máquinas artificais, há: preconcepção dos elementos da constituição e da organização; impossibilidade de existência e funcionamento na desordem; elaboração de produtos exteriores como finalidade primeiria (*alopoiese*); cópia, em vez de criação; impossibilidade de reorganização espontânea e impossibilidade de produção de si. Ao contrário, no caso das máquinas naturais, há: espontaneidade no agrupamento, na regulação e na organização; possibilidade de existências e funcionamento na deseordem; produção de si (generatividade — *autopoiése*) como finalidade primeira, sendo a produção de produtos exteriores um subproduto; criação em vez de cópia; possibilidade de reorganização espontânea (MORIN, 1977)[79].

No que diz respeito à cibernética, ela inspirou práticas tecnocêntricas, tecnomórficas e tecnocráticas, sendo aplicada em muitos contextos na esfera antropossocial [vide o exemplo da "ideologia da comunicação"], considerando-se os sistemas vivos e os sistemas sociais como máquinas a serem funcionalizadas em termos comunicativos, conforme ensina EDGAR MORIN citado por MARIA JOSÉ ESTEVES DE VASCONCELLOS (2012). Na administração, *v. g.* concebe-se o administrador como alguém que identifica um desvio em relação à meta e utiliza estratégias para fazer a correção de rumo desse desvio, fazendo com que o sistema volte a funcionar em direção à meta[80]. No discurso cibernético, um apelo à ordem a "infectar" os mais diversos discursos e releituras, eis

---

[79] MARIA JOSÉ ESTEVES DE VASCONCELLOS. *Pensamento sistêmico*, op. cit., p. 226.

[80] IDEM, p. 226-227.

a crítica. Entretanto, algo de "objetividade" ajuda a compreender o pensamento contemporâneo e as bases em que este se encontra assentado, a partir dos mais diversos saberes decorrentes de tal modelo teórico, ideológico e técnico.

Para Leonardo Masaro (2010), sucederam a cibernética e com ela guardam relação mais próxima ou mais remota, a teoria dos sistemas, a inteligência artificial, a teoria da complexidade, a vida artificial, as ciências cognitivas, a auto-organização, a autopoiésis e a biologia molecular com novos paradigmas, pelo que "somos tentados a contar a história da ciência em termos de revoluções por minuto"[81]. Sobre correntes, cita, *v.g*, as linhas da psicologia que puderam a partir da cebernética ver na comunicação o cerne do processo terapêutico, a Escola de Palo Alto, a terapia familiar, a terapia de grupo etc. Na antropologia cultural (Margareth Mead); na matemática (Norbert Wiener); na pedagogia fundamentada em termos cibernéticos (Helmar Frank); na política comparada (Gabriel Almond e Bingham Powell Jr); na teoria política (Karl W. Deutsch) e na sociologia (Walter Buckley)[82]. Isso conquanto "seja frequentemente desconhecido pelos cientistas envolvidos no

---

81 Leonardo Masaro. *Cibernética*: ciência e técnica, op. cit., p. 22.

82 Idem, op. cit., p. 31. V. abaixo as notas de rodapé de Leonardo Masaro sobre as incursões cibernéticas nos diversos campos por ele mencionados acima.

«[38] [sobre terapias] Um clássico é o livro de Gregory Bateson e Jurgen Ruesch, *Communication, the social matrix of psychiatry* (1951), segundo o qual "a transformação do antigo alienista no moderno terapeuta e a mudança de princípios estáticos para dinâmicos tornou necessária uma revisão das teorias psiquiátricas. Enquanto, no passado, as teorias da personalidade concerniam um único indivíduo, os psiquiatras modernos perceberam que tais teorias são de pouca utilidade, porque **é necessário ver o indivíduo no contexto de uma situação social**. (...) Nós esboçamos esta relação [entre psiquiatra, paciente e sistema social] numa teoria unificada da comunicação." Op. cit. p. 3-4.

[39] Helmar G. Frank. *Kybernetische Grundlagen der Pädagogik* , traduzido para o francês, italiano e espanhol com o título de *Cibernética e Pedagogia*.

[40] Gabriel A. Almond & G. Bingham Powell Jr.. *Comparative Politics*: a developmental approach, 1966. A reflexão teórica que fundamenta este livro parece estar em Richard R. Fagen, *Politics and Communication*, 1966, onde se lê que 'o impacto da cibernética sobre a política comparada tem sido mais extremo do que o poderia indicar uma leitura superficial da literatura. Contudo, (...) este impacto não tem sido direto. Em vez disso, a cibernética tem se filtrado – e, no processo, parcialmente transmutada – pelo que veio a ser chamado de **abordagem ao estudo da Política do ponto de vista dos sistemas**.' Richard Fagen, Política e Comunicação, p. 22.

[41] Karl Wolfgang Deutsch. *The Nerves of Government*, 1966. Este livro, 'um estudo da comunicação e do controle políticos' (Karl Deutsch, Os Nervos do Governo, primeira página da Introdução), é diretamente orientado pelas categorias cibernéticas.

[42] Walter Buckley. *A Sociologia e a Moderna Teoria dos Sistemas*, p. 11".

puzzle cotidiano de ciências normais já cibernetizadas, não escapou aos olhos dos comentadores mais dedicados", conforme demonstra a partir dos excertos citados e por ele comentados abaixo:

> [Mathieu Triclot] A cibernética mostra-se de fato como uma ciência verdadeiramente singular: ela não teve sucesso em se constituir como disciplina reconhecida, apesar do fato de seu vocabulário e seus conceitos haverem em larga medida obtido ganho de causa e se espalhado em todo o espaço de nosso discurso.[35]
>
> [Jean-Pierre Dupuy] A prolífica cibernética teve muitos outros rebentos além das ciências cognitivas; os membros da fratria são tão dessemelhantes que não poderíamos achar neles um ar de família; eles sequer se reconhecem entre si. Esqueceu-se que a cibernética, em seus bons tempos, suscitou os maiores entusiasmos e as mais loucas esperanças. Seu projeto ideológico, teórico e técnico moldou a nossa época como nenhum outro. Assim, não é de admirar que sua linhagem seja numerosa e variada. Ela, sem ordem e sem preocupação de exaustividade, introduziu a conceituação e o formalismo lógico-matemáticos nas ciências do cérebro e do sistema nervoso; concebeu a organização das máquinas de processamento de informação e lançou os fundamentos da inteligência artificial; produziu a "metaciência" dos sistemas, a qual deixou sua marca no conjunto das ciências humanas e sociais, da terapia familiar à antropologia cultural; inspirou fortemente inovações conceituais na economia, na pesquisa operacional, na teoria da decisão e da escolha racional, na teoria dos jogos, na sociologia, nas ciências do político e em muitas outras disciplinas; forneceu na hora certa a várias "revoluções científicas" do século XX – muito diversas, pois vão da biologia molecular à releitura de Freud feita por Lacan – as metáforas de que precisavam para assinalar a sua ruptura em relação a paradigmas estabelecidos.[36]
>
> [Claus Pias] Quando comecei a colecionar livros europeus sobre a cibernética dos anos [19]50 e [19]60 fiquei impressionado: neste período nenhum campo do conhecimento permanece intocado pela cibernética. Há livros sobre cibernética e teologia, antropologia e medicina; sobre cibernética na política, sociologia e economia, nas artes plásticas, literatura e estratégia militar; sobre cibernética e pedagogia, homeopatia e antroposofia; livros para cientistas e leigos; livros para crianças e adultos. Parece que quase toda disciplina foi infectada por um vírus chamado cibernética e iniciou um processo de reformulação ou crítica de seus próprios termos fundamentais num vocabulário cibernético. [37] [83]

---

[83] Idem, op.cit., p. 30. V. notas de Leonardo Masaro a partir das citações feitas acima por ele:

Nesse contexto, a "ideologia da comunicação" representa uma espécie de injeção de ânimo, e por isso é identificada por PHILIPPE BRETON e SERGE PROULX (2006) como uma "verdadeira explosão da comunicação" com impacto tão grande que até mesmo as "terapias exterminacionistas" que caracterizaram as ideologias políticas da época foram substituídas por um "projeto utópico" de "sociedade de comunicação". Nela, homens e máquinas trabalhariam em harmonia e, por que não, em pé de igualdade, graças às novas inteligências artificiais. Nesse contexto, demonstra-se que o humanismo clássico cederia lugar aos "filósofos do absurdo", apresentando-se a "ideologia da comunicação" como uma "ideologia sem inimigos" e estabelecendo, graças ao emprego de técnicas, uma espécie de "norma consensual" de todas as relações. Doravante, o Mal seria personificado e censurado pela "entropia", pela "desordem", pela "desorganização", pelo "ruído"[84].

Para STEVE HEIMS (1991) citado por LEONARDO MASARO (2010), a saúde mental era vista pela onda cibernética como uma forma de direcionar mudanças sociais sem colocar em risco a ordem capitalista que, a partir de conceitos como o de causalidade circular, enxergava na ação de sanificar a mente dos indivíduos o primeiro passo para a modificação também da sociedade e a modificação desta retroalimentaria a produção de mais indivíduos saudáveis. Esse era o foco da escola de Chicago, do seminário de SULLIVAN e SAPIR em Yale, do departamento de *social relations* de Harvard e do trio cibernético FRANK FREMONT-SMITH/MARGARETH MEAD/LAWRENCE FRANK que, juntos, fundararam em 1948 a *World Federation for Mental Health*, organização financiada pelas Nações Unidas com o propósito de promover a "saúde mental" através do "desenvolvimento de personalidades sadias para a tarefa maior de criar uma sociedade ['sadia']".[85] Essa discussão guarda uma nota de atualidade

---

·[35]MATHIEU TRICLOT. *Le Moment Cybernétique*, pág. 408.

[36]JEAN-PIERRE DUPUY. *Nas origens das ciências cognitivas*, pág. 43-4. DUPUY exagera um pouco e aproxima por demais linhagens científicas que partilham certas similaridades teóricas com a cibernética, mas que se desenvolveram historicamente de forma independente, como a teoria geral dos sistemas, a teoria dos jogos, a pesquisa operacional, a computação, etc. – aproximações estas que ilustram, por sua vez, o grau de disseminação da cibernética, hoje tão difícil de se distinguir de outros programas de pesquisa.

[37]CLAUS PIAS. *Analog, digital and the cybernetic illusion*, pag. 11".

84 *Sociologia da comunicação.* op. cit, p. 13.

85 V. LEONARDO MASARO. *Cibernética:* ciência e técnica, op.cit. , p. 22-23. V., ainda, as notas dele a partir das conclusões de STEVE HEIMS a seguir: "STEVE HEIMS, The Cybernetics Group, pág. 173. Esta citação é um trecho do relatório final da III Conferência sobre *Higiene Mental do Internal Committee on Mental Hygiene* (1947), organização internacional que se

e pertinência quanto aos conceitos de desviança e heterogeneidade até porque, sob outra perspectiva, os "remédios, que a quase ninguém ocorreria relacionar com a cibernética, também a ela devem": o Prozac, *phármakon* de depressivos e de anoréxicas, "não existiria sem o deciframento dos mecanismos informacionais de controle dos sistemas nervoso e hormonal, cujos fundamentos foram lançados pela cibernética"[86], em que pese sabermos dos limites para uma cibernetização de sistemas vivos e antropossociais tanto no que tange à (im) possibilidade de colocar numa máquina todas as suas características quanto compreeder e controlar tais sistemas, conforme lembra Aurel David (1965), citado por Maria José Esteves de Vasconcellos (2012)[87], e tal acabe sendo mais uma justificativa para o emprego desta hermenêutica da desigualdade deslocando-se em direção à figura do receptor protagonista, através da interligação de opostos.

Segundo a concepção interacionista, o sujeito depende do[s] sistema[s], mas ao afirmar a sua autonomia como tal está em permanente criatividade e renovação e, por isso, tem a potencialidade de introduzir comportamentos ambíguos ou contraditórios e, muitas vezes, desobedientes em relação às regras estabelecidas pelo sistema no instante de sua aplicação, e tal potencialidade deve ser analisada caso a caso. Dicotomizar e exaltar apenas uma das características de um binário (*v.g.*, personificando o Mal em oposição ao Bem refoge aos fins humanísticos desta hermenêutica da desigualdade, o que não deixa de ser um instrumentos na mão dos indivíduos para se contrapor aos exacerbados arroubos de planificação e ordem, em detrimento da pessoa). Por isso, vale refletir sobre as ponderações de Akiko Santos (2008) no sentido de que se deva articular os opostos, pois o princípio da complementaridade opõe-se à dicotomia dos binários ao nível de realidade integrada, isto é, razão "e" emoção, indivíduo "e" sociedade, saúde "e" doença, subjetivo "e" objetivo,

---

transformaria, no ano seguinte, na *World Federation for Mental Health.* O relatório foi escrito por Lawrence Frank e Margareth Mead. Segundo Heims, 'o motto da *World Federation for Mental Health*, tirado da constituição da Unesco, era: 'Já que as guerras começam na mente dos homens, é na mente dos homens que a defesa da paz deve ser construída'[...] Qual unidade heurística orienta o trabalho de Heims é evidente: 'Pode-se escolher como pensar sobre eventos históricos e o que considerar como uma unidade histórica: a vida e obra de um indivíduo; uma entidade abstrata como a ciência ou a nação; **ou, apesar da inconveniente complexidade, um grupo de indivíduos.**'[**os grifos são nossos, no sentido de gizar a dificuldade de igualar sujeitos** quando se os observa mais proximamente, pois aí se evidencia a heterogeneidade] (idem, ibidem, pág. 275)".

86 Idem, op. cit., p. 26-27.

87 Maria José Esteves de Vasconcellos. *Pensamento sistêmico*, op. cit., p. 226.

sapiens "e" *demens*, bem "e" mal, clausura "e" abertura das crenças ou das teorias, devendo-se utilizar a conjunção "e" para significar a junção, a associação, a articulação desses pares[88]. Com este procedimento, abre-se uma avenida para o emprego desta hermenêutica da desigualdade, pois desse modo também se faz a efetiva desdiferenciação dos sujeitos com vistas ao exercício da cidadania, observando-se tanto os condicionamentos sociais concretos quanto as legítimas aspirações do indivíduo, que seriam mais que máquinas a serem funcionalizadas sobretudo considerando-se a complexidade dos fatos e a dialética realização da justiça, em todos os âmbitos e no sistema legal. Aliás, é necessário articular ordem e desordem, fatos e normas no caso concreto, pois até mesmo

> [a] ordem, a repetição, a constância significam segurança para o homem, mas essa invariância leva à degeneração. E, para o homem tomado individualmente, ao tédio e ao embrutecimento. A desordem, o aleatório, a irregularidade, o desvio, o imprevisível, o acaso regeneram a vida e a própria ordem, colocando ao homem o desafio da sobrevivência, obrigando-o a construir nova ordem como um permanente processo de revigoramento por meio da construção de novas organizações e maneiras de situar-se neste mundo. Ordem e desordem, separadamente, levam ambas à degradação e à degeneração[89].

O presente capítulo, portanto, antecipa o tópico seguinte, ou seja, a construção do conceito histórico de igualdade ou como ele efetivamente se concretizou a partir da retórica dominante e, dessa forma, é melhor e mais completamente compreendido. Trata-se de abordagem dinâmica (estruturalista), em contraponto à estática cultural (funcionalista). Lembre-se de que a presente Tese, ao levar em conta a diversidade e a relatividade das formas da vida social, bem como as controvérsias ideológicas em conflito, através da hermenêutica da desigualdade, compreende como os grupos em conflito interagem ao longo do tempo-espaço e como se comportam ante a pressões quanto à mudança do quadro, e a resistência a ela acaba abrangendo o universo das Ciências Jurídicas e Sociais numa historicidade em busca de perguntas e respostas mais certeiras sincronica e diacronicamente.

Assume-se, portanto, que diminuir a desigualdade é tarefa complexa na medida em que a empreitada remete a um repertório tão vasto quanto

---

[88] Akiko Santos. *Complexidade e transdisciplinaridade em educação*: cinco princípios para resgatar o elo perdido, op. cit., p 77.

[89] Idem, op. cit., p 78.

heterogêneo: não basta a simples exposição do problema, "fotografando-o", mas uma visão "cinematográfica", crítica e integrada do tema focalizada ao mesmo tempo no indivíduo e na sociedade, na consciência e na compreensão das estruturas reais do mundo e não em mera descrição do conflito, haja vista que as estruturas vêm se desenvolvendo sempre de maneira desigual, beneficiando alguns pequenos grupos à custa de outros, numerosos, mas desorganizados. Assim é a constatação de MARGARET A. COULSON e DAVID S. RIDDEL(1979) :

> Numa escala mais geral, numa sociedade como a nossa, onde o prestígio das ocupações, tal como o indiciam os vários tipos de recompensas materiais concedidas, é de natureza aproximadamente piramidal — isto é, quanto melhor o emprego, menor o seu número — a ideia de que alguém com talento suficiente pode atingir o topo, embora comumente expressa na Inglaterra, e mais ainda nos Estados Unidos, representa uma impossibilidade absoluta, já que, por mais capaz que seja a população em geral, somente uma pequenina proporção pode preencher o pequeno número de empregos no topo. Nas nossas complexas sociedades, padrões muito diversos de comportamento estão teoricamente abertos a todas as pessoas. Por conseguinte, a compreeensão das pressões indiretas, atuando através da socialização e da cultura, variando segundo a posição de uma pessoa na estrutura social, torna-se muito importante para explicar a razão por que os indivíduos se comportam de um modo e não de outro..
>
> [...] Para compreendermos a diferente importância dos livros nas diferentes sociedade, temos de analisar os meios que os grupos dominantes nas sociedade, em sua luta histórica para alcançar e manter suas dominância, tem usado para tentar *legitimar* a estrutura social resultante — um problema complexo na sociologia da consciência social [...][90].

---

[90] MARGARET A. COULSON e DAVID S. RIDDEL. *Introdução crítica à sociologia.* op. cit., p. 66-67. Lembrando que pesquisadores e profissionais são gente, e por isso também pertencem a grupos como os demais. Autores que participam dessa corrente desenvolveram a ideia de como esses indivíduos se comportam de um modo e não de outro, por ser inconcebível a existência de pessoas sem [ou fora de] grupos. Aliás, mais significativo que ser afetado por pertencer a certos grupos e ver o mundo através desse vitral. Para isso, invocam o magistério de MANNHEIM, p. 17: "Pertencemos a um grupo não só porque nascemos nele, não apenas por confessarmos pertencer a ele e, por último, não porque lhe prestamos nossa lealdade e fidelidade, mas principalmente porque **vemos** o mundo e certas coisas no mundo da maneira como ele vê".

Nesse particular, constata-se que a desigualdade tem sido sempre descrita de modo semelhante e complexo em todas as ciências sociais, menos no campo do direito, no qual é escamoteada e simplificada em sua complexidade, empregando-se o oposto conceito não correspondente de igualdade formal. Por isso, as práticas atinentes à concretização da justiça através da aplicação do melhor direito ao caso concreto, muitas vezes esbarram em enunciação falsa de uma igualdade meramente formal ou ainda em solução imprecisa partindo de enunciação desordenada do problema, cuja descrição, como sendo algo simples, restringe o sentido e o alcance da realidade demonstrando, conforme ensina Wesley Newcomb Hohfeld (2008),

> [...] a tendência - e a falácia – [que] tem sido tratar o problema específico como se fosse muito menos complexo do que realmente é; crê-se que este esforço louvável de tratar como simples o que na verdade é complexo tem constituído um obstáculo sério ao entendimento claro, à enunciação ordenada e à solução correcta dos problemas jurídicos. Em suma, defende-se que a forma correta de simplicidade só poderá resultar de uma análise profunda e discriminada[91].

Essa tendência, entretanto, é um dos pilares do paradigma da ciência tradicional, cuja porta de entrada se deu através da física. Conforme Maria José Esteves de Vasconcellos (2012), tal abordagem simplifica o universo para conhecê-lo ou saber como ele funciona, tal como ele é [seria] na realidade, colocando a *subjetividade entre parênteses*[92]. Entrementes, com base em Henri Atlan e Edgar Morin, "essa empresa simplificadora da natureza" teria levado a física a seus próprios limites, afirmando que a complexidade voltou às ciências pela mesma via por onde havia saído, agora colocando a *objetividade entre parênteses* por intermédio da reconhecida complexidade, tanto dos átomos quanto dos astros (micro e macrofísica)[93], apontando-se os seguintes avanços:

> 1. Do pressuposto da simplicidade para o pressuposto da *complexidade* ["*problema lógico*"]: o reconhecimento de que a simplificação obscurece as interrelações de fato existentes entre todos os fenômenos do universo e de que é imprescindível ver e lidar com a complexidade do mundo em todos os níveis. Daí decorrem, entre outras, uma atitude de contextualização dos fenômenos e o reconhecimento da causalidade recursiva.

---

91 Wesley Newcomb Hohfeld. *Os conceitos jurídicos fundamentais aplicados na argumentação judicial*, op. cit., p. 7.

92 Maria José Esteves de Vasconcellos. *Pensamento sistêmico*, op. cit., p. 92-93.

93 Idem, p. 106.

> 2. Do pressuposto da estabilidade para o pressuposto da *instabilidade* do mundo ["*problema da desordem*"]: o reconhecimento de que "o mundo está em processo de tornar-se". Daí decorre necessariamente a consideração da indeterminação, com a consequente imprevisibilidade desses fenômenos.
>
> 3. Do pressuposto da objetividade para opressuposto da intersubjetividade ["*problema da incerteza*"] na constituição do conhecimento do mundo: o reconhecimento de que "não existe uma realidade independente do observador" e de que o conhecimento científico do mundo é construção social, em espaços consensuais, por diferentes sujeitos/observadores. Como consequência, o cientista coloca a *"objetividade entre parênteses"* e trabalha admitindo autenticamente o *multi-versa*: múltiplas versões da realidade, em diferentes domínios linguísticos de explicações[94].

E assim, igualmente, ocorre em relação à intersubjetividade, conforme Luiz Fernando Coelho (2003):

> [...] é necessário advertir inicialmente que a proposta de uma teoria crítica aceita como basilar, muito mais que descrever o social nas suas relações de causalidade ou funcionalidade, importe ações que se traduzem na transformação objetiva. Por isso, encarar dialeticamente as manifestações da vida social, entre as quais o direito, importa em considerá-las em suas totalidade e dinamicidade imanente. Essa cosmovisão implica consciência de que, se o sujeito cognoscente — em nosso caso o jurista — é parte do objeto que estuda, o fenômeno jurídico, a própria atividade de conhecer o direito, tal como em relação à sociedade, já é uma atuação participativa que modifica o objeto. O grau de consciência dessa participação, quando o sujeito assume como algo que ele mesmo propõe, completa a dialética do conhecimento do social, que é, ao mesmo tempo, a dialética da participação do sujeito na transformação de seu objeto[95].

Dentro dessa abordagem, levando-se em conta o que ensina Norberto Bobbio, constata-se a existência de poderes sociais que se encontram em operação mais nitidamente que os poderes Executivo, Legislativo e Judiciário: são os poderes econômico, ideológico e político. Para o escopo da presente Tese isso ajuda a compreender como são mantidos os conceitos e as ações num

---

94 Ibidem, p. 101-102. Os *["problemas"]* são também indicados pela autora no contexto específico da física, mas se adequam *mutatis mutandis* à presente análise.

95 Luiz Fernando Coelho. *Teoria Crítica*, op. cit., p. 40.

determinado sentido, em que pesem a validade ou não e mesmo a discussão a respeito dentro do paradigma posto, haja vista que até mesmo o suposto "consenso" é, na verdade, construído hegemonicamente. A partir dos textos de MARX e ENGELS encontra-se uma das mais importantes interpretações do fenômemo da dominação/desigualdade ou na nomenclatura ali adotada (opresssão) exercida pelos detentores dos meios de produção sobre os trabalhadores, constatando-se na luta entre eles o "motor da história".

Nesse particular CELSO CASTRO e JULIA O'DONNELL (2015) afirmam que a questão da luta de classes com base naqueles autores não se esgota no tema da dominação como elemento-chave para a compreensão da realidade social. Uma dessas tantas vertentes é a chamada "Teoria das Elites", surgida no final do século XIX com GAETANO MOSCA, para quem, organizadas, as elites estariam ligadas por homogeneidade e solidariedade entre si, enquanto os dirigidos se encontrariam divididos e desarticulados, sendo a ascensão do socialismo apenas a substituição de uma elite por outra. Por causa disso, a denominação análoga de "teoria da minoria organizada". Note-se que essa compreensão nasce em ambiente urbano (cidade-escrita–comércio), na mesma época em que questões como igualdade, democracia, soberania popular, representação política e socialismo emergiam a partir de um novo e poderoso ator social: as massas. É nesse contexto que a Tese se insere ao afirmar uma crescente distância entre dirigentes e dirigidos, haja vista que o postulado básico da visão elitista é encarar a desigualdade como algo natural, pois sempre uma *minoria* seria detentora do poder em detrimento da *maioria* que dele estaria privada, isso no liminiar do século XXI, onde o mundo é mais populoso, urbano e globalizado, onde o voto de um cidadão representa percentual cada vez menor entre milhares de votos, retomando o conceito para o âmbito jurídico, no qual a ideia de igualdade formal escamoteia esse dado, mas pode ser debelada através do emprego de uma hermenêutica própria: a hermenêutica da desigualdade.

Aliás, oriunda da palavra latina *eligere*, que significa eleger, ligando-se, igualmente, à noção de *heresia* (herege e elege, têm, inclusive, pronúncias próximas), a ideia de elite surge e é imbricada à de superioridade, através da qual pessoas e produtos seriam escolhidos/eleitos, superiores. Invocando o magistério de GAETANO MOSCA, afirmarão que a base moral e legal da dominação estará nas crenças aceitas na sociedade pela classe dirigente e, em determinados momentos da História, terá fundamento na valentia, levando ao domínio por parte dos guerreiros, com base na propriedade rural, conferindo poder aos grandes proprietários de terra e assim por diante, sempre organizados em pequenos grupos, oligarquicamente.

E dando sentido à questão nuclear da Tese (ou seja, a assimetria patrimonial dando causa à crescente distância entre dirigentes e dirigidos), Celso Castro e Julia O'Donnell (2015) demonstrarão ao menos a possibilidade de que uma minoria domine tão drasticamente uma maioria numericamente bem superior, com a consequente duplicação de *status* para si e de menosprezo para tantos "desorganizados dirigidos", inclusive, do ponto de vista processual, conforme sustentamos, com a reprodução de um excerto de Gaetano Mosca, citado por Amaury Souza (1966), originariamente em *Sociologia política* — textos básicos de Ciências Sociais:

> [...] é fatal o predomínio de uma minoria organizada, que obedece a um único impulso, sobre a maioria desorganizada. A força de qualquer minoria é irresistível frente a cada indivíduo da maioria, que se encontra só frente à totalidade da minoria organizada. E ao mesmo tempo se pode dizer que esta se encontra organizada precisamente porque é uma minoria [Mosca apud Souza, 1966:53].[96]

As minorias organizadas podem ser compreendidas também a partir das características individuais que levam uma ou outra pessoa a compor uma elite (tomando-se a parte pelo todo), bem como distinguirem-se elites falando-se em elite de guerreiros, elite religiosa, elite econômica etc., diferenciando-se as elites governantes das não governantes, pois a elite política não é formada apenas por aqueles que participam diretamente do governo, lembra Vilfredo Pareto, em tal detalhe citado por Celso Castro e Julia O'Donnell (2015), mas também por aqueles que conseguem influenciar o governo graças aos importantes recursos sociais que controlam, como dinheiro, cultura, religião, saber etc. Tudo isso serve para sinalizar o conteúdo patrimonial do direito numa esfera de ser, fazer e ter.

Num desdobramento lógico, dinâmico, elites são elites na medida do que efetivamente representam. Por isso, as classes políticas decaem porque diminuem em número e qualidade, bem como se dá a ascensão dos melhores indivíduos oriundos dos estratos inferiores de forma paulatina (institucionalizada) ou abrupta (revolucionária), tudo com vistas a que se restaure, na medida do possível, o equílibrio social tendo em vista quem ora as integra ou passará a integrá-las.[97].

---

96 Celso Castro e Julia O'Donnell. *Introdução às ciências sociais*, op. cit., p. 184-186.

97 Idem, op. cit., p. 188-189.

Para Norberto Bobbio, assim acontece com o **poder econômico**, no sentido de exercer o controle sobre a abundância e a escassez, na tensão entre capital e trabalho valendo-se da posse dos meios de produção "para induzir os que não os possuem a adotar uma certa conduta, consistente principalmente na execução de trabalhos úteis".

Com o **poder ideológico**, através da posse de modalidades estratégicas de saber, conhecimentos, doutrinas e informações "para exercer uma influência sobre o comportamento alheio e induzir os membros do grupo a realizar ou não uma determinada ação" no âmbito da família, das religiões, da escola, dos meios de comunicação e do próprio direito.

E, sobretudo, com o **poder político**, caracterizado pelo monopólio do uso da força para garantir o cumprimento de suas decisões sem qualquer resistência ou oposição. Destarte, quem detiver o poder econômico e o ideológico terá, consequentemente, o poder político. Em decorrência dessa ordem e articulação de ideias, não bastam os poderes Executivo, Legislativo e Judiciário, pois através do poder econômico mantém-se a sociedade dividida em ricos e pobres; com base no poder ideológico, entre sábios e ignorantes; com base no poder político, em fortes e fracos. Genericamente, entre em superiores e inferiores[98].

Levando-se em conta a construção da identidade social numa relação entre indivíduo e sociedade, os modos como a sociedade se mantém através da divisão social do trabalho, da solidariedade e da coerção, bem como a mesma pode se transformar através do mundo da política, tal argumento de alguma forma se baseia, segundo Robert Michels, citado por Celso Castro e Julia O'Donnell (2015), numa suposta inviabilidade mecânica e técnica do princípio de autogoverno das massas através das assembleias diante do crescimento e da complexificação das sociedades, isso valendo, principalmente, para a ilusão de que o processo não reúna, sempre em polos opostos, fortes e fracos.

Também por isso, fundamentamos a crescente distância entre dirigentes e dirigidos e seus efeitos negativos, propondo uma hermenêutica da desigualdade com vistas a diminuí-la. Para Robert Michels, a multidão anula o indivíduo e, desse modo, sua personalidade e seu sentimento de responsabilidade fazem surgir a figura dos delegados, ou seja, *profissionais da organização*, passando a depender dela e vice-versa. Com o poder de decisão progressivamente retirado das massas, que passam a ser cada vez mais numerosas, desorganizadas e impotentes, os chefes se tornam cada vez mais independentes dos grupos,

---

98 Norberto Bobbio. *Estado, governo e sociedade*, op. cit., p. 82.

criando um abismo que acaba por trair o princípio da igualdade, sob o manto de esmagadora maioria de votos a tornar até mesmo os protestos supostamente antidemocráticos. Assim, em nome dessa manifestação de "democracia", verdadeiras violências poderiam ser cometidas. É dizer, o voto tanto seria um ato soberano quanto a renúncia à soberania[99], sendo gerador, portanto, de gritantes e enormes desigualdades, sob a legitimação da igualdade formal a que nos reportamos, que duplica privilégios para os fortes e menosprezo para os fracos.

Embora seja evidente a problemática da interdependência entre indivíduo e Estado, fortes e fracos, liberdade e autoridade, indagações por que obedecemos [ou nos submetemos], a questão posta [decorrente da articulação sistêmica entre opostos] é que também podemos desobedecer, conforme esclarece MARIA GARCIA (1994), até porque a ideia de que existem direitos do indivíduo afora sua relação com o Estado tem origem na filosofia helenênica dos estoicos (PANÉCIO e CÍCERO): "a lei natural, a razão, a igualdade [dentro do paradigma ocidental] e a dignidade do homem são valores que estão acima do Estado e fora do seu alcance"[100].

Considera-se com fulcro em MEIRELLES TEIXEIRA que o direito de desobedecer contenha caráter não somente jurídico, mas também ético e moral e deve ser exercido em nome do Bem comum e da dignidade essencial da pessoa humana. Induvidosamente, portanto, encontra-se contemplado pelo art. 1º, parágrafo único da Constituição da República: "Todo o poder emana do povo, que o exerce por meio de representantes eleitos, ou diretamente, nos termos da Constituição" combinado com o §2º do "quilométrico" art. 5º da mesma Carta: "os direitos e garantias expressos nesta Constituição não excluem outros decorrentes do regime dos princípios por ela adotados, ou dos tratados internacionais em que a República Federativa do Brasil seja parte". Intuitiva e muito acertada, portanto, a remissão a RECASÉNS SICHES. Em caso de tirania [extremo de desigualdade], a revolução seria manifestação de coercitividade jurídica que, na ausência de meio mais organizado redundaria em atos até mesmo violentos do povo sublevado que encarnaria, então, a fonte humana de toda ordem jurídica, haja vista que na desobediência civil, na revolução, o regime entrou em conflito consigo mesmo, e a autoridade constituinte [de

---

[99] CELSO CASTRO e JULIA O'DONNELL. *Introdução às ciências sociais*, op. cit., p. 190-192.

[100] MARIA GARCIA. *Desobediência civil*: direito fundamental, op. cit., p. 136.

nova ordem] pôde ser exercida contra o obstáculo intransponível de um poder arbitrário que se interpõe em seu caminho[101].

Sob a ótica econômica, numa sociedade de massa, a desigualdade igualmente se confirma. A distribuição da justiça, embora não tenha um preço propriamente (concede-se assistência judiciária gratuita aos necessitados), tem um valor, uma vez que, para a sua produção, são utilizados recursos escassos, conforme adverte WILSON CANO (2006)[102]. Esse dado segue a lógica de que para satisfazer necessidades o homem é obrigado a produzir uma série de coisas e ter recursos para usufruir delas. Nas sociedades modernas, a característica básica dessa produção (marcada pela separação espaço-temporal entre o ato de produzir e o de consumir), na base da divisão social do trabalho, é a defasagem e o deslocamento dessas atividades. Quando as coisas produzidas apresentam características físicas são denominadas bens. Quando não têm essa característica são chamados serviços, nos quais se inserem, *v.g.*, saúde, educação, seguros, transporte, distribuição de água, gás e energia, saneamento, justiça, defesa nacional etc. Nesse enquadramento, a distribuição da justiça não se enquadraria na categoria de "bens/serviços livres", que não impliquem sacrifício ou esforço à sociedade, como ar, água, luz e calor solar, mas na categoria de bem/serviço "econômico", por requerer para a sua obtenção um certo esforço humano, apresentando-se assim relativamente escassa, sendo inclusive objeto de propriedade e de posse (monopólio estatal), como o são os demais bens/serviços indicados por WILSON CANO (2006), podendo, ademais, ser

---

[101] IDEM, op. cit., p. 135-136, bem como remissão na página seguinte ao excelente estudo sobre revolução como fonte de direito de CLÓVIS RAMALHETE: "anota que, juridicamente considerada, a Revolução consiste na remoção duma dada ordem normativa pela violência, em porção mais ou menos extensa, para substituição dela por outra normatividade promulgada *pela força* e com *efetividade* (...). Se liquida apenas a organização do poder, diz-se Revolução Política; se ataca e reforma as relações entre classes e indivíduos, será Revolução Social (...) Pré-jurídica ao eclodir, fato antilei — social e ilegal portanto, a seguir e se houver força bastante para impor-se como tal, a Revolução tem um momento que o autor denomina de 'reversão da força' pela qual se opera a substituição, no Poder, dos seus objetivos e dos seus agentes e a partir daí, a promulgação do novo Direito a que se aspirava, como fonte do Direito, trazendo em si, imanente, o Poder Constituinte", op. cit, p. 137.

[102] WILSON CANO. *Introdução à economia*: uma abordagem crítica. 4. reimp. São Paulo: UNESP, 2006, op. cit., p. 18-19. Para esse autor, as razões da "escassez" podem ser resumidas da seguinte forma: pela quantidade e qualificação dos homens; pela quantidade dos instrumentos auxiliares; pela limitação dos recursos naturais (tanto pela própria natureza quanto pelo regime de propriedade e uso privado); pela limitação do conhecimento tecnológico: tempo de traslado e assimilação; preços e custos de sua obtenção; monopólio de seu uso (patentes).

aquilatada em termos de oferta suficiente (ou não), excesso de mão de obra (ou escassez); de capital (ou sua falta) e também em termos de atraso tecnológico (ou não), afetando os sujeitos das formas mais assimétricas e diversificadas.

Segundo Pierre Jaccard (1977), a psicologia demonstrou que o homem "não obedece unicamente a móbeis utilitários e a impulsos individuais: descortinam-se no seu comportamento econômico aspirações de independência, de responsabilidade pessoal, de prestígio social, de influência no meio que o rodeia, e mesmo de altruísmo":

> Convirá [portanto] recordar [agora, 50 anos depois] a conclusão, verdadeiramente profética, que André Pietre em resposta ao seu convite pronunciara na Revista de Economia Política de Paris, em maio de 1968, antes de conhecidos os acontecimentos: "não será a ciência econômica apenas uma ciência dos meios de empregar, uma simples técnica indiferente à natureza dos objetivos que é solicitada a atingir? Com efeito, na sociedade contemporânea, a economia tornou-se um fim em si própria; arrastada pelo progresso técnico, arrrasta por sua vez os povos para um crescimento indefinido como objetivo supremo. Mas que gênero de desenvolvimento, ao serviço de quem e com que finalidade? Não deverá o economista ultrapassar a visão exclusiva do interesse privado, direto ou imediato para melhor assegurar o futuro do desenvolvimento? Impõe-se a análise de novos métodos de análise a longo prazo". É neste aspecto que a psicologia, a sociologia e as outras ciências sociais, que não obtiveram tanto êxito como a economia, poderão trazer a esta uma contribuição útil, uma visão mais larga do bem do homem e da sociedade.[103]

Charles Wright Mills, com igual finalidade, através de sua visão pragmática de que todo conhecimento necessita ser útil, atribui aos cientistas sociais a tarefa de assumir o dever moral quanto a esta "visão mais larga do bem do homem e da sociedade", a que se refere, em outras palavras, Pierre Jaccard. A ideia é que os cientistas comprometidos garantam "às pessoas meios para tornar a sociedade melhor, para transformar sua vida individual, encorajando o engajamento público nas questões políticas e sociais" [crescimento econômico, por exemplo, cuja resultante por influenciar bastante a vida dessas pessoas]. Aliás, tal é a síntese de Christopher Thorpe et al (2016) sobre o pensamento de Charles Wright Mills: "Cada problema individual, como ficar desempregado, endividado ou sem teto, é [equivocadamente] entendido como algo pessoal e não em termos das forças da mudança histórica

---

[103] V. Pierre Jaccard. *Introdução às ciências sociais*, op. cit., p. 43-44.

[é necessário através das ciências sociais] aprender a interação de homem e sociedade, de biografia e história, do eu e do mundo — a qualidade que ele chama de 'imaginação sociológica'".[104]

Numa economia de consumo — já se disse — a cidadania se confunde com a possibilidade efetiva de consumo que, segundo esta hermenêutica da desigualdade diminui as distâncias tecnológicas entre ricos e pobres, a melhor possibilidade de compartilhamento de espaços reais entre eles e, sobretudo, as manifestações de *status* e de menosprezos conforme cada um esteja nesta ou naquela posição, o que se daria através do aumento do poder aquisitivo das classes C e D que, migrando para a B, oxigenariam a economia tão complexa quanto o mundo atual em suas defasagens de produção e consumo, bem como de reprodução em massa. Sobre a ideia de que o economista "deverá ultrapassar a visão exclusiva do interesse privado, direto ou imediato para melhor assegurar o futuro do desenvolvimento", segundo André Pietre, acima citado, pois questões individuais e coletivas guardam interdependência, é interessante conferir, no âmbito da economia, Alberto Alesina e Dani Rodrik quando correlacionam distribuição de renda e crescimento econômico. Há quem viva de mão de obra (trabalho) enquanto a elite vive de capital (riqueza acumulada). Para eles, as sociedades mais igualitárias crescem mais rápido, conforme a conclusão de Niall Kishtainy et al (2014): "[se] porém existem desigualdade de riquezas maiores, com muito capital acumulado concentrado numa pequena elite, a maioria é pobre e exigirá uma alíquota mais alta [de impostos], que sufocaria o crescimento [econômico]" [...] os mais pobres ficam para trás, e a desigualdade persiste...[105]

Nessa perspectiva, segundo Wilson Cano, há uma lógica de "complexidade do sistema" da chamada economia de mercado. Aí, há heterogeneidade de atividades (produção, compra, venda, transporte, armazenagem etc.), de seus compartimentos produtivos (agricultura, indústria, educação, comércio etc.) salientando-se não ser referido sistema autárcico, pois mantém relação com outros países, sendo sistema aberto e afeto, também, às ações do governo (legislação, tributação, distribuição de justiça etc.). Logo, é necessário classificar essas relações, compartimentos e instituições, organizando-lhes e dando-lhes um sentido e uma funcionalidade dita (e pretensamente) racional, o que na

---

[104] Christopher thorpe. *O livro da Sociologia*, op. cit., p. 48.

[105] Niall Kishtainy et al. *O livro da Economia*, op. cit., p. 326-327.

perspectiva da Tese é crucial para compreender o direito enquanto (micro) sistema: a economia é a matéria-prima do direito (WASHINGTON TRINDADE):

> Tomemos um exemplo prático: a satisfação de uma necessidade fundamental do homem, que é o uso de uma vestimenta. Em sociedades pretéritas, o próprio homem (ou um membro de sua família) criava um carneiro, extraía-lhe a lã, tecia os fios e confeccionava sua própria roupa. Em outros termos, esse mesmo homem realizava todos os atos fundamentais à satisfação de sua necessidade: a produção e o consumo. Nesse tipo de sociedade, portanto, as atividades econômicas tinham uma coincidência temporal (o "momento" de produção e de consumo) e espacial (o local de produção e o de consumo). Era esse homem o responsável direto, mediato e imediato pela satisfação de suas necessidades básicas[106].

Ademais, reforçando a ideia de crescente distância entre dirigentes e dirigidos, note-se que, diferetemente da época pós-moderna, na economia primitiva até o advento do capitalismo, o homem possuía (individual ou comunitariamente) seus próprios instrumentos auxiliares de produção, isto é, seu "capital", do qual vai sendo despojado, à medida que ele mesmo é incorporado ao capitalismo. Logo, conforme exemplifica WILSON CANO (2006),

> Na sociedade contemporânea, apenas alguns trabalhadores autônomos ("por conta própria") ainda os possuem no todo ou em parte, como pedreiros, marceneiros, artesãos, médicos em seus consultórios particulares etc. Assim, na sociedade capitalista, a propriedade daqueles instrumentos e dos demais meios de produção passou ao capitalista. Essa transformação envolve questões teóricas e históricas mais complexas — no campo da Economia Política —, que não podem ser tratada num texto dessa natureza[107].

E arremata ensinando que em seu sentido social, a apropriação privada de capital (físico e financeiro) enseja uma relação social de dominação quando este capital é posto em produção, pois é por meio da dominação que o proprietário contratará trabalho e também submeterá o aludido trabalho às amarras do processo produtivo.

Para a delimitação correta do problema, deve-se considerar, a partir de LUIZ FERNANDO COELHO (2003), que a concepção tradicional de sociedade (para ele, pode-se falar em diversos grupos, "microssociedade") ressente-se

---

[106] WILSON CANO. *Introdução à economia*: uma abordagem crítica, op. cit., p. 13-14.

[107] IBIDEM, op. cit., p. 30.

da cosmovisão que os pré-socráticos legaram à filosofia ocidental chamada de atomismo através do qual um ser é formado de partículas, porque segundo tal concepção a descoberta da verdade se daria pela redução do objeto à menor partícula, pois tudo na ciência procura o seu átomo e o direito elegeu o indivíduo como átomo da sociedade e a norma jurídica como átomo do direito, o que não corresponde, necessariamente, à complexidade proposta:

> [...] a sociedade deixa de ser considerada simples aglomerado de indivíduos para ser vista como um todo, ou, pelo menos, como a reunião de grupos sociais mais ou menos definidos. Por isso, é possível falar em microssociedade, que alude a cada um desses grupos, e macrossociedade, o conjunto dos diversos grupos que convivem num determinado espaço histórico, geográfico ou político: a macrossociedade é o povo, a nação, a sociedade propriamente dita e a humanidade. Tal definição atém-se aos componentes materiais da sociedade, isto é, aos elementos empiricamente verificáveis que a constituem. Sob outro aspecto, porém, ela pode ser definida em função de seus componentes formais, os quais indicam o modo como os elementos materiais — indivíduos e grupos — apresentam-se, inclusive as maneiras como se relacionam inter e intra grupos. Nesse sentido, a sociedade pode ser definida como o conjunto das relações interindividuais e intergrupais no espaço e tempo determinados[108].

É evidente, pois, que adotar um modo de pensamento baseado na crença cega nos princípios da ordem, da separação, da redução e da validade absoluta da lógica clássica, com todas as compartimentalizações inerentes, impossibilitaria a contextualização de conhecimentos necessária para compreender a desigualdade e, dessa forma, diminuí-la, através do emprego de uma hermenêutica própria. Nesse sentido, EDGAR MORIN (2004) debate que a separação transforma especialistas em idiotas culturais, ignaros a tudo o que dizia respeito aos problemas globais ou gerais e o que é impressionante num mundo hiperespecializado é a imposição de que se deva evitar ter ideias gerais para elas não serem ocas, ao passo que, na verdade é o posicionamento compartimentalizado que alimenta ideias gerais e ocas sobre o mundo, a vida, a humanidade, a sociedade, justamente por impor que não se deva ter ideias gerais[109], o que pretendemos através dessa abordagem genuinamente sistêmica, transdisciplinar.

---

[108] LUIZ FERNANDO COELHO. *Teoria Crítica*, op. cit., p. 113.

[109] EDGAR MORIN, op. cit., p. 566.

3
A CONSTRUÇÃO HISTÓRICA DO CONCEITO DE IGUALDADE

"No início de toda a ação está a palavra e no início de todo o empreendimento está o pensamento."

(ECLESIASTES, 37:16)

"Agora, os céus apresentavam uma aparência extraordinária, pois todas as estrelas logo atrás de mim estavam agora vermelhas, enquanto aquelas diretamente à frente eram violetas. Rubis estavam atrás de mim, ametistas à minha frente".

OLAF STAPLEDON no romance *Star Marker*, de 1937.

Em *Elogio da palavra*, PHILIPPE BRETON (2006)[110], com apoio em EMMANUEL TERRAY, descreve uma hipótese de rejeição histórica da desigualdade diante da palavra, coincidente com o surgimento simultâneo da democracia grega e da retórica: a arte da manipulação da palavra como instrumento do "parecer". Para tanto, ele se reporta a uma sociedade escravagista na qual o ideal de cidadania ainda não era e nem podia ser universal, e a abertura daquele espaço para se exercer igualdade supostamente concreta, através da voz democrática a permitir que todas as pessoas fossem iguais no espaço público lançava fora dali desigualdades de todos os tipos considerando-as nulas e sem valor, como se a vida privada não influenciasse a vida pública ou os aspectos sociais e vivenciais não fossem interdependentes.

---

[110] PHILIPPE BRETON. *Elogio da palavra*, op. cit, p. 154.

Para (re)visitar as implicações dessa dissociação, é interessante levar em conta a *Teoria da Atividade*, proposta por Leontiev, com base em Vygotsky, e desenvolvida atualmente por Engeström e que procura principalmente situar a ação humana dentro do contexto em que ela ocorre, determinando os elementos que fazem parte desse contexto e identificando as relações que se estabelecem entre eles, conforme Vitor J. Leffa (2006):

> A Teoria da Atividade mostra, a meu ver, que nada do que me aconteceu está isolado dentro de mim, separado dos outros, que estão fora. Muito pelo contrário: tudo está intimamente relacionado. Eu sou o que me aconteceu, o que eu ouvi, o que eu vi, o que eu falei, o que eu fiz – mais o que me disseram, o que me fizeram, o jeito que me olharam, os livros que eu li, os filmes a que eu assisti, etc. Minha consciência é a lembrança do que se formou de tudo isso, de todo esse contato com as pessoas e com as coisas; uns tiveram um impacto maior do que outros, mas todos contribuíram. Eu não sou apenas aulas de Geografia ou de Matemática. Tudo conta. Tudo faz parte do sistema complexo que me constitui. Qualquer parte que eu tentar isolar tornará esse sistema mutilado, como se eu tentasse tirar um braço ou uma perna de um corpo[111].

Naquele cenário, entretanto, os sofistas aparecem como mestres em democracia na medida em que compartilham o saber, pois oferecem técnicas para "tomar" a palavra em público, ou seja, "dão" a palavra e esse dado, então, é o cerne da suposta isonomia. Logo, a retórica seria um "igualizador da palavra" numa época em que o orador antigo falava sem texto, como se isso garantisse a autenticidade da fala. Na prática, entretanto, apela-se para e ensina-se a técnica de repetição através da memória, o que de um lado permitiria colocar as pessoas num mesmo nível[112], mas por outro, exalta um mito de igualdade formal através da muleta da repetição mnemônica, o que não deixa de ser mera aparência.

A retórica, entretanto, não nasceu em Atenas, mas na Sicília grega por volta de 465 a.C., após a expulsão dos tiranos. Tampouco sua origem é literária, mas sim judiciária. Como acontece em relação ao surgimento da escrita, o surgimento da retórica se dá por razões econômicas. Segundo Olivier Reboul (1998), depois da guerra civil surgiram diversos conflitos judiciários em torno da defesa de terras e, numa época em ainda não existiam advogados, era necessário dar aos litigantes meios de defender sua causa com algum conhecimento

---

[111] Vilson J. Leffa. *Transdisciplinaridade no ensino de línguas*, op. cit. p. 39.

[112] idem, p. 155.

de direito e de processo. É quando CÓRAX, discípulo de EMPÉDOCLES, e TÍSIAS publicaram uma "arte oratória" (*tekné rhetoriké*) com preceitos práticos e exemplos para que as pessoas pudessem estar em juízo. Logo, os estreitos laços entre Sicília e Atenas, inclusive processuais, fizeram com que a retórica logo fosse ali também adotada[113]. Logo, o surgimento histórico da igualdade se daria porque os gregos teriam inventado uma espécie de ensino da palavra para permitir que todas as pessoas fossem iguais no *cosmo* daquele espaço público, aliás, restrito à mundovisão da época, no qual um escravo não teria como produzir discursos e se o fizesse não seria ouvido, por ser considerado "coisa". Por isso, BRETON aponta ser pacífico entre autores gregos e latinos, no domínio da retórica, que esta surgiu ao mesmo tempo em que a invenção democrática. Daí a questão: não seria a retórica um puro instrumento do qual alguns poderiam se apropriar para estabelecer a sua dominação? [114]

Segundo OLIVIER REBOUL (1998), dominar é mesmo o propósito da retórica desde o seu surgimento. A falta de advogados os litigantes recorriam aos logógrafos, espécie de escrivães públicos que redigiam as queixas a serem lidas pelos contendores diante do tribunal. Destarte, os retores, com seu senso agudo de publicidade ofereciam aos litigantes e aos logógrafos um instrumento de persuasão que afirmavam ser invencível, capaz de convencer qualquer pessoa sobre qualquer assunto: nesse particular, a retórica não é argumentação a partir do verdadeiro, mas do verossímil (*eikos*). Assim, o problema tanto para nós quanto para os gregos (pondera) é que tomando como base a verossimilhança, as supostas "más" causas precisariam dos melhores advogados, e assim é também em relação às teses mais controversas, a depender da interveniência dos melhores intérpretes. Numa base retórica, então, em vez de se constrangerem, os primeiros retores já se gabavam de "ganhar' as causas menos defensáveis, de "transformar o argumento mais fraco no mais forte", *slogan* que dominaria toda aquela época[115].

Note-se que a concepção de igualdade ligada à de democracia e de retórica também é indicativa da existência de duas forças a assegurar a coesão social nos ambientes políticos, ou seja, intelectuais ou morais e materiais, demarcando o lugar onde isso ocorre e, paradoxalmente, atestando a formalidade desse conceito a partir de determinados limites. Logo, a existência de uma democracia

---

113 OLIVIER REBOUL. *Introdução à retorica*, op. cit., p. 2.

114 IBIDEM, p. 152.

115 OLIVIER REBOUL. *Introdução à retorica*, op. cit., p. 2.

pressuporá que exista um grupo norteado por sentimentos e ideias, formando, *v.g.*, a comunidade de religião e a fidelidade tradicional a uma "dinastia", ou seja, uma dada ordem. Segundo Gaetano Mosca e Gaston Bouthoul (1987)[116], as forças materiais se manifestarão em termos de administração e hierarquia com os meios de coerção para guiar as massas para os fins às vezes desejados, mas sempre conforme os objetivos das classes dirigentes.

As classes dirigentes "esforçam-se" para justificar as ações graças ao concurso de forças intelectuais ou morais, de modo a realizar no terreno prático a organização política, e assim ocorre, retoricamente, nas democracias. Então, teremos doutrinas políticas para, numa base retórica, conceber o sentido e o alcance da igualdade, bem como a emanação do poder conforme se trate de uma origem divina ou do consentimento presumido ou supostamente real da vontade popular. De um lado, isso resulta na impossibilidade de estudar doutrinas sem estudar ao mesmo tempo a história das instituições nas quais se inserem, pois a forma política também deve alterar-se conforme o caso, bem como a alteração da fórmula acarretará a alteração da classe dirigente[117], e é lógico que tudo isso se dará através do discurso "igualizante".

Sobre a fragilidade do conceito de igualdade, esta é apenas uma categorização aplicável a todos os objetos do conhecimento, não se confundindo com justiça, que é um valor no sentido de se aspirar a um ordenamento melhor do que o existente. A aproximação de tais conceitos ocorrerá apenas no plano formal, desde Aristóteles: "dar a cada um o que é seu". Para Hans Nef, citado por Daniel Coelho de Souza (1994)[118], partindo de dois pressupostos aparentemente paradoxais e fixando-se a partir um *termo* no qual se restringirá o próprio juízo comparativo, o problema da igualdade perante o direito estabelece-se pela dualidade e pela alteridade. Primeiro, "somente pode ser igual o diferente"; segundo, "somente pode tranformar-se o que permanece". Destarte, a igualdade é sempre estabelecida através da comparação entre pelo menos dois objetos, sendo a diferença um dado *prévio*: somente a partir da diferença se poderia dizer que "os iguais são diversos enquanto algo lhes é comum". Daí a conclusão genérica de que *diferença* e *comparabilidade* seriam condições necessárias aos juízos sobre a suposta igualdade de dois ou mais objetos.

---

[116] Gaetano Mosca. *História da ideias políticas*, op. cit., p. 11.

[117] idem, op. cit., p. 12.

[118] Daniel Coelho de Souza. Direito, justiça e igualdade *in Perpectivas atuais do direito*, op. cit., p. 81.

3.1. Igualdade e liberdade - conceitos que caminham juntos?

É assim que o obnubilado conceito de igualdade não tem merecido tantos dicursos quanto o de liberdade — esta de caráter nitidamente histórico — e a depender do grau de poder do homem sobre a natureza, a sociedade e sobre ele mesmo, conforme pondera José Afonso da Silva (1994). Como foi dito, a ideia de igualdade constituiria o signo da democracia. Na verdade, entretanto, tal conceito não admitiria os privilégios e distinções que um regime liberal simplesmente consagra. Quando da Revolução Francesa, a burguesia estava cônscia desses privilégios e, por isso, reivindicou muito mais liberdade [para si] do que igualdade propriamente dita [para todos], até porque isso não se harmonizava com a detenção de liberdade concreta que o domínio de classe na democracia burguesa lhe assegurava[119].

Há uma tensão entre os paradigmas da distribuição e do reconhecimento de direitos em face do binômio igualdade-diferença, quando simplificada a questão da igualdade formal, havendo desigualdade econômica, sem levar em conta a medida da liberdade concreta. Com efeito, lembra Roger Raupp Rios (2008), desde a Revolução Francesa o projeto político da suposta abolição de privilégios e da superação da sociedade estamental asssociou-se à formulação da igualdade jurídica como componente essencial daquele modelo de democracia, tachando qualquer defesa da diferença como estratégia conservadora e retrógrada. Outrossim, nas últimas décadas do século XX, grupos e movimentos sociais passaram a perseguir tal reconhecimento e a promoção concreta da diversidade. Logo, a postulação de um "direito à [liberdade de] diferença", irrompe da crítica a um universalismo político e jurídico que, sob o pretexto de combater antigas hierarquias, na verdade atua de modo apenas formalista, criando e reforçando antigas e novas desigualdades e discriminações, pois elege um sujeito "revolucionário" nada abstrato; homem, branco, europeu, cristão, heterossexual, burguês e proprietário amordaçando, na prática, qualquer estereótipo diverso[120].

No âmbito jurídico, desde os tempos primitivos, o exercício da igualdade se relacionará ao maior ou menor grau de liberdade de um sujeito em relação ao outro ou ao grupo social, afirmando-se, na medida do possível, como titular

---

[119] José Afonso da Silva, op. cit., p. 193.

[120] V. a respeito Roger Raupp Rios em *Direito da antidiscrimação.* Porto Alegre: Livraria do Advogado, 2008, p. 81.

de direitos, de acordo com os próprios interesses. Ocorre que a noção de liberdade que teria marcado o nascimento do contratualismo no século XVIII e marcou seu desenvolvimento até meados do século XX vem sofrendo transformações em face da sociedade de massa.

Na sociedade contemporânea, lembra TERCIO SAMPAIO FERRAZ JR. (2001), começam a diminuir sensivelmente as condições contratuais previamente discutidas, pressupondo a possibilidade de conhecimento do que se escolhe, pois todos compram os mesmos produtos através de contratos de adesão e acabam vendo as mesmas coisas do mesmo modo, e as coisas diferentes de modo diferente. A igualdade se substitui pela uniformidade e a liberdade positiva perde para a negativa, provocando um desequilíbrio que as suprime[121]: a estandardização dos contratos de massa e o aparecimento de contratos coletivos são típicos dessa transformação social. Se de um lado a estandardização equaliza a todos uniformimente, a dita estandardização não constituirá igualdade em sentido exato, bem como essa equalização, ao aumentar o espaço da liberdade negativa, diminuirá a possibilidade de ser diferente, conclui. Ora, esse contexto desnuda a formalidade com que o conceito de igualdade se insere naquela acepção de que somente pode ser igual o diferente.

Reportando-se especificamente ao âmbito do interesse, segundo FRANCESCO CARNELUTTI (2006)[122], se considerarmos tanto uma compra e venda quanto um roubo, desde logo sua percepção nos mostra duas pessoas em atitude de amizade ou inimizade, nunca de indiferença mas em atitude de oposição e depois de acordo, pois qualquer coisa deve haver que os divide e isso é o interesse que, por tal motivo, é objeto do delito ou do contrato. Logo, o interesse é uma relação entre eles e a coisa.

Segundo GASTÃO RÚBIO DE SÁ WEYNE (2005), além do interesse, a inserção gradativa de normas realizadoras de princípios igualitários está vinculada a parâmetros como: propriedade; princípios de justiça; globalização da economia; qualidade de vida; miséria humana; efetivo respeito aos direitos humanos; avanços tecnológicos e formas alternativas de encarar o direito[123]. Aliás, a concomitância da igualdade e da liberdade, segundo DANIEL SARMENTO (2006)[124], consagra a dignidade da pessoa humana:

---

[121] FRANCESCO CARNELUTTI. *Teoria Geral*, op. cit., p. 84.

[122] IDEM, op. cit., p. 84.

[123] GASTÃO RÚBIO DE SÁ WEYNE. *Igualdade e poder econômico*, op. cit., p. 71.

[124] DANIEL SARMENTO. *Direitos fundamentais e relações privadas*, op. cit., p. 87.

> A supremacia da dignidade da pessoa humana, lastreada no princípio da igualdade e da liberdade, é o grande artífice do novo Estado Democrático de Direito, que foi implantado no país. Houve o resgate do ser humano como sujeito de direito e se lhe assegurou de forma ampliada a consciência da cidadania.

Nas sociedades primitivas, embora não houvesse consciência de cidadania ou um direito propriamente dito, a estrutura organizacional mais simples permitia intensa solidariedade entre indivíduos "vivendo num mesmo mundo", fazendo as mesmas coisas numa divisão natural de trabalho, guerreando juntos e cuidando coletivamente dos filhos, assemelhando-se às sociedades animais: ali, tinha-se a impressão de que os indivíduos estavam mais preocupados com o grupo do que consigo, comportando-se sempre da mesma maneira, convencionalmente. Sabe-se, entretanto, que a conjugação de liberdade e igualdade se complexifica à medida em que se verifica o excesso populacional decorrente do aumento na densidade demográfica, levando-se em conta também a (in)capacidade de produção do grupo social, em sentido amplo e a dinâmica para atender à demanda das necessidades individuais, muitas vezes, em conflito, com frequente descumprimento das regras. Já dissemos que a diminuição da liberdade acarreta desigualdade como efeito colateral do controle, o que, mais uma vez justifica o emprego de uma hermenêutica da desigualdade. Nesse sentido, note-se o exemplo oferecido por Carlos Alfredo Ramos Cecchia (2014):

> Se tivesse existido um exemplo imaginário de um homem só no universo e a posterior companhia de outro indivíduo, forçosamente, só se constituiria uma sociedade mediante a norma social. Provavelmente bastaria traçar-se um risco no chão, ficando um lado para cada um.
>
> Se essa norma social tornou plausível a sociedade, também acabou tirando 50% da liberdade do homem preexistente, para que o outro pudesse ter um espaço de liberdade equivalente, que lhe garantisse a possibilidade de realização.
>
> Se um terceiro homem for adicionado àqueles dois, nova adequação dos meios terá de ser estabelecida. Novas regras terão de ser observadas para que se garanta a possibilidade de realização de todos os componentes do grupo. Cada qual deverá permanecer com 33% da liberdade disponível.
>
> E assim por diante. Cada indivíduo que é adicionado a um grupo social implica sempre a perda de uma parcela da liberdade preexistentes[125].

---

125 Carlos Alfredo Ramos Cecchia. O direito e as normas sociais in *Introdução às ciências sociais*, op. cit., p. 69-75.

3.2. A Igualdade x desigualdade

Sob outra perspectiva, se discutirmos igualdade enquanto "grau de poder do homem sobre a natureza, a sociedade e sobre ele mesmo" chegaremos facilmente ao extremo da coisificação humana no âmbito do conflito de interesse na medida em que as diferenças cheguem ao ponto de ser retoricamente encobertas, negando-se o óbvio ululante:

> As modalidades de igualdade e de diferenças perante o direito são disciplinadas de formas diversas nos ordenamentos jurídicos, dependendo dos valores aceitos pela comunidade e traduzidos pelos legisladores nas normas legais. Em outras palavras, as diferenças podem ser consideradas nos ordenamentos jurídicos com variadas interpretações. Estudando o assunto FERRAJOLI apresentou quatro modelos para a configuração jurídica das diferenças: a) o modelo da indiferença jurídica das diferenças, segundo o qual as diferenças não se valoram ou desvaloram, não se tutelam nem se reprimem, não se protegem nem se violam. Simplesmente, são ignoradas nos textos legais; b) o modelo da diferenciação jurídica das diferenças, que se expressa na valoração de algumas qualidade e na desvaloração de outras e, portanto, na hierarquização destes diferentes atributos. Segundo este modelo, as qualidade determinadas pelas diferenças valoradas (de sexo, nascimento, etnia, fé religiosa, língua, renda e outras) resultam assumidas como *status* privilegiado, fonte de direitos e de poderes, inclusive como base de um falso universalismo, modelado unicamente sobre sujeitos privilegiados; c) o terceiro modelo é o da homologação jurídica das diferenças, começando pelo sexo. Estas diferenças são também, neste caso, valoradas e negadas, não porque algumas sejam concebidas como valores e outros como desvalores, mas porque todas resultam desvaloradas e ignoradas em nome de uma afirmação abstrata de igualdade; d) o quarto modelo é o da igual valoração jurídica das diferenças, baseado no princípio normativo de igualdade nos direitos fundamentais - políticos, civis, de liberdade e sociais - e, ao mesmo tempo, em um sistema de garantias capazes de assegurar sua efetividade[126].

No que se refere à questão identitária na dinâmica do direito da antidiscrimanção, segundo ROGER RAUPP RIOS (2008), há *"um dilema da diferença"*, que pode ser expresso em três versões: 1ª) a diferença pode ser recriada ao ser registrada ou ao ser ignorada; 2º) a ambiguidade da neutralidade e; 3ª) a tomada

---

[126] GASTÃO RÚBIO DE SÁ WEYNE. *Igualdade e poder econômico*, op. cit., p. 52.

de decisões baseadas em critérios formais, rígidos e universais ou a abertura de decisões individualizadas, com maior grau de discricionariedade. É dizer, quando se destaca a diferença para proteger contra a discriminação, segundo a primeira versão, pode-se engendrar mais diferença e preconceito; todavia, a inércia pode conduzir à cumplicidade (segunda versão). Logo, a terceira versão conterá os dois riscos anteriores, pois tanto não se deve confiar em regras formais, universais e rígidas para se combater a discriminação quanto corre-se o risco de decidir injustamente agindo-se com maior discricionariedade. Com base em MARTHA MINOW, sintetiza: (a) a diferença não é algo intrínseco, mas sempre relacional, socialmente construída; (b) sempre existe um paradigma pressuposto quando se qualifica algo ou alguém como "diferente", sendo necessário, portanto, explicitá-lo e discuti-lo; (c) na produção da diferença, tal paradigma representa somente um dos pontos de vista possíveis, devendo-se considerar outros pontos de vista; (d) via de regra, toma-se o *status quo* como algo natural, espontâneo e legítimo, donde existe a corriqueira confusão entre inação e neutralidade nas medidas corretivas e favorecimento ou privilégio. Tendo isso presente, o segundo passo seria avaliar as medidas suspeitas de discriminação[127].

Se tomarmos como exemplo o modelo escravagista brasileiro do século XIX, no aspecto patrimonial, veremos que a escravidão aparece como a negação explícita da liberdade e é parte imprescindível em qualquer atividade empresarial num país em que a riqueza se concentrava em propriedades e arranjos familiares (fazendas e negócios geridos de modo mais ou menos patriarcal). Nesse contexto, os casos relativos a escravos em princípio sujeitavam-se à jurisdição dos incapazes, para quem eram devolvidas desde as hipóteses de alforria independentemente da vontade dos senhores, passando pela discussão da legitimidade de sua inclusão ao lado das "coisas" deixadas pelo autor da herança até os casos de maus-tratos.

Os incapazes em face da escravidão [caricatura de desigualdade] deveriam ser considerados também naturalmente miseráveis em relação ao senhores, mas através de um Aviso de 1853, o Conselho do Estado interpretrou que o escravo, tendo como representante o senhor, não era um miserável que os promotores estivessem obrigados a defender. Para ilustrar uma hipótese de

[127] V. a respeito ROGER RAUPP RIOS em *Direito da antidiscrimação.* Porto Alegre: Livraria do Advogado, 2008, p. 77.

maus-tratos ocorrida no Maranhão em 1874 José Reinaldo Lima Lopes (2002)[128], reporta-se a *O Direito* (1875:341-355) e apresenta um caso significativo julgado pelo Tribunal do Maranhão:

> Raymundo José Lamaner Viana castigou a escrava Carolina conforme usos da época. Fugitiva, a mesma prestou queixa e o Chefe de Polícia mandou fazer exame de lesões, que afastaram a hipótese extrema de mutilição. Mesmo assim, o promotor de justiça apresentou queixa contra o senhor da escrava. Em defesa, arguiu-se que os castigos foram moderados e completamente legais.

Segundo o senhor, a escrava não tinha direito de dar queixa a quem quer fosse, pois isso competia apenas ao senhor, na forma do artigo 72 do Código Criminal, e do Aviso de 1853, havendo ilegitimidade do promotor para preocessá-lo. Felizmente, a alegação de possibilidade unilateral de queixa foi afastada pelo juiz com o argumento de deixar o escravo exposto a grandes atentados, como o defloramento, o furto do pecúlio e outros atos que ficariam impunes toda vez que pelo próprio senhor fossem praticados: "se há ente miserável é o miserável escravo que é vítima de seu senhor". A sentença foi confirmada pela Relação do Maranhão.

Se tomarmos o exemplo acima em termos do direito de propriedade, da observância de um princípios de justiça, com vistas à consagração da qualidade de vida em oposição à miséria humana e ao efetivo respeito aos direitos, encontraremos nesse dado o direito de propriedade como reflexo mais significativo do poder, além de fonte geradora de desigualdades materiais[129]. Processualmente, isso sempre se dará em base retórica, através de ênfases e supressões usuais tal como quando se constata apenas que "o vagabundo está morto" dissimulando retoricamente o confronto ou mesmo a responsabilidade por suposto homicídio naquela versão dada, o que de nenhum modo esconderia o fundo, na verdade meramente patrimonial, defendido contra a implícita sanha de pretenso marginal.

Transpondo o exemplo colhido numa fase de escravidão, segundo José Reinaldo Lima Lopes (2002), até mesmo a implantação da igualdade perante a lei no capitalismo, visando à formalização de contratos de trabalho, enfatiza a importância do conteúdo patrimonial entre os proprietários do capital e os proprietários da força de trabalho, pois contrariamente à finalidade de

---

[128] José Reinaldo Lima Lopes, op. cit., p. 334.

[129] Gastão Rúbio de Sá Weyne. *Igualdade e poder econômico*, op. cit., p. 71.

diminuir desigualdade, passa a constituir fator determinante do aumento da desigualdade entre hegemônicos e subalternos[130].

Refletindo a mesma ideia de poder econômico, é importante considerar que as modernas relações de propriedade mudaram o enfoque da posse para o acesso, num esforço para reajustar seus pressupostos à nova realidade de rede informática conforme ponderação de Jeremy Rifkin, citado por Gastão Rúbio de Sá Weyne (2005) [131]. Sob a perspectiva de rede, o direito básico é não ser excluído: a propriedade privada garante o direito de excluir outros do benefício de algo, enquanto que a propriedade pública garantiria a cada pessoa o direito de não ser excluída do benefício do bem, gerando desigualdade tecnológica (temporal) em torno desse maior, menor ou indisponível acesso.

---

[130] Idem, p. 73.

[131] Ibidem, p. 75.

4
ENCONTRANDO UM PONTO DE PARTIDA

> "Não foi ZEUS quem me a havia decretado, nem DIKÉ, companheira dos deuses subterrâneos, perfilou nunca entre os homens leis deste tipo. Eu não cria que teus decretos teriam tanta força para permitir que um só homem pudesse saltar por cima das leis não escritas, imutáveis, dos deuses: sua vigência não é de hoje nem de ontem, mas de sempre, não se sabe quando apareceram. Não iria jamais atrair o castigo dos deuses por temor ao que pudera pensar alguém".
>
> ANTÍGONA

Para melhor compreender a dinâmica da hermenêutica da desigualdade, leva-se em consideração tanto o seu emprego no Direito Público e Privado quanto as concepções críticas em cada campo. Para este último, o ponto de partida será o Direito Civil reduzido ao *Code* de 1804 e a Escola da Exegese, com vistas a interpretá-lo, em sua literalidade e através das achegas trazidas pela despatrimonialização e constitucionalização do Direito Privado. No campo do Direito Público, o exemplo destacado é o Direito Penal em suas acepções máxima e mínima, sobre ressocialização, emprego e limites enquanto *ultima ratio*, o que será melhor examinado nos capítulos subsequentes.

Para NELSON SALDANHA (2005), toda vez que pensamos no que o direito "e", há uma remissão imediata ao que vem sendo a experiência jurídica dos homens em diversos períodos históricos, na pré-historia, nas antiguidades clássica e remota, nas antigas monarquias e nos códigos vigentes, bem como através de lugares, atos, instalações, opiniões, imagens e reações pessoais, com vista a entender o que o direito foi (e é) como ordem e hermenêutica[132]. Nesse sentido, por finalidade didática, tivemos de eleger um ponto de partida histórico para melhor compreender a referida abordagem. Daí, o caráter proposital da opção em destacar os exemplos do Direito Civil e do Direito Penal se justifica na medida em que o dualismo público-privado apresenta significativas implicações históricas: o predomínio do privado seria o correlato do conservadorismo, da propriedade e dos formalismos burocratizantes do entorno da Revolução Francesa e depois, ao passo que o Direito Público foi inicialmente confundido com o impreciso e o político não sendo por outra razão que o Direito Civil durante muito tempo foi considerado o direito propriamente dito, a ciência jurídica por excelência, embora o direito público moderno, posterior às "revoluções burguesas", apresente-se portador de "conquistas" importantes[133].

Nesse particular, a ideia de legalidade tem fundo penal e aparece como antecipação ou pré-configuração da ideia de Estado de Direito através das contribuições de Beccaria para o Direito Penal no século XVIII, a partir da formulação genérica sobre legalidade, iniciada no medievo inglês com o *devido processo legal*. Para conciliar esses pontos de partida, então, entra o liberalismo na concepção de Locke, a geometria política de Sieyès e a ordem social projetada no *Code* de 1804[134].

Para o propósito da hermenêutica da desigualdade, então, um dos mais importantes papéis de uma teoria crítica seria o de revisar a hermenêutica jurídica tradicional, naqueles cânones exegéticos concebidos através da classificação de Savigny, em torno dos quatro gêneros de interpretação, conquanto a impugnação sobre o pensamento positivista não se dirija propriamente àquelas pautas interpretativas, mas aos pressupostos jurídicos filosóficos que lhes impedem o real alcance, aduzindo-se que a interpretação implica preparo filosófico, com vistas à adoção de um maior ou menor apego ao texto legal. Assim tem-se, segundo aqueles cânones tradicionais, a síntese construída por Renato Rabbi-Baldi Cabanillas (2008): 1) **Interpretação gramatical** (que atende às palavras da lei); 2) **Interpretação lógica** (que procura desentranhar a intenção levada em conta pelo legislador ao elaborar a norma); 3) **Interpretação histórica** (através da qual se busca discernir como se configurou um instituto

---

[132] Nelson Saldanha. *Filosofia do direito*, op. cit, p. 73.

[133] Idem, op. cit, p. 92.

[134] Ibidem, op. cit, p. 109.

ou norma objeto de análise), e 4) **Interpretação sistemática** (que leva em conta a totalidade da ordem normativa na qual, obviamente, é concebida de maneira racional e completa)[135].

Na época da Revolução Francesa e do Código Civil francês de 1804, portanto, em razão do extremo apego ao texto legal, a ênfase era dada na interpretação gramatical. Agora, retomando os aludidos cânones exegéticos sob um ponto de vista metodológico, LUIZ FERNANDO COELHO (2004) dirá que a ciência do direito considera a lógica dialética em termos de sua totalidade e dinamismo imanentes, axiologicamente. Assim, o **método gramatical** de outrora se reveste de forma linguistico-semiológica emprestando-se maior importância aos efeitos sociais das decisões.

Quanto ao **método lógico-formal** de antes, ora prevalecem a lógica do razoável, da tópica, da nova retórica e a lógica paraconsistente. Nesse mesmo diapasão, a interpretação sistemática agora é transdisciplinaridade, partindo-se de uma visão plurissistêmica e da interação desses sistemas — familiar, econômico, político, internacional, empresarial etc.

Na perspectiva de uma teoria crítica, então, a **interpretação histórica** denunciará uma enxurrada de falácias que tanto ensejaram produção normativa, doutrinal e jurisprudencial quanto o confronto desse constructo com as necessidades da vida social. Onde está a suposta vontade do legislador, do Estado e da lei? Segundo LUIZ FERNANDO COELHO (2004), a **interpretação histórica** se diluirá na **interpretação sistemática** considerando-se a série de fatores que teriam levado ao atual estado das instituições jurídico-políticas conferindo unidade e coerência ao ordenamento jurídico, conforme ensina NORBERTO BOBBIO. No que interessa à Tese, o tamanho da desigualdade distancia excessivamente dirigentes e dirigidos e somente uma hermenêutica dela, em torno dela e referente a ela seria capaz de diminuir dita distância.

Numa mesma ordem de ideias, LUIZ FERNANDO COELHO (2004) refletirá sobre o atual sentido da extensão da lei quanto aos procedimentos de interpretação *declarativa*, *extensiva* e *restritiva* para reclamar em relação a elas o emprego de idêntica lógica material, pois a existência de lacunas se justifica para manutenir estruturas sociais injustas e a *colmatação* das mesmas, ante às normais insuficiências do discurso dogmático, impondo postura crítico-epistemológica

---

[135] V. a respeito as considerações de RENATO RABBI-BALDI CABANILLAS. *Teoría del Derecho*, op. cit., p. 260-261.

para contemplar a situação a ser normatizada, avaliando o infinito de possibilidades e as oportunidades de efetiva normatização[136].

Para além de uma concepção dogmática, exegética, como a reinante à época da Revolução Francesa, no mínimo, já se estará fazendo uma zetética jurídica ao colocar-se o conteúdo social e ideológico em primeiro plano, ao não se aceitar acriticamente (com maior ou menor intensidade) as situações reais e cambiantes da vida social, na medida em que o direito existe para resolver problemas, e não para manter dogmas, teorias e princípios abstratos. Destarte, uma zetética teleológica abrangerá a teleologia de IHERING e a jurisprudência de HECK. A sociológica compreende a escola da livre investigação científica, a escola do direito livre e a escola norte-americana de jurisprudência sociológica, ao passo que a axiológica reúne as correntes culturalistas, e a realista leva em conta a realidade histórica na qual o direito se apresenta, como decisão, linguagem ou objeto cultural, compreendendo as três acepções do realismo jurídico: psicológico, linguístico e culturalista[137].

Para atingir esse objetivo, é necessário atentar "para a nossa tendência de, em nossas reflexões, trabalharmos com ideias abstratras preconcebidas e de deixarmos em um segundo plano a realidade social", conforme adverte ALEXANDRE ARAÚJO COSTA (2001), sendo incrível o número de postulados ideológicos (*senso comum dos juristas*) repetidos sem a menor reflexão com base em LUIS ALBERTO WARAT, como sendo "uma constelação de representações, imagens, *pré-conceitos*, crenças, ficções, hábitos de censura comunicativa, metáforas, esterotipos e normas éticas que governam e disciplinam anonimamente os seus atos de decisão e enunciação". São eles: a) a ordem jurídica nos fornece segurança; b) o direito positivo é garantia de paz social; c) o direito é árbitro neutro nas disputas entre os homens; d) é legítima a utilização da força física pelo Estado (transformação da força em legalidade, da dominação em dever); e) a obrigação de obedecer às leis deriva de um valor universal de justiça; f) a sanção jurídica tem finalidades éticas.

Nesse sentido, embora a Constituição afirme que todos são iguais perante a lei, a elaboração da mesma provém de grupos sociais específicos ou hegemônicos no sentido de aprová-las [poder político, econômico, ideológico], ou seja, o poder econômico tem seus defensores no congresso, que finaciam as campanhas e, muitas vezes, legislam em sentido diametralmente oposto ao

---

136 LUIZ FERNANDO COELHO. *Aulas de introdução ao direito*, op. cit., p. 386-387.

137 IDEM, op. cit., p. 334.

sentimento de justiça da população. Nesse cenário, a validade da lei é admitida sem qualquer consideração sobre sua eficácia ou fundamento, não bastasse o fato de que o modelo judiciário é desenvolvido para resolver conflitos entre pessoas com padrão econômico razoável e é aplicado — infelizmente — sem qualquer adaptação a todas as relações sociais[138].

Ainda conforme ALEXANDRE ARAÚJO COSTA (2001), apesar de a palavra ideologia ter sido cunhada por DESTUTT DE TRACY para denominar o seu projeto científico que consistiria no estudo sistemático das ideias com vistas a garantir as bases de um "verdadeiro conhecimento científico", o termo entrou para a história por obra de NAPOLEÃO BONAPARTE, para quem os ideólogos pecavam ao produzir apenas especulações com base em estudo metafísico das ideias, em vez de fazê-lo com base em conhecimento do mundo real do poder político. Adiante, lembra KARL MARX no sentido de que as ideias não podem existir autonomamente, fora da vida socio-histórica e que as mudanças ocorrem em função das transformações na infracstrutura econômica de uma sociedade, e com espeque em JOHN B. THOMPSON, conclui que ideologia passa a ser um "sistema de representações que servem para sustentar relações existentes de dominação de classes através da orientação das pessoas para o passado em vez de para o futuro, ou para imagens e ideais que escondem as relações de classe que se desviam da busca coletiva de mudança social"[139].

Para encontrar um ponto de partida, pode-se considerar também que a hermenêutica da desigualdade é "palavra", ou seja, um valioso instrumento tanto de produzir civilidade quanto de diminuir a desigualdade reinante. E se for assim, cumpre adotar a excelente fórmula de GASTON BACHELARD segundo a qual "toda a ciência procura o que está oculto", e para que se efetive um "exame refletido do real" (como preconiza EDGAR MORIN) deve-se acrescentar a toda e qualquer pesquisa a espirituosidade de CLAUDE LÉVI-STRAUSS, até porque, se não for assim, "um especialista é [será?] um homem que sabe cada vez mais sobre um número de coisas cada vez menor, *de tal maneira que, no limite, ele acabará por saber tudo acerca de nada*"[140]. Tal fórmula, aliás, seria o único antídoto para ilusões decorrentes do enclausuramento em "torres de marfim", ilusões de que "mesmo sabendo tudo sobre nada" a complexidade se

---

138 ALEXANDRE ARAÚJO COSTA, op. cit., p. 112-114.

139 IDEM, op. cit., p. 109-110.

140 V. citações em PIERRE JACCARD. *Introdução às ciências sociais,* op. cit., 88.

relevaria e deslindaria espontaneamente através dessa atitude simplificadora até porque, com base em tal arrogância, nada existiria mesmo por descobrir.

Nesse particular, as conclusões de Philippe Breton (2006) sobre as imensas possibilidades de desenvolvimento da palavra, seja através de técnicas de comunicação ou por meio de instituições e lugares para a concretização e facilitação de seu emprego, quando mais não seja para a tomada de decisão, para as negociações, ou mesmo para fazer a violência recuar servindo-lhe de alternativa através da *objetivação*, da *escuta ativa* e da *afirmação argumentada do ponto de vista*. Segundo ele, uma visão otimista permitirá dizer que as sociedades modernas são sociedades da palavra, enquanto que o ponto de vista pessimista é imbatível ao descrever a frustração diante dos desvios: em suma há uma direção boa em termos do emprego da palavra, mas corre-se o risco de cair no abismo sendo tentador, apesar de tudo, prestar atenção a esses extremos para ver que na longa duração [de tempo, como diria Fernand Braudel] das civilizações, *onde há palavra, há progresso*[141].

Um posicionamento acerca dessas questões é importante, pois remete aos fundamentos filosóficos do direito, subjacentes às técnicas de solução de litígios, conforme ensina Luiz Fernando Coelho (2004), na externação de posicionamentos doutrinários ou concepção do saber, bem como a respeito das relações entre as normas e a vida social. Consideram-se, assim, três orientações hermenêuticas: *dogmática*, *zetética* e *crítica*. A dogmática prioriza os valores de segurança e estabilidade; a zetética considera a necessidade de adaptar as leis às transformações sociais e a crítica, indo além, postula uma ciência comprometida com a transformação social[142].

---

141 Philippe Breton. *Elogio da palavra*, op. cit, p. 203-206. Vale considerar as observações do referido autor com base em Marshall B. Rosenberg, *Comunicação não-violenta* nas pgs. 104-105. Ele sugere que numa situação violenta de interlocutores hostis e ameaçadores, o primeiro componente será "separar a observação da avaliação" no sentido de [a priori] não julgar a ação do interlocutor, mesmo que esta nos pareça ameaçadora, mas [a seguir, segundo componente] expressar os sentimentos que a situação provoca em nós sem o temor de demonstrar vulnerabilidade. O terceiro componente seria identificar claramente as necessidades dos envolvidos e, por último, formular um pedido para que sejam satisfeitas as necessidades que identificarmos.

142 Luiz Fernando Coelho. *Aulas de introdução ao direito*. Barueri: Manole. Op. cit., p. 325.

5
MAPEANDO A DESIGUALDADE ATRAVÉS DA CONSTITUCIONALIZAÇÃO DO DIREITO CIVIL

"O Direito serve à vida. É regramento da vida. É criado por ela e, de certo modo, a cria. "

PONTES DE MIRANDA

Para compreender o direito moderno no estágio em que se encontra, um ponto de partida fundamental é a Revolução Francesa (1789) e o Código Civil francês de 1804, também denominado Código de Napoleão. Para o propósito da Tese, conforme já sinalizado no capítulo anterior, importa identificar o surgimento ali de uma dogmática legalista, cujo princípio é exclusivamente a lei, impregnada que se encontra do espírito racionalista dos séculos XVII e XVIII, consagrando um conjunto de princípios de direito natural[143] (justo, eterno, imutável) inerentes ao ser humano. Há uma tensão entre legitimidade e validade, devendo preponderar a primeira. Assim, segundo LUIZ FERNANDO COELHO (2004), um dos grandes objetivos da Revolução Francesa foi a construção de um sistema normativo estruturado de acordo com as normas da natureza: a estratégia era substituir as legislações imperfeitas da história, nascidas do despotismo pelos "frutos de um trabalho considerado perfeito, construído pela razão humana, necessariamente válida para todos os povos civilizados",

---

[143] RICARDO MAURICIO FREIRE SOARES. *Elementos de teoria geral do direito*, op. cit., p. 133: "O direito natural enquanto representativo da justiça serviria como referencial valorativo (o direito positivo deve ser justo) e ontológico (o direito positivo injusto deixa de apresentar a juridicidade), sob pena de a ordem jurídica identificar-se com a força ou o mero arbítrio. O direito vale caso seja justo e, pois, legítimo, daí resultando a subordinação da validade à legitimidade da ordem jurídica".

assegurando que o governo da cidade fosse científico e racional. Como dito, a concretização desse trabalho foi representada pelo Código Civil, promulgado pelo imperador Napoleão Bonaparte[144].

No imaginário do *senso comum dos juristas* a que se refere Luis Alberto Warat, tanto a recorrência aos ideais de igualdade, liberdade e propriedade quanto a posterior criação de um "documento" contêm um conjunto de proposições prescritivas (das quais se extraem normas) consideradas unilateralmente, sugerindo ideia de coerência e de sistema, destinadas a constituírem uma disciplina tendencialmente completa de um setor, ou conforme corriqueiramente se diz, "um estatuto da vida privada"[145]. Por isso, mesmo tendo sido elevados à categoria constitucional, os institutos da família, do contrato e da propriedade, Carmem Lucia Silveira Ramos (1998) constata dificuldade em operar o texto constitucional e tornar efetivas as garantias ali instituídas, conquanto se reconheça as falhas e o caráter ultrapassado do modelo codificado, isso porque o intérprete é tentado à adoção de idêntica estrutura lógico-formal a partir da qual foi engendrado o sistema jurídico vigente[146].

Quanto à Revolução Francesa, seria a suposta ruptura da França com grande parte de sua história (*Ancièn Règime*) passando, ao menos, a uma Constituição com base na *igualdade perante a lei* e a formação de uma Assembleia Nacional de representantes eleitos que podiam legislar sobre qualquer assunto, enaltecendo a propriedade privada e o contrato como institutos-chave, com evidente influência em todo o direito ocidental a partir daí. Aliás, o Código Civil francês, conforme ensina Fabiana Rodrigues Barletta (2002), representa a obra legislativa de maior magnitude do governo de Napoleão Bonaparte, com a característica marcante de cultivo do liberalismo e da autonomia da vontade, elegendo a propriedade privada e o contrato como institutos-chave, e constantemente imbricados, do ordenamento jurídico pós-revolucionário[147]. É claro que isso se tornou, tanto por conta da fragilidade do argumento quanto pelo desmentido dos fatos, algo superado, conforme Jussara Maria Leal de Meirelles, pelo absurdo de que movimentaria juridicamente a pessoa ali codificada não os anseios, sonhos ou necessidades pessoais, mas os interesses

---

144 Luiz Fernando Coelho. *Aulas de introdução ao direito*, op. cit., p. 328.

145 A respeito, v. Pietro Perlingieri. Perfis do direito civil. *Introdução ao direito civil constitucional*, op. cit., p. 4.

146 Carmem Lucia Silveira Ramos, op. cit., p. 10.

147 A respeito, v. Fabiana Rodrigues Barletta, op. cit.

meramente patrimoniais, ou seja, a capacidade de contratar, constituir família e adquirir patrimônio. Ademais, num quadro de circunscrita clausura, os direitos reconhecidos e assegurados e os deveres respectivos seriam apenas e tão somente na medida em que se pretendesse ou devesse adquirir bens, administrá-los ou transmiti-los, o que restringiria a dignidade da pessoa humana[148]. Não bastasse isso, na "concepção clássica do Direito Privado, a pessoa é valorizada pelo que tem e não por sua dignidade como tal. Nesse sentido, o sistema alimenta o preconceito, desprezando aqueles que se mostram inadequados à luz da moldura imposta"[149].

Ditos postulados, portanto, considerados sob a ótica de constitucionalização do Direito Civil e da perspectiva da consideração da complexidade que isso significa, segundo Carmem Lucia Silveira Ramos (1998) levarão à certeza de que uma suposta igualdade, fundada na ideia abstrata de pessoa e partindo de um pressuposto meramente formal, baseado na autonomia da vontade, supondo um dado irreal, na prática, certamente virá acompanhada de um paradoxo: a prevalência dos valores relativos à apropriação de bens sobre o ser, impedindo a efetiva valorização da dignidade humana e o respeito à justiça distributiva e à igualdade material ou substancial efetivas[150]. Não bastasse isso, aquela limitada visão de que o código fosse o "estatuto da vida privada" não resistiria à impossibilidade real e também à complexidade da vida em grandes agrupamentos, assumindo-se formalmente, no Brasil, o esgotamento e a insuficiência do modelo codificado para trabalhar a realidade, *v.g.*, através da edição dos estatutos especiais, regulamentadores de temas específicos, típicos da realidade do século XX de que são exemplos o condomínio em edificações, a locação de prédios e o parcelamento do solo urbano[151].

O século XX representou também um gradativo abandono à ideia de suposta neutralidade do direito (a despeito da influência das ideias de pensadores como Kelsen), o que provocou além da mudança de perspectiva epistemológica a superação do modelo antes baseado no individualismo capitalista. É a superação gradativa do modelo através do qual o Código Civil era erigido para regular a vida da sociedade civil como documento completo e único (*v.g.*, Código de Napoleão), e também de alguns de seus dogmas tradicionais, além

---

148 Jussara Maria Leal de Meirelles. *O ser e o ter na codificação civil brasileira*, op. cit., p. 90-91.

149 Idem, op. cit., p. 95.

150 Carmem Lucia Silveira Ramos, op. cit., p. 5.

151 Idem, op. cit., p. 7.

do reconhecimento da sua historicidade e vinculação a um momento socio--político-econômico[152]. É a partir da experimentação de novas possibilidades para além de um "código único" que, segundo ANTONIO CARLOS WOLKMER (1994), uma perspectiva transdisciplinar revela que a interrelação mesmo fragmentada do legal "não é mais vista como anárquica e que é perfeitamente admissível viver num mundo de juridicidade policêntrica"[153]. Afora o policentrismo, de diplomas legais e deslocamento de fóruns de decisão, também a decorrente despatrimonialização do Direito Civil passa a se debruçar sobre aspectos existenciais da convivência humana antes ignorados ao considerar a sua ampliação para além de contrato, família "tradicional" e propriedade. Essa complexidade neoparadigmática, conquanto não signifique a exclusão do conteúdo patrimonial do Direito, mas a funcionalização do próprio sistema econômico, diversificará a sua valoração qualitativa, lembra CARMEM LUCIA SILVEIRA RAMOS (1998), no sentido de direcionar o Direito Civil para continuar a produzir riquezas, mas respeitando a dignidade da pessoa humana (e o meio ambiente) e distribuindo as riquezas com maior justiça[154].

O *Code Civil* foi equivocadamente desde logo saudado como "a lei do universo civilizado, resumo da moral do mundo", que tanto serviria de regra para a França como de modelo para todas as nações: assim surge a Escola da Exegese, identificada com o fetichismo da lei e o culto ao código promulgado pelo imperador. Numa transposição de sacralidade, exegese agora era tanto o nome que se dava à interpretação das escrituras sagradas quanto aos preceitos que tornavam o intérprete escravo da lei, e esta era a única fonte válida de direito. LAURENT, BUGNET e MOURLOUN são os exegetas mais intransigentes, admitindo somente a interpretação *literal*, mas a evolução da escola revela a apassagem para uma atitude mais moderada, que passou a admitir a interpretação *histórica*, e depois a *sistemática*.

Quanto ao positivismo, LUIZ FERNANDO COELHO (2004) considera paradoxal a transposição de uma atitude basicamente jusnaturalista para o que veio, mais tarde, a identificar uma das mais expressivas correntes do positivismo jurídico: o positivismo filosófico veio legitimar a atitude "exegética" como científica. Se o científico passa a se identificar com o positivo, e se o positivo era o código, então se haveria de limitar o estudo do direito ao Código Civil. Para

---

152 IBIDEM, op. cit., p. 6.

153 ANTONIO CARLOS WOLKMER. *Pluralismo jurídico*: fundamentos de uma nova cultura no direito, op. cit., p. 322.

154 CARMEM LUCIA SILVEIRA RAMOS, op. cit., p. 16.

que, então, estudar o direito civil se o Código Civil era a resposta aos problemas da sociedade? Sendo ultralegalista, a consequência desse espírito é que nenhuma solução jurídica seria mais do que a decorrência de um silogismo, em que a premissa maior é a lei e a premissa menor o enunciado do caso concreto que teria de caber ali de qualquer jeito. A função do intérprete e do julgador seria subsumir os fatos concretos à norma legal numa "mecânica" lógico-dedutiva[155].

Essa mecânica lógico-dedutiva funciona bem a partir da **tríplice base** do Direito Civil nascida ali e explicitada a partir das lições de JEAN CARBONNIER, assentada no **contrato,** no **patrimônio** e na **família**; em sentido amplo. A intenção é informar relações mais equânimes, justas e razoáveis, num ambiente vincado por desigualdades materiais e concretas que arrostam qualquer intenção legislativa, como ensina LUIZ EDSON FACHIN (2004), de quem nos valemos do excelente artigo sobre o tema e para quem uma lei se faz código no cotidiano concreto da força construtiva dos fatos, à luz de uma interpretação conforme os princípios, ética e valores constitucionais[156], até porque, conforme salienta CÁRMEN LUCIA SILVEIRA RAMOS (1998) ao recepcionar-se na Constituição Federal temas que compreendiam, na dicotomia tradicional, o estatuto privado, a resultante deve ser transformações sobre o modo de enxergar a propriedade, a família e as relações contratuais[157].

No debate proposto por LUIZ EDSON FACHIN (2003) o **contrato** abarca os atos e negócios jurídicos em geral, bem como obrigações, títulos de crédito etc.; já a **propriedade** diz respeito tanto à posse quanto à empresa, bens, "coisas" e direitos a ela inerentes; enquanto a **família** écompreendia em sua pluralidade, aberta e sociológica. A consequência dessa mundovisão contemplará a função social do contrato e os princípios de probidade e boa-fé objetiva. Logo, MÁRIO JÚLIO DE ALMEIDA COSTA (1991) ensinará que os membros de uma comunidade jurídica devem agir de acordo com a boa-fé, numa exigida e exigente linha de correção e probidade, tanto na constituição das relações entre eles como no desempenho das relações constituídas. Isso valerá tanto como instrumento hermenêutico, fonte de direitos e deveres jurídicos, quanto limite ao exercício de direitos subjetivos em idêntico âmbito. É o chamado "duplo sentido dos direitos e dos deveres em que as relações jurídicas se analisam", pois importam sempre em exercício e cumprimento conforme a boa-fé tanto

---

155 LUIZ FERNANDO COELHO. *Aulas de introdução ao direito*, op. cit., p. 329.

156 LUIZ EDSON FACHIN. Reconstitucionalização do direito civil, op. cit., disponível em http://www.unibrasil.com.br/revista_on_line/artigo%2022.pdf

157 CÁRMEN LUCIA SILVEIRA RAMOS, op. cit., p. 10.

sob o ângulo positivo de se agir com lealdade, como sob o ângulo negativo de não se agir com deslealdade[158]. E será nessa ordem de ideias, *v.g.*, que JUDITH MARTINS-COSTA e GERSON LUIZ CARLOS BRANCO (2002) sustentarão:

> Assim, conquanto não esteja expresso na *littera* do Código [Civil Brasileiro] o dever de ser observada a conduta segundo a boa-fé também na fase das tratativas negociais, e, quando for o caso, no período pré-contratual, há que ser compreendida a sua extensão também a esses períodos, na razão da própria cláusula geral que reveste o art. 422 e do cunho eminentemente prospectivo que está no cerne desta técnica legislativa[159].

No que concerne à propriedade imobiliária rural, o novo Código Civil Brasileiro condiciona o seu exercício às finalidades econômicas e sociais, com preservação da flora, da fauna, do ar, das águas, e do patrimônio histórico e artístico. Prevê, ainda, uma privação do direito de propriedade se o imóvel reivindicado consistir extensa área, com posse ininterrupta e de boa-fé, por mais de cinco anos, de considerável número de pessoas, considerada de interesse social relevante pelo juiz. E fazendo coro com a concepção do artigo ao qual nos reportamos, aduzirá CÁRMEN LUCIA SILVEIRA RAMOS (1998) que

> [...] propriedade (não mais vista como um direito individual, de característica absoluta, mas pluralizada e vinculada à sua função social); na família (que, antes hierarquizada, passa a ser igualitária no seu plano interno, e, ademais, deixa de ter o perfil artificialconstante do texto codificado, que via como fonte única o casamento, tornando-se plural quanto à sua origem) e nas relações contratuais (onde foram previstas intervenções voltadas para o interesse de categorias específicas, como o consumidor e inseriu-se a preocupação com a justiça distributiva) [160].

Sobre a **família,** LUIZ EDSON FACHIN (2004) anota a observação social de dados novos, como as famílias monoparentais, as uniões entre pessoas do mesmo sexo, a filiação sócioafetiva, tudo a demandar por um direito de família que veicule amor e solidariedade. Para isso, alega que o "novo Código Civil Brasileiro não nasce pronto" e assim tece 10 desafios para que se possa concretizar o que denomina uma "hermenêutica construtiva das relações jurídicas" na **família**, na **propriedade** e nos **contratos:**

---

[158] MÁRIO JÚLIO DE ALMEIDA COSTA. *Direito das Obrigações*, op. cit., p. 93-94.

[159] JUDITH MARTINS-COSTA e GERSON LUIZ CARLOS BRANCO. *Diretrizes teóricas do novo código civil brasileiro*, op. cit., p. 137.

[160] CÁRMEN LUCIA SILVEIRA RAMOS, op. cit., p 10-11.

1º) Apreender a pluralidade das fontes, vencendo o reducionismo codificador;

2º) Tomar a questão jurídica como Problema Social "genuinamente constitucional" (na expressão de PAOLO GROSSI): o que está "no coração da constituição do novo" é o fundamento constituinte do direito em movimento;

3º) Superar a divisão burguesa dos poderes do Estado, e admitir que jurisprudência e doutrina são fontes de direito;

4º) Compreender que um Código Civil (e por isso, o "novo" Código Civil Brasileiro) é uma operação ideológica e cultural que deve passar por uma imprescindível releitura principiológica, reconstitucionalizando o conjunto de regras que integre esse corpo de discurso normativo;

5º) Denunciar a manualística pedestre que dos Códigos fez o "seu código" do pensar por repetições, memorizações e mitologias simplificadoras, num tocante pragmatismo rasteiro que vende parcos saberes, a peso de ouro, a famintos de pão e trigo verdadeiros;

6º) Evitar o simplismo adotando, sem embargo, a clareza e a simplicidade para veicular as conquistas históricas numa hermenêutica emancipatória e numa principiologia axiológica de índole constitucional, sem reduzir o que é complexo nem identificar o direito à lei;

7º Descobrir o direito pela força criadora dos fatos - como escreveram na Itália PIETRO PERLINGIERI e VICENZO FRANCESCHELLI -, captando a legítima *"revolta dos fatos contra o código"* sem a irresignação que daí retirava GASTON MORIN, apreendendo que o caráter ôntico do direito está na sociedade e na realidade social, econômica e política;

8º) Emancipar o Brasil do legado codificador da Idade Moderna da Europa Continental evoltar-se para a dimensão espacio-temporal de uma sociedade plural, compreendida em nações indígenas, em muitos que nada têm, em "homens e mulheres do chão levantados", como escreveu SARAMAGO. Entender, ainda, como bem ensina GUSTAVO TEPEDINO, que a pior inutilidade de uma codificação é o seu descompromisso com a transformação social;

9º) Apreender que a "constitucionalização", que retirou o Direito Civil tradicional de uma sonolenta imobilidade, não se resume ao texto formal de 05 de outubro de 1988, mas passa pela dimensão substancial da Constituição e alcança uma visão prospectiva dos princípios constitucionais implícitos e explícitos, num processo contínuo e incessante de prestação de contas à realidade subjacente ao direito;

10º) Não tomar desafios como propostas cegas a serem dogmaticamente seguidas e sim como problematização em um país que, ao início do século XXI, produz um código que se preocupa, ao mesmo tempo, com a paternidade "*post mortem*" de embriões excedentários e com a medieval enfiteuse[161].

Com essa nova ordem de ideias, conforme Paulo Nalin (2001)[162], seguem a despatrimonialização do Direito Civil e consequente despatrimonializaçao do contrato, sem que isso signifique a superação do conteúdo econômico do negócio, mesmo que minimamente retratado. E nem poderia ser diferente, pois não se está a tratar do contrato à luz de uma economia planificada, mas sim em livre mercado: tem-se em vista a renovação dos propósitos do contrato contemporâneo, dentre o que se destaca atenção maior dispensada ao sujeito do que à produção e ao consumo[163], oxigenando as bases (estruturas) fundamentais do Direito com elementos externos à sua própria ciência, *v. g.*, sociologia, filosofia, economia, antropologia, biologia, psicanálise, história e especialmente ética, pois a funcionalização implica emprego de instrumentos [na verdade] transdisciplinares na análise do Direito em face de sua função, com o objetivo de atender às respostas da sociedade, em favor de uma ordem jurídica e social mais justa[164].

---

161 Luiz Edson Fachin. *Reconstitucionalização do direito civil*, op. cit., disponível em http://www.unibrasil.com.br/revista_on_line/artigo%2022.pdf.

162 Segundo Jussara Maria Leal de Meirelles, op. cit., p. 111, essa despatrimonialização passa pela valorização dos aspectos existenciais da "pessoa gente" que, finalmente "passa a centralizar as cogitações jurídicas, na medida em que o ser é valorizado. O seu papel anteriormente estabelecido pelas disposições do Código Civil, determinado fundamentalmente pela propriedade, pelo ter, assume função meramente complementar. A excessiva preocupação com o patrimônio, que ditou a estrutura dos institutos basilares do Direito Civil, não encontra resposta na realidade contemporânea, mais voltada ao ser humano na sua total dimensão ontológica, cujos interesses de cunho pessoal se sobrepõem à mera abstração que o situava como simples polo de relação jurídica".

163 Paulo Nalin, p. 250.

164 Idem, p. 217.

6
DESIGUALDADE E DIREITO PENAL

O presente tópico encerra a primeira parte da Tese, apresentando mais um fundamento necessário para o exame da hermenêutica da desigualdade enquanto condição para **diminuir** a crescente distância entre dirigentes e dirigidos: desigualdade e Direito Penal.Aqui, a desigualdade é medida em termos do descompasso entre Estado de direito e Estado de polícia, levando-se em conta não haver Estado perfeito embora a eficiência da prevenção e da repressão variem, em cada caso.

Sobre a desigualdade e as limitações enfrentadas pelo sistema que, muitas vezes, castiga arbitrariamente pobres e "desiguais" e em nada colabora para que haja mais segurança nas cidades, numa "superfície social que propicia uma nova preocupação, mais enfática e exacerbada para com o controle, bem como a urgência com a qual segregamos e excluímos", DAVID GARLAND (2008) observa que: **a)** ao longo do tempo, nossas práticas atinentes ao controle do crime e à realização da justiça tiveram que se adaptar a uma economia cada vez mais insegura, que marginaliza setores substanciais da população; **b)** uma cultura de consumo hedonista combina amplas liberdades pessoais com controles sociais relaxados; **c)** uma ordem moral pluralista, que luta para criar relações de confiança entre estranhos que pouco tem em comum; **d)** um Estado "soberano" crescentemente incapaz de regular uma sociedade de cidadãos individualizados e de grupos sociais díspares e; **e)** as cronicamente elevadas taxas de criminalidade coexistem com o baixo grau de coesão familiar e de solidariedade comunitária concluindo que isso se deve ao "caráter inseguro e arriscado das relações sociais e econômicas atuais"[165].

---

[165] DAVID GARLAND. *A cultura do controle,* op. cit. p. 414-415.

É num cenário desse tipo que a prisão volta ao primeiro plano, como "meio simples e direto de restaurar a ordem e de julgar todos os tipos de problemas sociais" que a visão dominante percebe e projeta como resultante da "liberalização dos *sixties*": droga, vagabundagem, violência, contestação da hegemonia branca, desagregação familiar e social e gueto[166].

Na verdade, falta solução pronta para o problema da desigualdade na "correlação desigual de forças" entre os que estão implicados no sistema penal, na medida em que o quadro institucional legitima a ideia de formalmente igualar diferenças materiais nessa correlação o que, segundo LOUK HULSMAN e JACQUELINE BERNAT DE CELIS (1997), constitui uma ideia falsa e bem diversa de apenas admitir, *in abstrato*,a profunda desigualdade na coexistência entre os seres humanos — ou seja, sua diversidade e singularidade — o que em si constituíria "o próprio germe da vida, toda vida social que se queira rica e não alienante deve ser construída sob o princípio desta desigualdade"[167], mas isso pode ser pervertido na correlação conflitual, se a desigualdade real não for identificada e ponderada.

Admitindo os inconvenientes de idêntica "desigualdade na correlação de forças", PAULO DE SOUZA QUEIROZ (2002) afirma que seria ingênuo supor que a desigualdade no âmbito do Direito Penal se tratasse de algo facilmente superável, mesmo levando-se conta a eficiência dos diversos atores:

> [...] ainda que o próprio DEUS ditasse as leis, ainda que os juízes fossem santos, ainda que os promotores de justiça fossem super-homens, ainda que os delegados e policiais formassem um exército de querubins, ainda assim o direito, e o Direito Penal de modo particular, seria um instrumento de desigualdade, porque a igualdade formal ou jurídica não anula a desigualdade material que lhe subjaz[168] .

Outra questão a ser enfrentada, lembra FRANCISCO MUÑOZ CONDE (2005)[169], é que o direito penal, tanto nos casos que sanciona como na forma de sancioná-los, é violência — autorizada em face da "realização da conduta proibida pela norma jurídica [que] supõe a frustração de uma expectativa e a consequente aplicação da pena como reação frente à frustração"[170] — embora

---

166 IDEM, op. cit. p. 57.

167 LOUK HULSMAN e JACQUELINE BERNAT DE CELIS. *Penas perdidas*, op. cit. p. 128.

168 PAULO DE SOUZA QUEIROZ. *Do caráter subsidiário do Direito Penal*, op. cit. p. 27.

169 FRANCISCO MUÑOZ CONDE, op. cit., p. 11-12.

170 IDEM, op. cit., p. 5-6.

nem toda violência seja direito penal. Há, portanto, em toda manifestação de controle social uma vinculação subjetiva entre violência, fracasso, frustração e prejuízo. Por trás da tipificação e aplicação, a punição também não se encontra diretamente ligada à proporção do prejuízo ou da violência, mas em razão de uma escolha legislativa que, segundo PATRÍCIA OLIVESKI BURTET (2002), na verdade, é criada para atender "aos anseios de uma determinada estrutura de poder devidamente organizada" [171], inflacionando o sistema, com a criação aleatória e, muitas vezes, contraditória, de novos tipos penais, ensejando possibilidades vinculativas e deturpações.

Aproveitando-se o exemplo trazido por LOUK HULSMAN e JACQUELINE BERNAT DE CELIS (1997), compreende-se a ilusão ontológica, que se dá tanto a partir da criação forçada e antinatural de taxinomias quanto na aplicação do sistema como um todo, indagando-se, a partir do emprego da hermenêutica da desigualdade, como saber se "pelo menos de acordo com o senso comum, o critério de gravidade do fato não serve para fazer a distinção",para determinado prejuízo, a lei só dá possibilidade de se dirigir a um juiz cível para demandar perdas e danos, ou se, além disso, dá o direito de punir o responsável por este prejuízo:

> Quando, por exemplo, um grande supermercado é "vítima" de um furto, teremos uma questão **penal**. Mas, quando um assalariado é vítima de uma rescisão abusiva do contrato de trabalho, isto não passará de uma questão **civil**. Por acaso, não é este último ato o que tem consequênciasmais graves para a vida das pessoas? Como reconhecer o que é ou não uma questão penal? [172]

Para fomentar essa celeuma, ao tratarem dos problemas de justiça penal, os discursos políticos, grande parte da mídia e alguns estudiosos da política criminal invocam a abstração de um "homem comum" obtuso, covarde e vingativo para legitimar o sistema existente e reforçar suas práticas de utilizar o aparelho penal como único meio de proteção contra os diversos fenômenos sociais que os perturbam. Dessa forma, não se faz distinção concreta e casuística entre marginais, violentos, molestadores de todos os tipos, reservando a qualquer implicado,em bloco, o desprezo público, como se as prisões estivessem cheias de perigosos monstros assassinos[173].

---

171 PATRÍCIA OLIVESKI BURTET. *Sistema penal brasileiro e as alternativas à prisão*, op. cit., p. 69.

172 LOUK HULSMAN e JACQUELINE BERNAT DE CELIS. *Penas perdidas*, op. cit., p. 118.

173 IDEM, op. cit., p. 55.

A partir de demandas desse tipo, segundo Loïc Wacquant (2007), a prisão passa a ser indevido "aspirador social para limpar as escórias/detritos produzidos pelas transformçãoes econômicas em curso e remover os rejeitos da sociedade de mercado do espaço público". Desprezando-se o caráter de *ultima ratio* do Direito Penal, focalizam-se de forma exagerada delinquentes ocasionais, desempregados e indigentes, pessoas sem-teto e imigrantes sem documentos, toxicômanos, deficientes e doentes mentais. Quando se procede assim, demonstra-se na verdade que esses agentes ficaram marginalizados, por conta da displicência da rede de proteção de saúde e social, condenadosa uma vida feita de empregos marginais e de pequenos ilícitos — é uma aberração no sentido estrito do termo[174]. Em outra perspectiva, lembra Dario Melossi e Massimo Pavarini (2006), o cárcere surge como o modelo da "sociedade ideal" enquanto "lugar concentrado externa a hegemonia de classe (nas formas rituais do "terror punitivo"), o símbolo institucional da nova "anatomia" do poder burguês, o locus privilegiado, em termos simbólico, da "nova ordem". Nesse aspecto, a pena carcerária e ocontrole social surgem cada vez mais como o parâmetro de uma radical mudança no exercício do poder. "De fato, a eliminação do 'outro' a eliminação do transgressor (que, enquanto "fora de jogo", torna-se destrutível), a política de controle através do terror se transforma — e o cárcere é o centro desta mutação — em política preventiva, em contenção, portanto, da destrutividade"[175].

É necessário, portanto, avançar em termos doutrinais, normativos, jurisprudenciais. Por causa disso, depois de realizar a abordagem da questão da desigualdade no direito civil sob o prisma de como são enxergadas as questões da família, do contrato e da propriedade como geradores de desigualdade, agora é o momento de considerar o direito penal tanto como sendo a *ultima ratio*, quanto em termos de efetiva manifestação do devido processo legal, pois este serve para demarcar de modo bem nítido e eloquente a desigualdade real quando sem aludida observância, investiga, divulga, acusa, condena e retira a liberdade do sujeito, priva-o de bens, impõe multas ou lhe retira *status* quando, na verdade, a criminalização deveria ser apenas imposta na medida em que corroborasse para a efetiva proteção de um bem jurídico, devendo desaparecer quando outras soluções mais brandas pudessem ser adotadas porque a regra

---

174 Loïc Wacquant. *Punir os pobres*: a nova gestão da miséria nos Estados Unidos, op. cit., p. 455.

175 Dario Melossi e Massimo Pavarini. *Cárcere e fábrica*, op. cit., p. 215-216.

geral é de que as relações se regerão, preferencialmente, pelos demais ramos do direito, ficando o Direito Penal para o último caso[176].

Cinge-se a Tese, então, a um método que se esforça por visualizar o sistema de justiça em sua realidade funcional e operacional, pois o direito legislado, muitas vezes, não corresponde ao concretamente aplicado, e o essencial não são os pontos comuns ou divergentes, mas os elementos sobre os quais se baseiam[177]. *In casu*, justifica o emprego da "hermenêutica da desigualdade" a distância temporal, real e social dos sujeitos considerando-se, quando mais não seja, a evidência de aspectos que situam o sujeito em vantagem ou desvantagem em relação ao outro e à possibilidade de duplicação dessa tendência no fundo autopoiético processual. Nesse sentido, é necessária até mesmo "a concordância sobre os pontos de discordância", sendo pertinente a invocação do princípio dialógico segundo EDGAR MORIN, de que num sistema complexo podem coexistir princípios que, embora aparentemente contraditórios, precisam estar juntos para que o sistema faça sentido e mantenha, portanto, a dualidade no seio da suposta unidade [processual] conforme descreve VILSON J. LEFFA:

> A noção de indivíduo, por exemplo, só faz sentido à medida que tivermos a noção de coletividade; para entender o que é autonomia, precisamos entender o que é dependência; não podemos saber o que é democracia se não sabemos o que é ditadura, só podemos conhecer o Brasil se conhecermos outros países; e assim por diante. Já dizia PASCAL que o contrário da verdade não é a mentira, mas uma verdade contrária. Essa pode ser a essência do princípio dialógico: a necessidade de conviverem, no mesmo sistema, a verdade e a verdade contrária. Pelo princípio dialógico, nada pode ser rejeitado sem ser previamente examinado e debatido; podemos até discordar de nossos interlocutores, mas precisamos antes concordar nos pontos que discordamos (TAGUIEFF, 1993-1994). Para que esse ["diálogo"] ocorra é necessário que o sistema apresente os dois pontos de vista antagônicos[178].

Se o Estado, *v.g.*, é compelido a arcar com custos de perícia especializada em atrativos turísticos, em que pese a supremacia do interesse público decreta-se a preclusão, em vez de substituir o ato por avaliação judicial feita por

---

176 LUIZ LUISI. *Os princípios constitucionais penais*, op. cit., p. 38-39.

177 MARC ANCEL. *Utilidade e métodos do direito comparado*, op. cit., p. 113.

178 VILSON J. LEFFA. *Transdisciplinaridade no ensino de línguas*: a perspectiva das teorias da complexidade, op. cit., p. 36.

funcionário sem a necessária *expertise* para avaliar a indenização devida em face da indenização pífia oferecida ao proprietário para ali erigir empreendimento turístico. Estabelece-se, aí, uma concordância em torno da discordância de que não se deve seguir em busca de uma *pseudoprova* quando já se deu a efetiva oportunidade de provar, que foi negligenciada redundando na impossibildade de produzir a prova, haja vista a preclusão. Outro exemplo é que não se deve deduzir que, provada uma receptação de mercadorias furtadas em relação a um acusado esteja demonstrada também a reincidência em tráfico de entorpecentes em relação ao outro, pois constituiriam imputações distintas, ainda mais se fosse com base na *chamada de corréu* que, travestido do incompatível papel de testemunha, acusa para se defender. E um derradeiro exemplo entre tantos que se pode produzir e interpretar à luz desta hermenêutica da desigualdade é de causar espécie que, no sentido de demonstrar dolo ou *culpa gravíssima* em tema de acidente de carona, para afastar a Súmula 145 do Superior Tribunal de Justiça alguém reúna testemunhas em uníssino para afirmar que um veículo velho e impotente estava a 100 km por hora numa via estreita e, ainda por cima, os protótipos de "super-homem" e "mulher maravilha" tivessem ouvido do lado de fora desse carro que em uníssono afirmaram estar a 100 km por hora, a suposta vítima dizer *"pare!"*, *"pare!"*, *"pare!"* [mesmo sem estar utilizando megafone!] utilizando-se de dotes certamente clariaudentes se foi a própria vítima quem confessou, quando do ajuizamento da ação que um coletivo (ônibus), verdadeiro causador do acidente, lhes havia fechado (a ela e ao ex-namorado), na contramão. Os exemplos acima refletem a importância do emprego da "hermenêutica da desigualdade" para que o processo judicial não ocasione a duplicação "espontânea" de privilégios e de menosprezos. Aliás, no exemplo da desapropriação, frustrada a perícia em razão da inércia do Estado, que deveria arcar com as despesas e não o fez, é inviável alegar que o juiz pudesse produzir prova *ex officio* se, desenganadamente, a prova posteriormente decidida por ele é evidentemente aquém da *prova técnica* específica anteriormente cogitada, ainda mais se desde a contestação à desapropriação havia nos autos parecer técnico em prol do expropriado, demonstrando o valor justo, a ser confirmado em razão da inércia estatal.

Sobre o significado da violência, Juarez Tavarez (2003) acrescenta que a maioria ou a quase totalidade das indagações sobre esse tema diz respeito, basicamente, aos modos de erradicação a qualquer custo, e não ao seu significado, reduzindo-a a um panorama utilitário imediato de bem-estar – "daí a preocupação quanto aos efeitos de seu combate – do que propriamente a uma precisa definição de seus elementos". Para tanto, foge-se da definição porque se quer combatê-la, identificando-a com o crime,"a apenas uma de suas formas de aparecimento [o que] conduz, por sua vez, [à] utilização de certo modo arbitrário de justificação dos meios de seu controle, muitas vezes centrados em elementos puramente simbólicos, frutos de meras expressões linguísticas"[179], valorizadas apenas no campo retórico.

Não há, pois, um conceito de violênciaestático ou a-histórico que possa se dar à margemdo problema social em que surge. Nesse sentido, a sempre atual lição de Francisco Muñoz Conde (2005)[180] diz que a violência deve ser compreendida como problema social, mas também semântico a partir de um determinado contexto social, político econômico podendo assim ser valorada, explicada, condenada ou defendida.

Além de ser concebida através de um problema social, mas semântico, a violência canalizada para o Direito Penal, conforme ensina Paulo de Souza Queiroz (2005), sofre também tanto a limitação de não ser meio apto a motivar comportamentos no sentido da norma, ou seja, de agir positivamente no processo motivacional de formação da vontade de delinquir, quanto de decorrer o ora denominado delito também de um sem-número de causas — psicológicas, sociais, culturais — não neutralizáveis pelo mero temor da pena[181].

Na perspectiva de uma hermenêutica da desigualdade, com apoio em Luigi Ferrajoli (2006), deve-se considerar que há uma tensão entre as certezas e incertezas perseguidas pelos Direito Penal máximo e mínimo em que nenhum culpado fique impune ou que nenhum inocente seja punido à custa de incerteza de que também algum culpado possa ficar impune: por um lado, prioriza-se a máxima tutela das liberdades individuais restringindo-as sempre em face de supostas ofensas ocasionadas pelo delito, e por outro, a máxima tutela das liberdades individuais acerca das ofensas ocasionadas pelas penas arbitrárias[182].

Sabe-se, com Eugenio Raúl Zafaroni (2007) que essa exacerbação da ideia de controle possui diversas limitações e inconvenientes:

> Quando se autorizam invasões de domicílio, revistas de pessoas, veículos automotores e residências, investigações e registro de comunicações de toda índole, detenções de suspeitos, etc., mas apenas de suspeitos de

---

[179] Juarez Tavarez. *Reflexões sobre a relação "violência e criminalidade"*, op. cit., p. 444.

[180] Francisco Muñoz Conde. *Direito penal e controle social*, op. cit., p. 3.

[181] Paulo de Souza Queiroz. *Funções do direito penal*, op. cit., p. 90.

[182] Luigi Ferrajoli. *Direito e Razão*. Teoria do Garantismo penal. op. cit., p. 103.

> terrorismo, sabe-se que será impossível evitar que as agências policiais utilizem estas faculdades cada vez que julgarem conveniente, bastando-lhes alegar que o fazem por suspeita de terrorismo e que, por acaso, acharam cigarros de maconha, dinheiro não declarado ou uma carteira roubada. Não é ilusória a afirmação de que o Direito Penal do inimigo afetará unicamente as garantias destes, como também é ilusória sua suposta eficácia contra os inimigos[183].

Do ponto de vista ontológico, tanto o excesso de controle quanto o emprego de um Direito Penal máximo ou *desejavelmente* mínimo como *ultima ratio* devem ser considerados, sobretudo, segundo LUIZ LUISI (2003), por serem hoje considerados invioláveis os direitos à liberdade, à vida, à igualdade, à segurança e a propriedade como fundamento do Estado democrático de direito, norteado pela dignidade da pessoa humana. Desses princípios constitucionais, como enfatizado pela doutrina italiana e alemã, resulta que a restrição ou privação desses direitos invioláveis somente se legitima se estritamente necessária à sanção penal para a tutela dos bens fundamentais do homem[184] e na exata medida do que sinaliza LOUK HULSMAN, pois, na realidade,

> A prisão [sempre] representa muito mais do que a privação de liberdade com todas as suas sequelas. Ela não é apenas a retirada do mundo normal da atividade e do afeto; a prisão é também e principalmente, a entrada num universo artificial onde tudo é negativo, eis o que faz da prisão um mal social específico: ela é um sofrimento estéril. Nem todo sofrimento é um mal. Há sofrimentos benéficos, que nos fazem progredir no conhecimento de nós mesmos, abrindo novos caminhos, nos aproximando dos outros e nos tornando melhores. O encarceramento, porém, é um sofrimento não criativo, desprovido de sentido[185].

EUGENIO RAÚL ZAFARONI (2003) sinaliza para a necessidade de controle efetivo entre os poderes, pois dadas as agências executivas exercerem parte do poder punitivo, podem exercê-lo à margem de qualquer legalidade ou através de marcos legais bem questionáveis. Tal complexidade suscita o paradoxo de que o poder punitivo se comporte fomentando atuações ilícitas e acabe abusando dele. Este é o sistema penal subterrrâneo, que institucionaliza a pena de

---

[183] EUGENIO RAÚL ZAFFARONI. *O inimigo no direito penal*, op. cit., p. 119.

[184] LUIZ LUISI. *Os princípios constitucionais penais*. Sérgio Antônio Fabris Editor. Porto Alegre, 1991., op. cit., p. 26.

[185] LOUK HULSMAN e JACQUELINE BERNAT DE CELIS. *Penas perdidas*: o sistema penal em questão, op. cit., p. 62.

morte (execuções sem processo), desaparecimentos, torturas, sequestros, roubos, saques, tráfico de drogas, exploração do jogo, prostituição. "A magnitude e as modalidades do sistema penalsubterrâneo dependem das características de cada sociedade e de cada sistema penal, da força das agências judiciais, do equilíbrio de poder de suas agências, dos controles efetivos entre os poderes"[186].

Com a participação de expoentes oriundos de Portugal, Chile, Brasil e Estados Unidos, Salvador da Bahia sediou o I Congresso sobre Sistema Prisional no Século XXI[187], entre 31 de julho a 02 de agosto de 2015. Em pauta, propostas para tornar mais humana eficaz a tarefa de **punir**, **controlar** e **tratar** delinquentes, levando-se em conta **contexto social**, **vítima** e **agressor** na síntese construída pelo palestrante português MAURO PAULINO[188].

O encontro teve como objetivo dialogar com profissionais da área jurídica e educacional, assim como da psicologia e sociedade em geral, sobre a situação do sistema prisional brasileiro para, a partir daí, buscar métodos e soluções necessárias para a superação dos problemas vigentes nas carceragens do país. Segundo TAURINO ARAÚJO, o Congresso conseguiu atrair, da melhor forma, **governo**, **negócios**, **educação**, **saúde** e **terceiro setor**, numa perspectiva de defender a vida em todos os aspectos.

De acordo com CLAUDIO DO PRADO AMARAL (2007), há uma complexa demanda social por segurança que extrapola em muito as potencialidades do direito penal que, obviamente, não serve para resolver problemas infraestruturais. Pretende-se a edição de leis que transmitam a [falsa] sensação de segurança não somente com o fim de dar proteção objetiva diante dos [supostos] riscos e perigos, mas também buscando algo que vai além dessa proteção: "a possibilidade de assegurar a efetivação da própria proteção, por meio da confiança ou da segurança nela mesma, de modo que o homem possa se sentir

---

[186] EUGENIO RAÚL ZAFFARONI et al. *Direito Penal Brasileiro*, op. cit., p. 70.

[187] O I CONGRESSO INTERNACIONAL SOBRE SISTEMA PRISIONAL NO SÉCULO XXI foi certificado pela Universidade Federal da Bahia (UFBA), pela Universidade do Estado da Bahia (UNEB) e pela Universidade Católica do Salvador (UCSAL).

[188] A digressão é feita a partir do *balanço provisório do Congresso*, palestra de encerramento ministrada pelo autor. Palestrantes por ordem de apresentação: ROGÉRIO GRECO (BRA), MIGUEL ANGEL ACUÑA FERNANDEZ (CHILE), MAURO PAULINO (PT), ALVINO DE SÁ (BRA), FELIX ARAÚJO (BRA), ROGÉRIO CURY (BRA), EVERALDO CARVALHO (BRA), CLÁUDIA TRINDADE (BRA), JOÃO PAULO GOUVEIA (PT), RICHARD DIETER (USA), ANA CONDUTO (PT), DULCE PIRES (PT), MARCOS MELO (BRA), RAQUEL BAPTISTA NUNES (PT) e TAURINO ARAÚJO (BRA).

livre de temores [apenas] na base de tal convencimento"[189]. Não bastasse isso, para Luiz Flávio Gomes (2014), ao lado da frouxidão no controle de "riscos reais" por parte dos órgãos repressivos, há uma predisposição da sociedade para um direito penal autoritário, o que exige sempre a edição de leis penais severas, "alopradas" e emergenciais com foco no encarceramento massivo e sem critérios justos frente aos acusados desiguais, inimigos ou dissidentes, com falta de observância do devido processo legal e proporcional em relação a estes:

> Na última parte do meu livro destaco outra brilhante e fecunda contribuição de Beccaria, que foi o fundador da Política criminal, defendendo que a prevenção da violência e da criminalidade exige: 1º) a certeza da pena mais suave possível e 2º) medidas extrapenais socioeconômicas e educativas, que jamais foram implantadas nos países de poderes podres e selvagens (como o Brasil), cuja equivocada política criminal (penal, deveríamos dizer) se caracteriza não só pela ausência de tais medidas extrapenais (Estado reativo, não preventivo; governança da reação simbólica, não dos riscos reais), senão também pela equivocada política da severidade da pena (intimidação por meio da pena prevista na lei, da aplicação e da execução exemplares), pela falta da certeza do castigo, pelo clima de guerra e de medo, pela exploração da emocionalidade da sociedade de massas ressentidas (conforme doutrinava Durkheim e Ortega y Gasset)[190].

Isso, entretanto, não justificará o emprego de um suposto **Direito Penal do Inimigo**, criticado pelo palestrante Rogério Greco. É inconcebível afirmar que a sociedade, na qual todos nós estamos inseridos, seja composta por cidadãos e por inimigos, e que estes últimos devem receber tratamento diferenciado, como se houvesse um estado de guerra. Seria querer voltar ao passado cuja história a humanidade quer, na verdade, esquecer. Em resumo, lembra, Beccaria já dizia em 1764 que "a certeza de um castigo, mesmo moderado, sempre causará mais intensa impressão do que o temor de outro mais severo, unido à esperança da impunidade [...]". Daí o consenso em prol da efetividade das punições levando-se em conta a razoável duração dos processos e as prerrogativas constitucionais do cidadão acusado, encarcerado ou em vias de progressão de regime e ressocialização.

---

189 Cláudio do Prado Amaral. *Bases teóricas da ciência penal contemporânea.* São Paulo IBCCRIM, 2007, p. 67.

190 Luiz Flávio Gomes, Descubra 6 motivos para ler ou reler Beccaria (250 anos depois). Jusbrasil. Disponível em <http://professorlfg.jusbrasil.com.br/noticias/135942832/descubra-6-motivos-para-ler-ou-reler-beccaria-250-anos-depois>. Acesso em: 10 jul. 2016.

Segundo ele, a mídia, no final do século passado e início do atual, tem sido propagadora de um suposto movimento em nome da lei e da ordem, que sugere disputa entre o cidadão e o inimigo, sem delinear exatamente quem é quem. Jornalistas, repórteres e apresentadores de programas de entretenimento chamam para si a tarefa de criticar o Sistema Penal, criando a falsa crença de que o recrudescimento das penas, a criação de novos tipos penais incriminadores e o afastamento de determinadas garantias processuais a acusados e sentenciados livraria a sociedade do comportamento desviante. E arremata no sentido de demarcar os avanços conseguidos a duras penas para a construção do Estado Democrático:

> "quem são os inimigos? Alguns, com segurança, podem afirmar: os traficantes de drogas, os terroristas, as organizações criminosas especializadas em sequestros para fins de extorsões... E quem mais? Quem mais pode se encaixar no perfil do inimigo? Na verdade, a lista nunca terá fim. Aquele que estiver no poder poderá, amparado pelo raciocínio do Direito Penal do Inimigo, afastar o seu rival político sob o argumento da sua falta de patriotismo por atacar as posições governamentais"[191]. Daí a observação de TAURINO ARAÚJO no sentido de que a resposta do Estado esteja sempre à altura do nível de desenvolvimento conquistado pela civilização brasileira também integrada pelos desviantes, fazendo chegar o Estado de direito para todos, indistintamente.

Ao invocar a sistematização por parte de FEUERBACH, CARRARA, LARDIZÁVEL, MELO FREIRE e outros, LUIZ FLÁVIO GOMES (2014) fundamenta a atualidade de revisitar o velho direito penal liberal traçado por BECCARIA, haja vista que, até hoje, as garantias do Estado de direito não valem (ou pouco valem) em relação aos chamados "desiguais". Não bastasse isso, o direito penal liberal continua sofrendo ofensivas neopunitivistas ("direito penal máximo": lei e ordem, tolerância zero, guerra às drogas, direito penal do inimigo, direito penal da emergência, guerra ao terrorismo etc.), centradas no populismo penal que jamais reduziu a criminalidade através da edição de novas leis quando o correto seria buscar o "império das leis existentes". CESARE BECCARIA escreveu *Dos delitos e das penas* em 1764. Apesar de proibido pela Igreja, foi o livro mais lido na Europa no século XVIII; foi o maior *best seller* depois da Bíblia. O sistema inquisitivo medieval ali contestado (investigação após denúncia anônima, prisão cautelar imediata, tortura para confessar e delatar, sem direito a

---

[191] ROGÉRIO GRECO *Direito Penal do Inimigo* disponível em http://www.rogeriogreco.com.br/?p=1029 , consultado em 02 de agosto de 2015.

defensor, condenação pelo mesmo juiz da investigação, ausência de recursos), priorizando a *severidade da pena* em detrimento da *certeza do castigo*, continua, em grande parcela, mais vivo que nunca quando "os órgãos repressivos investigam, processam ou punem os 'desiguais' (pobres, marginalizados, prostitutas etc.), os 'inimigos' de cada momento (traficantes, pedófilos, terroristas, sonegadores fiscais, corruptos etc.) ou os dissidentes (políticos)", fugindo da diretriz original de BECCARIA no sentido de que, em vez disso, as penas deveriam ser (sempre) *suaves*, *justas*, *rápidas* e *certas* (*infalíveis*).

Para LUIZ FLÁVIO GOMES (2014) há uma espécie de "*socialismo*" em BECCARIA quando postulava reformas socioeconômicas e educacionais sendo por isso chamado de "socialista" pela Igreja católica conservadora do século XVIII. Coerente com essa linha de pensamento, a partir de suas ideias sobre o *iluminismo* BECCARIA teria criticado duramente o poder monárquico e sua justiça inquisitiva; na perspectiva da *secularização,* pugnou pela separação entre a Igreja e o Estado, a religião e o direito e o delito e o pecado; com base no *racionalismo,* partia da premissa de que o humano deveria fazer uso da razão e se libertar das crenças e superstições, das religiões estabelecidas assim como dos costumes autoritários; com o *garantismo,* foi o máximo sistematizador dos princípios orientadores do moderno sistema penal. Seu *humanismo* censurava a tortura e a pena de morte assim como as arbitrariedades judiciais, reivindicando um sistema punitivo mais suave, mas certo e infalível e com *utilitarismo* aceitava a ideia de que a pena tem por finalidade a prevenção de crimes, há nele também o *contratualismo* de quem supunha [equivocadamente] que o poder político decorresse de um acordo, de um pacto entre as pessoas, consoantes lições de JOHN LOCKE, HOBBES e ROUSSEAU.

De outra banda, os países que refutaram a receita de BECCARIA continuam extremamente violentos e apresentam altíssima taxa de criminalidade, prendendo sem qualquer critério e produzindo quantidade exagerada de leis. Segundo ele, o destaque é o Brasil: o 12º país mais violento do planeta, com 57 mil assassinatos (campeão do mundo em números absolutos) e taxa de 29 mortes intencionais para cada 100 mil pessoas, ocupando o 79º lugar no ranking do IDH (Índice de Desenvolvimento Humano) e escolarização idêntica à de Zimbábue (7,2 anos) [192].

---

[192] LUIZ FLÁVIO GOMES, Descubra 6 motivos para ler ou reler Beccaria (250 anos depois). Jusbrasil. Disponível em <http://professorlfg.jusbrasil.com.br/noticias/135942832/descubra-6-motivos-para-ler-ou-reler-beccaria-250-anos-depois>. Acesso em: 10 jul. 2016.

Há, também, uma relação tanto entre renda *per capita* e escolarização quanto entre eficiência preventiva e repressiva e índices de criminalidade. Nesse sentido, conclui afirmando que os países que seguiram a cartilha de Beccaria, com especial destaque os países escandinavos (Suécia, Dinamarca, Noruega, Finlândia e Islândia), assim como os que estão em processo de "escandinavização" (Alemanha, Austrália, Canadá, Nova Zelândia, Japão, Coreia do Sul, Bélgica, Holanda, Suíça etc.) contam com pouco mais que apenas um ou dois assassinatos para cada 100 mil pessoas, bem como uma renda *per capita* de US$ 50 mil e altíssima taxa de escolarização. Em tais países há verdadeira preocupação em educar e dar boas condições de vida. Vive-se sob o império do castigo: a polícia comunitária produz efeitos mais sólidos e raramente se escapa da força da lei. Cometeu-se crime, há a certeza de castigo moderado e proporcional. As penas não são muito altas e há um rígido controle do poder policial no sentido de investigar e descobrir o crime[193]:

Grupos do IDH	Nº de países	Total de homicídios por grupo	Média de homicídios absolutos por grupo	Média da taxa de homicídios por 100 mil habitantes por grupo
Desenvolvimento humano muito elevado	47	25.510	543	1,8
Desenvolvimento humano elevado	47	143.178	3.046	10,7
Desenvolvimento humano médio	47	117.372	2.497	11,73
Desenvolvimento humano baixo	46	148.676	3.232	13,9
Total do IDH	187			

De fato, a ênfase do sistema prisional deveria ser o controle de "riscos reais", e o pretexto para esse posicionamento foi a avaliação da notícia do jornal inglês *The Guardian* (15/11/2013) informando ao mundo o fechamento de quatro prisões e um centro de detenção na Suécia. A justificativa: o número de detentos estava caindo 1% ao ano desde 2004 e de 2011 para 2012 teria caído 6%, conforme foi discutido no Congresso Internacional sobre Sistema

[193] Dados e tabela conforme Luiz Flávio Gomes. *Beccaria (250 anos) e o drama do castigo penal*, op cit., p. 340.

Prisional no Século XXI quando esteve em voga, inclusive, o posionamento contrário dos participantes à redução da maioridade penal no Brasil.

Quanto menos igualdade, lembra Luiz Flávio Gomes (2014), mais crimes violentos. A regra vale para os Estados Unidos e para o Brasil, guardadas as diferenças entre eles. O assunto foi bastante comentado no Brasil. Edição eletrônica de *Carta Capital* assinada por Lino Bocchini (2013)[194] debateu aqueles dados registrando a conclusão sueca sobre a eficácia de investimentos na reabilitação de presos; penas mais leves para delitos relacionados às drogas e adoção de penas alternativas (como liberdade vigiada), mostrando que o encarceramento de maior parcela da população não é a solução do problema da criminalidade, conforme é sustentado em países como o Brasil.

Na Suécia são apenas 4.852 presidiários para 9,5 milhões de habitantes, ou seja, 51 para cada 100 mil. No Brasil, são 284 por 100 mil habitantes. Negar a ligação entre a questão social e o número de presos em um país é acreditar que há pessoas mais propensas à criminalidade. A redução da maioridade penal não reduziria índices de criminalidade, mas apenas exporia a juventude à "universidade da reincidência". Novamente, o foco deve ser socioeducação e punição mínima, mas efetiva, bem como ampliação do Índice de Desenvolvimento Humano (IDH) [195]:

> Disso as elites do capitalismo selvagem e/ou extremamente desigual não querem saber (não lhes interessa saber). Estamos aqui no campo da cegueira deliberada, que não quer enxergar a seguinte verdade: está terminantemente inviabilizada a política criminal que se guia (1) pelo ópio do fundamentalismo religioso, (2) pela morfina das ideologias sofistas, (3) pelo veneno das radicalidades partidárias ou dos políticos, (4) pela droga mais entorpecente de todas que é o capitalismo selvagem e/ou extremamente desigual (caminho que vem sendo seguido pelo novo imperialismo capitalista mundial), (5) pela vulgaridade cultural, (6) pelas crenças da ignorância massiva e (7) pela crueldade vingativa do populismo midiático.[196]

É legítimo que a sociedade pretenda uma melhor segurança, mas esta necessita entender que de nada adianta apenas assistir passivamente ao

---

[194] V. Lino Bocchini. Carta Capital Suécia fecha 4 prisões e prova: a questão é social, op.cit.

[195] A digressão é feita com base nas fontes supracitadas a partir do *Balanço Provisório do Congresso*, palestra de encerramento ministrada pelo autor.

[196] Luiz Flávio Gomes. *Beccaria (250 anos) e o drama do castigo penal*, op cit., p. 340.

sensacionalismo do noticiário na transmissão de imagens chocantes: homicídios, estupros de crianças, presos que durante rebeliões torturam suas vítimas, corrupção etc., pois não é o maior recrudescimento do Direito Penal a solução para isso, sendo correto investir cada vez mais em ensino fundamental, médio e superior, lazer, cultura, saúde e habitação em vez de priorizar o setor repressivo como lugar de esquecimento ou vingança, até porque os egressos retornam ao meio social, com o perdão da redundância.

Por se tratar de abordagem dinâmica sobre o princípio jurídico da igualdade, adotando-se a desigualdade como conceito jurídico fundamental, as categorias jurídicas passam a funcionar como instrumentos em prol da força normativa da Constituição, desvelando, concretizando e desenvolvendo potencialidades e efeitos ora esquecidos, ora pouco desenvolvidos, pertinentes à compreensão corrente da igualdade[197] concreta. Senão – e ao largo dos ditames constitucionais – o sentido elitizado do direito, crescente na sociedade contemporânea, continuará explicitando uma prática que não é estranha: cadeias repletas de pobres, negros e prostitutas, enquanto os espaços do poder e dos financiamentos estão repletos de elites. Isto significa que, atrás do propósito de viver honestamente, dar a cada um o que é seu e não lesar ninguém, o direito moderno, em seu sentido patrimonial, esconde a desigualdade real e amplia, indiretamente, a distância entre dirigentes e dirigidos, através das incidências de ritualizações de *status* e de menosprezo processualmente duplicadas e repetidas. Destarte, a desigualdade figura entre os conceitos jurídicos fundamentais.

---

[197] V. a respeito ROGER RAUPP RIOS, op. cit, p. 13

PARTE II
A DESIGUALDADE EM AÇÃO

"O fato deve ser verificado em função da norma que o regula e, por outro lado, a norma deve ser individualizada e interpretada em função do fato que a regula. Ou seja, como o fenômeno jurídico deve ser analisado a partir da incidência da norma jurídica aos fatos, não há cogitar da separação absoluta entre fato e direito".

GLEYDSON KLEBER LOPES DE OLIVEIRA

"O mundo está repleto de obviedades que ninguém jamais observa".

ARTHUR CONAN DOYLE ,
O cão dos Baskerville (1901)

7

INSERINDO A DESIGUALDADE ENTRE OS CONCEITOS JURÍDICOS FUNDAMENTAIS

"Só aquilo em que acreditamos
sabemos com certeza".

WILHELM BUSCH

Para situarmos o presente tópico, é necessário recorrer às observações feitas por LUIZ FERNANDO COELHO (2004)[198] para quem a construção teórica dos conceitos jurídicos fundamentais remete tanto aos referenciais do pensamento analítico quanto ao direito civil. Sabe-se da ultrapassagem dessa postura epistemológica em torno de conceitos comuns a todas as normas jurídicas que, ao mesmo tempo, formariam o núcleo das relações jurídicas, mas é nessa limitação mesma que a desigualdade se insere enquanto categoria, conceito jurídico com validez constante e permanente, independentemente das variações do direito positivo, ainda mais observando-se a perspectiva institucional.

Foram os pandectistas, no âmbito da escola histórica alemã, os primeiros a afirmar que afora a variabilidade das leis, costumes e demais formas de expressão do direito havia um conjunto de conceitos que permaneciam invariáveis: pessoa, contrato, delito, propriedade, e que tais conceitos seriam comuns a todas as relações jurídicas, independemente do ramo de sua regulação. Entrementes, LUIZ FERNANDO COELHO (2004) critica, com razão, que o direito civil não pode esgotar os conceitos universais do conhecimento jurídico, mas afirmamos que a desigualdade dá conta de aludido papel, e exemplifica com os

[198] LUIZ FERNANDO COELHO. Aulas, op. cit., p. 195-209.

conceitos de criminoso e vítima do direito penal através dos quais surgiram a criminologia e a vitimologia.

Na verdade, "alguma coisa está fora da ordem", como diria CAETANO VELOSO, e esse "fora da ordem mundial" é a desigualdade que os antigos e os modernos não consideraram adequadamente, crendo na força e na ilusória coerência de um sistema fechado e na suposta "onisciência" do legislador.

Observados em sua acepção lógico-analítica e institucional, os conceitos jurídicos fundamentais, conforme salienta LUIZ FERNANDO COELHO (2004), podem ser observados tanto na estrutura da relação jurídica quanto a partir de conceitos oriundos de outras ciências e é no pressuposto das categorias objetivas principais referentes à norma jurídica, à relação jurídica e ao valor jurídico que afirmamos ser a desigualdade componente da realidade do direito como experiência dialeticamente articulada no mundo. Abstraindo a desigualdade de suas elucubrações, entretanto, tanto COSSIO quanto KELSEN tiveram em mira apenas a análise de estruturas lógicas para compreender os conceitos jurídicos fundamentais. O primeiro, focalizando a conduta (lícita ou ilícita, até porque a licitude é regra do ordenamento) e o segundo restringindo-se à categoria de ilícito e, com isso, deixando de analisar o lícito cumprimento/efetividade das normas, conforme entendimento de COSSIO, para quem categorias endonormativas (*fato antecedente, dever-ser, prestação, sujeito obrigado* e *sujeito pretensor*)e perinormativas (*não-prestação* ou *ilícito, sanção, Estado* e *comunidade pretensora*) formariam o elenco dos conceitos jurídicos fundamentais. A primeira série, constituindo a licitude (*endo*, o que está por dentro) e a segunda série a ilicitude[199] (ou seja, *peri*, o que está em derredor da norma, para delimitar a relação jurídica).

---

[199] Sobre ilicitude, v. RICARDO MAURICIO FREIRE SOARES, op. cit., p. 102-104. Para ele, embora a dogmática jurídica procure oferecer critérios para distinguir ilicitude penal e ilicitude civil, não há critérios universais, sendo preferível adotar o caráter histórico que demarca uma transição da ilicitude penal para a ilicitude civil com base no aumento da divisão social do trabalho e da especialização funcional das sociedades ocidentais, conforme a visão de DURKHEIM: "Decerto nas sociedades primitivas, regidas pela solidariedade mecânica, a consciência coletiva prevalecia sobre o indivíduo, assumindo o direito uma feição prevalentemente repressiva. O ilícito seria uma nódoa a ser apagada do tecido social, sendo utilizadas sanções penais de exclusão social, *v.g.*, banimento e pena de morte. Com o crescimento demográfico e o incremento da divisão social do trabalho, as sociedades mais avançadas não poderiam prescindir da individualização dos atores sociais, adquirindo o direito uma fisionomia mais restitutiva, porque voltada para a restauração do *status quo ante*, sendo aplicadas sanções civis, *e. g*, indenização de perdas e danos".

Esse *código* de oposição binária (a partir de um *programa condicional* se/então, lícito/ilícito) é explicado por TÉRCIO FERRAZ SAMPAIO JUNIOR (2002), com base em NIKLAS LUHMANN, como sendo algo que não seja exclusivo ao direito e, tampouco, uma descoberta recente. O mesmo se dá com a economia e seu código de propriedade (proprietário/não proprietário), que é trazido para complexidades ainda maiores, ou para a ciência, cujo código (verdadeiro/falso) seria a própria dialetização da "verdade" (BACHELARD). Nesse sentido, tem-se um conjunto de regras que determinam as relações entre os elementos de um sistema (estrutura) sejam esses *códigos* biológicos, inorgânicos, fisiológicos ou *culturais*, cuja importância radical é a *língua* e sua capacidade de negação. Assim a negação básica para todo código cultural é uma esquematização binária do tipo sim/não, verdadeiro/falso, válido/não válido. Com isso, haveria uma *generalização* redutora para não discutir, caso por caso, a orientação comum, com risco de que as possibilidades oferecidas *pela situação concreta* não fossem aproveitadas, do mesmo modo que as relações jurídicas seguem por conta de *conceitos dispositivos*: direito subjetivo, dever, competência, faculdade[200].

Ao se reportar à função legitimadora do procedimento, agora, sob a perspectiva de um *programa finalístico*, ANTONIO CARLOS DE ALMEIDA DINIZ (2006) se referirá a NIKLAS LUHMANN e seus conceitos, observações e reelaborações com vistas à completude do programa decisório (como um todo) no abrangente campo da psicologia do desenvolvimento social, cibernética, biologia, antropologia política e análise organizacional, para afirmar que a organização social moderna exige uma concepção de legitimidade compatível com sua renovada dinâmica se "no decurso do desenvolvimento civilizacional aumentam a complexidade e a variabilidade das condições naturais, psíquicas e sociais da vida — um processo onde a complexidade crescente da própria sociedade e do direito constitui uma causa preponderante concorrente — torna-se cada vez mais inadequada uma estrutura jurídica rígida". Daí a conclusão de LUHMANN no sentido de que apenas as sociedades simples possuíriam um direito tradicionalmente determinado, sendo desejável (no campo do desenvolvimento social) que o direito adquira elasticidade conceitual-interpretativa

200 TÉRCIO SAMPAIO FERRAZ JR. *Estudos de filosofia do direito:* reflexões sobre o poder, a liberdade, a justiça e o direito. São Paulo: Atlas, 2002, op. cit., p. 47-48.

para abranger as situações heterogêneas do nosso tempo: "tem que ser modificável através de decisões, ou seja, tem que tornar-se direito positivo"[201].

À Tese, portanto — para o emprego da hermenêutica da desigualdade, desdiferenciando os sujeitos — interessam reflexões sobre a incidência da ilicitude (penal ou civil) remontando, no universo das obrigações, à retórica de todos os ordenamentos, com base no conflito de interesse e nas pretensões resistidas de todas as ordens concretizando, na perpectiva do sujeito, a dignidade da pessoa humana, em sua mais dolorosa ânsia: se eu não der o que deve ser dado (questiona-se o sujeito!), não fizer o que deve ser feito e não me abstiver do que é proibido, serei punido? Civil e criminalmente? De alguma forma? Nenhum dos dois?

Se a ênfase for retributiva, o foco será a sociedade, no emprego da *ultima ratio*, o direito penal. Se a ênfase for restituva, o foco será o indivíduo dotado de patrimônio (e na medida em que seja dotado dele), até porque as indenizações a título material não passarão do ressarcimento do dano emergente e dos lucros cessantes, bem como a indenização por danos morais separa ricos e pobres sob o argumento de que não possa ensejar (em sua quantificação) enriquecimento sem causa. É dizer: a moral dos que mais têm vale mais e o inverso também seria "verdadeiro". Do mesmo modo, o dano estético assim é valorado na hierarquização da beleza entre a *miss* e o homem comum.

Segundo Eduardo Angel Russo (2004)[202], o intento de especificar os conceitos jurídicos fundamentais, é relativamente recente levando-se em conta a história do Direito e percorre dois caminhos distintos. De um lado, fala-se numa direção *estipulativa, a priori* de qualquer observação da realidade. Destarte, estipulam-se conceitos mínimos para explicar o Direito sem aferir que sejam verdadeiros ou falsos, mas apenas úteis ou inúteis para explicar o fenômenos jurídico. Dentro dessa direção, a especulação pode ser filosófica ou lógica. A outra direção seria lexicográfica, *a posteriori,* ou seja, a partir do próprio direito vigente.

---

201 Antonio Carlos de Almeida Diniz. *Teoria da legitimidade do Direito e do Estado:* uma abordagem moderna e pós-moderna, op. cit., p. 230-232. Sobre a manifestação mais determinada do direito nas sociedades simples (primitivas) e uma desejável elasticidade conceitual interpretativa no campo do desenvolvimento social do mundo globalizado, V. discussão mais detalhada no capítulo 2, p. 19-50, Que dizem as Ciências Sociais?

202 Eduardo Angel Russo. *Teoria general del derecho*: en la modernidad y en la posmodernidad. Buenos Aires: Abeledo-Perrot, p. 95.

Os jusnaturalistas cristãos, *v.g.*, não se debruçaram sobre conceitos jurídicos fundamentais, em que pese a preocupação com a justiça e, tampouco, necessidades de ordem pragmática emprestam sentido único e unívoco a esse particular do vocabulário juridico. Todavia, no dizer de José de Oliveira Ascensão (1993)[203] conceitos jurídicos fundamentais são um condicionante para a apreensão da realidade jurídica. E é através da investigação adequada desses conceitos que se obvia a tendência de tratar problemas específicos como se fossem menos complexos do que realmente são, antes de realizar uma análise mais profunda e discriminada conforme ensina Wesley Newcomb Hohfeld (2008)[204]. Tanto no *a priori* quanto no *a posteriori*, essa ordem de ideias pode ser um ponto de partida para o emprego da "hermenêutica da desigualdade".

Orlando de Carvalho (1998) ensina que o direito, em sua aplicação (inclusive, corretiva das normas), princípios e regras de conduta deve estar em sintonia com a realidade humana, ou seja, o inevitável "condicionamento material da ideia":

> Perante o desenrolar da vida prática, com necessidades que diariamente se renovam, formas sempre mais complexas e variáveis, não pode o jurista 'alhear-se em torre de marfim' nos esquemas de uma ciência puramente lógica. De vez em quando, há de curvar-se para o que lateja à sua roda, avaliar e criticar os seus próprios juízos de valor, vendo que a distância do formulário estreito de uma contingente ordenação fica longe dos novos interesses e das reais aspirações da prática. É uma sadia reflexão sobre o valor dos sistemas e das ideias, a qual não implica forçosamente um relativismo jurídico constitucional, pois decorre até de uma atitude prévia em face da Lei e do Direito. No fundo o que dita esta posição renovadora da ciência jurídica é o pensamento de que ela será acima de tudo uma ciência humana, compenetrada dos seus próprios deveres e limitações, do que lhe compete em atividade interpretativa, construtiva e até, por vezes, corretiva das normas[205].

Uma das tarefas mais importantes da teoria geral do direito, portanto, é a elaboração de conceitos universais que possam integrar todas as manifestações históricas do direito no tempo/espaço. São categorias, conceitos lógico

---

[203] José de Oliveira Ascensão. *Teoria Geral do Direito Civil*, op. cit., p. 71.

[204] Wesley Newcomb Hohfeld. *Os conceitos jurídicos fundamentais aplicados na argumentação judicial*, op. cit., p. 35.

[205] Orlando de Carvalho. *Páginas de direito*. Coimbra: Almedina. Op. cit., p. 7.

jurídicos *a priori*, com validez constante e permanente, independendo das variações oriundas do direito positivo. Quando se refere a conceitos jurídicos fundamentais, entretanto, o saber jurídico tradicional se refere apenas a *sujeito, direito subjetivo, dever jurídico, objeto, fato jurídico* e *garantia jurídica*, na definição de LUIZ FERNANDO COELHO (2004)[206]. Nesse caso, ignora-se a desigualdade, que deveria figurar entre as noções de sujeito e de direito subjetivo, pois a desigualdade é ou está no "outro", sujeito ou titular de direito/dever.

A inclusão da desigualdade entre os conceitos jurídicos fundamentais foi também intuída por TAURINO ARAÚJO (2005) a partir das considerações de LUIZ EDSON FACHIN (2003)[207], quando trata dos denominados "afazeres metodológicos" no âmbito do direito civil. Nessa perspectiva, ressalta-se a importância transcendental da força jurídica dos fatos, a demonstrar que o direito não é um modelo pronto, acabado e definido, mas um sistema aberto que, em sua aparente complexidade e "desordem" extrapola, principalmente, a ordenação privada. Não se trata apenas de uma crítica, mas o reconhecimento de que *família, apropriação* e *circulação de bens* não sejam mera abstração, mas um representar cultural, contextualizado, na medida em que toda disciplina de espaço, por ínfima que seja, lembra JACQUES TÁVORA ALFONSIN (1987), é um problema político, porque espaço é poder. "Afinal, o escândalo maior é a desigualdade que provoca tal diferenciação entre as partes" [208]. Daí a pertinente lição de WILLIS SANTIAGO GUERRA FILHO (1997)[209]:

> [...] a simples elaboração de um texto constitucional, por melhor que ele seja, não é suficiente para que o ideário que o inspirou se introduza efetivamente nas estruturas sociais, passando a reger com preponderância o relacionamento político de seus integrantes. Também é importante a percepção de que a realização efetiva da organização política idealizada na Constituição depende de um engajamento maciço dos que dela fazem parte nesse processo, e um Estado Democrático de Direito seria, em primeiro lugar, aquele em que se abrem canais para essa participação. Essa

---

206 LUIZ FERNANDO COELHO. *Aulas de introdução ao direito*, op. cit., p. 195-199.

207 LUIZ EDSON FACHIN. *Teoria crítica do direito civil:* à luz do novo Código Civil brasileiro. 2. ed. rev. atual. Rio de Janeiro: Renovar, 2003, p. 256-261.

208 JACQUES TÁVORA ALFONSIN. Sistema de propriedade e reforma urbana. *Revista de Direito Civil:* Imobiliário, Agrário e Empresarial, São Paulo, a. 11, nº 41, p. 94-101, jul/set 1987, p. 100.

209 WILLIS SANTIAGO GUERRA FILHO. *Autopoiese do direito na sociedade pós-moderna:* introdução a uma teoria social sistêmica. Porto Alegre: Livraria do Advogado, 1997. p. 30.

> concepção 'procedimental' da Constituição se mostra adequada a uma época como a nossa, apelidada já de pós-moderna, em que caem em descrédito as 'grandes narrativas', legitimadoras de discursos científicos e políticos, não havendo mais um fundamento aceito em geral como certo e verdadeiro, a partir do qual se possa postular 'saber, para prever'. Radicaliza-se, assim, a inversão da perspectiva temporal em que se legitima o direito, com a introdução nos sistemas políticos modernos, de uma Constituição, quando o juridicamente válido o é não mais porque se encontram argumentos num passado, histórico ou atemporal (ordem divina, estado de natureza ou outra coisa do tipo) para justificá-lo.

De acordo com PETER BURKE et al (1992)[210], esta hermenêutica da assimetria patrimonial no direito em face da crescente distância entre dirigentes e dirigidos realiza o que se denominou "Nova História", a qual privilegia a atividade humana, focalizando as mudanças que um certo fato causou nas estruturas em vez de apenas narrá-lo, porque a realidade é sempre visualizada através de representações, preconceitos e estereótipos. Para a finalidade do emprego desta "hermenêutica da desigualdade" no sentido de diminuir a distância entre sujeitos, com apoio em ROBERTO VERNENGO (1994)[211], afirma-se que interpretar é sempre tarefa aleatória, porque, como diriam os teóricos da informação, as comunicações entre os homens, seja qual for a linguagem, se efetuam por canais excessivamente ruidosos que alteram o teor de toda mensagem, o que implica codificação ou decodificação incorretas, bem como interferências no aludido canal, sendo necessária uma interpretação sistemática levando-se em conta a ilusão do universo semiológico, pois o sistema jurídico é aberto (principalmente às forças que ensejam a desigualdade), conforme será explicitado no próximo tópico.

Elucidando ainda mais o propósito da presente Tese, é importante frisar a inferência de ANDRÉIA COSTA VIEIRA[212]no sentido de que a própria *Common Law* nasceu de uma verdade relativa. Dentro do sistema Romântico-Germânico diz-se que a certeza e a previsibilidade são garantidas pela própria lei escrita: geral, abstrata e impessoal. A interpretação lógica e sistemática, portanto, traz

---

210 PETER BURKE et al. *A escrita da história:* novas perspectivas. Tradução Magda Lopes. 7. ed. São Paulo: EDUSP, 1992.

211 ROBERTO J. VERNENGO. *La interpretación literal de la ley.* 2. ed. Buenos Aires: Abeledo-Perrot, 1994.

212 ANDRÉIA COSTA VIEIRA. *Civil Law e Common Law:* os dois grandes sistemas legais comparados. Porto Alegre: Fabris, 2007.

mais previsibilidade a esse sistema; isso é contrastado com a *Common Law*, pois, a liberdade de um juiz para decidir o caso em primeira mão é enorme; na *Civil Law*, as Cortes e Tribunais uniformizam suas decisões, que tendem a ser seguidas, mas isso não é obrigatório. Brigam, portanto, aparentemente, em algum momento, certeza e mobilidade nas relações sociais.

As interferências interpretativas podem ser de ordem valorativa ou decorrentes de hierarquização. A hierarquização, muitas vezes, nada mais é do que a ilusão da ordem perfeita, isso decorrendo, na verdade, de tensão e ocupação tempo-espacial. Nos estudos comparativos sobre o *Civil Law* e o *Common Law*, ANDRÉIA COSTA VIEIRA (2007) também relativiza a verdade das bases nas quais os dois grandes sistemas legais foram construídos, ao afirmar que o conceito de separação dos poderes defendido pelo *Civil Law* se baseia em verdade tão relativa quanto a *Common Law*, muito devendo ser discutido e esclarecido sobre as vantagens do emprego da súmula vinculante em termos do binômio segurança jurídica e a necessidade não menos imperiosa de mobilidade das relações sociais, situação determinada necessária ao bom desempenho de qualquer sistema, de modo a diminuir a desigualdade nas relações.

RICARDO MAURICIO FREIRE SOARES (2013) argumenta que a súmula vinculante favorece os princípios da celeridade processual, da efetividade do processo, da segurança jurídica e da isonomia decisória mas, por outro lado, também compromete o sentido e alcance do devido processo legal, do duplo grau de jurisdição, do contraditório, da ampla defesa, do livre convencimento e da separação dos poderes, com a possibilidade de o Supremo Tribunal Federal petrificar a ordem jurídica com interpretações desprovidas de legitimidade social[213].

Sobre a necessidade desse tipo de interpretação sistemática, segundo EDUARDO ÁNGEL RUSSO[214] (2004), conspirariam duas realidades: o que os juristas tomam como sistema não passa de um subsistema e isso é marcado pela diversidade entre os momentos de criação e aplicação o que tornaria difusas as figuras saussurianas de sujeito emissor e de contexto de emissão. O subsistema, em o sendo, estaria contido nos sistemas[215] ideológico, político e econômico e, quase sempre, o direito é em decorrência dessa "economia". Há, portanto, uma

---

213 RICARDO MAURICIO FREIRE SOARES, op. cit., p.83.

214 EDUARDO ANGEL RUSSO, op. cit., p. 252.

215 Para melhor compreender esse fato, v. capítulo 2, "Que dizem as ciências sociais", principalmente na parte das digressões no campo cibernético e da "ideologia da comunicação".

indeterminação de linguagem que integrará o denominado "senso comum teórico" dos juristas e os mitos denunciados por LUIS ALBERTO WARAT (1994), quais sejam: a neutralidade do juiz e da lei; a retroatividade e a pseudo-existência do princípio da legalidade; as falácias da segurança jurídica dos tipos penais; o artificialismo das posturas docentes magistrais; a impossibilidade de uma ciência pura do direito; e, como consequência, o comprometimento politico-ideológico do direito, conforme prefácio de LEONEL SEVERO ROCHA. Destarte, tudo indica a desigualdade como conceito jurídico fundamental, entre as noções de sujeito e direito subjetivo. Daí a sugestão do emprego desta "hermenêutica da desigualdade" de modo a aproximar as defasagens inconvenientes, mas prováveis, na aplicação da Lei.

A esse respeito, conferir também a conclusão de PLAUTO FARACO DE AZEVEDO (1989)[216], no sentido de que a neutralidade não pode ser valorativa, mas apenas em relação às partes e ao objeto em litígio. Logo, entre os imperativos de estabilidade e mobilidade social, há peculiaridades e dificuldades, pois

> [...] o juiz que professe na realização de seu trabalho o positivismo jurídico-filosófico, opta, tenha consciência disso ou não, pelo cerceamento das potencialidades criativas de seu trabalho capazes de auxiliar substantivamente a evolução social, esquecido ou inconsciente de que, como lembrava CORNIL, a função do legislador serve à necessidade de estabilidade das relações sociais e a do juiz à necessidade não menos imperiosa de mobilidade nas relações sociais.

Nesse debate, e referindo-se à área de maior alcance dessas relações, LUIZ EDSON FACHIN (2003)[217], lembra que

> O Código Civil brasileiro pretérito, a par de ser patrimonial-imobiliário, portanto um sistema nucleado em torno de uma noção patrimonial

[216] PLAUTO FARACO DE AZEVEDO, em *Crítica à dogmática e hermenêutica jurídica*, Porto Alegre: Fabris, 1989, p. 76. Para melhor compreender a pertinência constitucional dessa observação, em face da flexibilização do conceito de separação dos poderes, v. JOSÉ AFONSO DA SILVA, *Curso de direito constitucional positivo*, op. cit., p. 109: "A ampliação das atividades do Estado contemporâneo impôs nova visão da teoria da separação de poderes e novas formas de relacionamento entre os órgãos legislativos e executivos e destes com o judiciário, tanto que atualmente se prefere falar em colaboração de poderes, que é característico do parlamentarismo, em que o governo depende da confiança do Parlamento (Câmara dos Deputados), enquanto que no presidencialismo desenvolveram-se as técnicas de independência e harmonia orgânica dos poderes".

[217] LUIZ EDSON FACHIN. *Teoria crítica do direito civil:* à luz do novo Código Civil brasileiro. 2. ed. rev. atual. Rio de Janeiro: Renovar, 2003, p. 29.

fundamental, de patrimônio imobiliário como prevalente, é coerente com a feição dos códigos do século XIX e foi fundamentalmente feito no século passado.

GUSTAVO TEPEDINO, citado por LUIZ EDSON FACHIN (2003) [218] complementa que outro é o horizonte contemporâneo e concorda que:

> As relações patrimoniais são funcionalizadas à dignidade da pessoa humana e a valores sociais insculpidos na Constituição de 1988. Fala-se, por isso mesmo, de uma 'despatrimonialização do direito privado', de modo a bem demarcar a diferença entre o atual sistema em relação àquele de 1916, patrimonialista e individualista.

A Constituição em várias passagens preocupa-se com a construção de uma sociedade justa e solidária, com a erradição da pobreza e da marginalização, com a redução das desigualdades sociais e regionais, com a promoção do bem de todos, sem proconceitos, com a oferta dos direitos sociais da educação, saúde, trabalho, lazer, segurança, previdência social, proteção à maternidade e à infância, assistência aos desamparados, asseguramento a todos de existencia digna e conforme os ditames da justiça social. Entretanto, segundo ROGER RAUPP RIOS (2008)[219],

> [...] é necessário examinar o raciocínio que vislumbra uma situação conflitiva entre os mandamentos de respeito à igualdade jurídica e de promoção da igualdade fática (configurando, nas plavras de R. ALEXY, o "paradoxo da igualdade"): a promoção de novas condições atravésda igualdade fática, ao exigir a instituição de tratamento diferenciado entre os polos das relações entre desiguais, produziria desigualdade jurídica. A questão racial, serve mais uma vez de exemplo: a superação do racismo no mercado de trabalho pode exigir alteração de condições fáticas mediante regimes diferenciados de admissão, seleção e demissão de empregados, configurando a colisão entre igualdade fática e igualdade jurídica. Este conflito, no entanto, pode ser superado dentro mesmo da dogmática de igualdade jurídica, à consideração de que o mandamento de igualdade material (tratar aos iguais igualmente e aos desiguais desigualmente, na medida de sua desigualdade) conduz à promoção da igualdade fática. Isso porque, conforme a segunda parte da máxima da igualdade jurídica (a norma de tratamento desigual) "se há uma razão

---

[218] Ibid., p. 29

[219] V. a respeito ROGER RAUPP RIOS em *Direito da antidiscrimação.* Porto Alegre: Livraria do Advogado, 2008, p. 193.

suficiente para ordenar um tratamento desigual, então está ordenado um tratamento desigual" [...] esta compreensão, conforme acentua o próprio R. ALEXY, abre espaço para a consideração dos demais princípios e regras jurídicos inicidentes em cada caso, como também os limites da realidade socioeconômica verificada a cada momento histórico (a reserva do possível em direitos fundamentais sociais).

Vale ressaltar, entretanto, que o conceito de propriedade ressurgiu na geografia jurídica moderna com características de direito absoluto, exclusivo e perpétuo, observados os desdobramentos relativos à função social da propriedade, ao estatuto da cidade, à desapropriação e à usucapião. A afirmação normativa ou conceitual, portanto, não basta à mudança do paradigma em que se encontra mergulhada a concepção tradicional de conceitos jurídicos fundamentais, inspirada no romanismo. Nesse sentido, há uma *praesumptio similitudinis* entre sistemas, principalmente, quando se fala em direito privado, conforme postula J. H. M. VAN ERP, conquanto haja autorização expressa para a utilização de variáveis axiológicas tais como lacunas, abuso de direito, poder de polícia e emprego de princípios gerais etc. na ação corretiva das normas.

Com espeque em ARTHUR KAUFMANN, GEORGES ABBOUD et al (2013) sintetizam seis princípios gerais do direito que historicamente têm constituído parâmetros para solução de antinomias na busca do ideal de justiça[220]:

> O rol pode ser assim sintetizado: 1) *princípio* do suum cuique tribuere (CÍCERO), significa dar a cada um o que é seu. Assim, cada um tem direito de levar uma vida conforme as suas características, desde que não exponha os outros a perigo; 2) *a regra de ouro* (Sermão da montanha de JESUS). Faça aos outros o que gostria que fizessem a ti; 3) *imperativo categórico de* KANT. O cidadão deve agir de acordo com aquelas máximas que possam ser erigidas a leis gerais. O ser humano deve ser tratado como meio e não fim; 4) *princípio da equidade (*JOHN RAWLS*).* Todos os envolvidos devem participar igualmente tanto nos benefeícios quanto nos encargos; 5) *princípio da responsabilidade (*HANS JONAS*).* A ação do cidadão não pode destruir ou dimimuir a possibilidade de subsistência da vida humana e de seu ambiente; 6) *princípio da tolerância (*ARTHUR KAUFMANN*).* A ação humana deve sempre ser direcionada na intenção de diminuir a miséria humana.

Para que se tenha uma compreensão ainda mais abrangente sobre a desigualdade, a perspectiva sociológica estruturalista destaca as contradições do

---

[220] GEORGES ABBOUD et al. *Introdução à teoria e à filosofia do direito*, op. cit., p. 286.

subsistema jurídico. Segundo Alexandre Araújo Costa (2001), basta levar em conta que embora o Estado pretenda o monopólio das normas jurídicas, observa-se, desde a sua criação, que ele não penetra em certos âmbitos, pois nestes regras diversas são as aplicadas conforme definição de outros atores sociais, havendo, no caso, superposição de ordenamentos. Ademais, embora o direito pretenda ser democrático, nota-se que ao disfarçar privilégios, na prática chega ao extremo de ser aplicado contra os interesses sociais.

Em grandes presídios, a vida dos internos é regulada por regras costumeiras; nas favelas, há superposição de ordenamentos: lei do Estado e "lei do morro". Ademais, para ilustrar a afirmação, Alexandre Araújo Costa (2001) reporta-se ao privilégio para a legitimação do direito de poluir por parte de grandes indústrias, disfarçado na criação de departamentos para controlar a tal poluição. Por meio de tal mecanismo, concede-se à indústria *licença ambiental* o que equivale, na verdade, a permitir que continue poluindo, agora, com o aval da administração pública, o que, na prática, dificulta profundamente qualquer questionamento sobre o mérito da atividade poluidora[221].

Depois da propriedade, o contrato aparece como o segundo pilar da "ordem econômica" e de acordo com Antonio Carlos Wolkmer (2003), é o símbolo máximo do poder da vontade individual numa estrutura socioeconômica capitalista, marcada pela desigualdade, competição e eficiência, depois que os conceitos clássicos de igualdade, liberdade e fraternidade foram substituídos pelos princípios neoliberais aos quais se refere Joaquim Ramalho Marques Neto (2010)[222]. Para Wolkmer, há exacerbado individualismo nas ideias de autonomia da vontade e de livre contratação, e este indivualismo funciona através do chamado negócio jurídico, que não deixa de ocultar a desigualdade real. Daí a eficácia política dessa utopia, no sentido que lhe atribuiu Luis Alberto Warat (1994)[223].

Os dados referentes à desigualdade podem ser captados até mesmo a partir do reducionismo consistente na oposição binária a que se refere John M. Kelly (2010)[224]. Para compreender como isso ocorre, note-se que o subconsciente racional é formado pelo instinto da oposição binária a que se refere

---

221 Alexandre Araújo Costa, op. cit., p. 170.

222 Neoliberalismo e gozo in Vescovi, Renata Conde (organizadora). *A Lei em Tempos Sombrios.* Rio de Janeiro: Companhia de Freud, 2009, op. cit., p. 51-68.

223 Luis Alberto Warat. *Introdução geral ao Direito I:* interpretação da lei. Temas para uma reformulação. Porto Alegre: Fabris, 1994, p. 23.

224 John M. Kelly. *Uma breve história da Teoria do Direito Ocidental*, op. cit., p. 584.

CLAUDE LÉVI-STRAUSS. Trata-se de um reducionismo consistente numa tendência a perceber as realidades do mundo exterior como pares opostos ou termos correlativos, em vez de matizes que se fundem imperceptivelmente uma com a outra. São exemplos disso as dicotomias apresentadas pela teoria da sociedade desenvolvida no presente trabalho: distância/assimetria; *status*/menosprezo; tempo/tecnologia; dirigente/dirigido. Para melhor compreender as inserções da hermenêutica da desigualdade tendo em vista os novos estudos sobre direito, estruturalismo e semiótica a partir de teorias inicialmente propostas por antropólogos e linguistas, veja VOLTAIRE SCHILLING:

> Em 1961, LÉVI-STRAUSS situou a antropologia estrutural dentro do domínio da "semiologia." Cada vez mais os termos de semiologia e da semiótica, ciência decorrente da semiologia, vieram a designar um campo do estudo que analisa sistemas, códigos, e convenções de sinal de todos os tipos: do ser humano às línguas do animal, do jargão das formas ao léxico do alimento, das regras da narrativa popular às que compõe os sistemas fonológicos, dos códigos da arquitetura e da medicina às convenções do mito e da literatura[225].

Essa identificação da antropologia com a semiologia de FERDINAND SAUSSURE realizada por CLAUDE LÉVI-STRAUSS, conquanto criticada por PIERRE JACCARD (1977) no capítulo dedicado às ciências sociais periféricas, como sendo uma relegação da sociologia para um nível inferior, pois o que LÉVI-STRAUSS denominava a "vida dos sinais no seio da vida social" e "uma conversação do homem com o homem", na verdade, limitaria a sociologia ao estudo das chamadas sociedades desenvolvidas ou complexas em paralelo com uma etnologia a cuidar das sociedades arcaicas ou selvagens[226], terá mesmo assim importância para o efetivo emprego desta hermenêutica da desigualdade, mais preocupada com a pragmática das heterogeneidades de mundos e de abordagens às vezes indisciplinares, abertas, mas imprescindíveis para compreender e diminuir a incidência da desigualdade em discussão a patamares aceitáveis.

Além da semiótica, uma abordagem da qual se vale esta hermenêutica da desigualdade é a transdisciplinaridade, que tem origem no teorema de GÖDEL,

---

[225] VOLTAIRE SCHILLING. Lévi-Strauss e o Estruturalismo II, disponível em https://www.terra.com.br/noticias/educacao/historia/levi-strauss-e-o-estruturalismo-ii,7708c438bb1ea310VgnCLD200000bbcceb0aRCRD.html. Acesso em: 27 maio 2018.

[226] V. PIERRE JACCARD. *Introdução às ciências sociais*, op. cit., 114.

autor que em 1931 distinguiu vários níveis de realidade, e não apenas um nível, como propõe o dogma da lógica clássica, segundo Maria Fernandes de Mello, citada por Akiko Santos (2008), para quem a superveniente comprovação da física quântica provocou um escândalo quando demonstrou que o *quanton* é composto simultaneamente de ondas e corpúsculos, e que, no nível do *quanton*, a contradição entre onda e corpúsculo desaparece, constituindo uma unidade:

> A partir dessa descoberta, a lógica clássica entra em crise, abalada em seu fundamento centrado na não contradição. A transdisciplinaridade propõe-se a transcender a lógica clássica, a lógica do "sim" ou "não", do "é" ou "não é", segundo a qual não cabem definições como "mais ou menos" ou "aproximadamente", expressões que ficam "entre linhas divisórias" e "além das linhas divisórias", considerando-se que há um terceiro termo no qual "é" se une ao "não é" (quanton). E o que parecia contraditório em um nível da realidade, no outro, não é.[227]

Segundo John M. Kelly (2010), a mente humana, ou pelo menos a mente humana em uma determinada cultura [há Cultura e culturas, como adverte Denys Cuche(2002)], está equipada de "fechaduras" para as quais as formas e arranjos da linguagem oferecem as chaves. Em sua aplicação jurídica a semiótica dá a entender que uma lei ou uma decisão judicial podem estar dizendo algo bem diferente do que o texto diz em sua superfície, pois uma lei ou sentença pode transmitir ao destinatário mais do que a soma dos significados de suas partes numa impressão que transcende àquela obtida por alguém que só é capaz de entender uma frase ou parágrafo de cada vez, à medida que vai lendo. É a superação do mero correlativo, um algo complementar, sendo seu significado mais profundo naturalmente perceptível apenas para aqueles que pertencem a um mesmo mundo cultural e semiótico, segundo o citado por Bernard Jackson[228], nessa mesma obra. É dizer, o emprego desta "hermenêutica da desigualdade", se dá pela superação dos efeitos da oposição binária proposta por uma teoria da sociedade que explicita uma separação temporal, real e social dos sujeitos que tanto permite denunciar os mecanismos de inserção (dentro) e de retirada (fora) que reduzem a parte mais fraca à situação de "o outro" e a mais forte à condição de privilegiado quanto ao desconstruir e criticar as bases que os sustentam de modo que uma decisão possa ser verdadeiramente

---

227 Akiko Santos. *Complexidade e transdisciplinaridade em educação*: cinco princípios para resgatar o elo perdido, op. cit., p. 74.

228 Idem, op. cit., p. 585. (remissão a *Semiotics and Legal Theory*, cap. 1)

isonômica. Logo, concordamos com BERNARD JACKSON que os valores entendidos numa perspectiva estruturalista devem levar em conta e superar a existência de um "subconsciente racional" na mente humana que molda, mas não determina, a cultura humana. Esse subconsciente racional tem uma base genética (ou física) e opera um mecanismo estruturador inato, orientando as manifestações da 'superfície' (isto é, a cultura humana) através da expressão de certas formas descritas por CLAUDE LÉVI-STRAUSS "como pares opostos ou termos correlativos (são exemplos disso os contrastes entre forma e conteúdo, implícito e explícito, abstrato e concreto, constante e variável, estável e mutável, natureza e ambiente)" conforme conclusão de BERNARD JACKSON[229], citado por JOHN M. KELLY (2010).

Sob a ótica de AKIKO SANTOS (2008), transdisciplinaridade significa transgredir a lógica clássica da não contradição, articulando os contrários: sujeito e objeto, subjetividade e objetividade, matéria e consciência, simplicidade e complexidade [MARIO SERGIO CORTELLA (2005) lembra como é complicado ser simples], unidade e diversidade. Ao articular esses pares binários por meio da lógica do terceiro termo incluído, a compreensão sistêmica da realidade ascende a outro nível, tomando um significado mais abrangente e aberto a novos processos. Por isso, defende com base em IVANI FAZENDA que esse novo olhar esse novo olhar traz o desafio ainda maior de transitar pela diversidade dos conhecimentos (biologia, antropologia, física, química, matemática, filosofia, economia, sociologia) com espírito livre de preconceitos e de fronteiras epistemológicas rígidas, o que exercitaria melhor apreensão da realidade ao trabalhar com imagens e conceitos que mobilizam, conjuntamente, as dimensoes mentais, emocionais e corporais, tecendo relações tanto horizontais como verticais do conhecimento [e sua aplicação][230], ao que aduzimos a vantagem de uma percepção mais sólida, calibrada, condizente e aprofundada, com vistas à ação concreta.

No campo das relações raciais, *v.g.*, lembra ROGER RAUPP RIOS (2008)[231], há uma perspectiva desenvolvida por BARBARA FLAGG a partir do identificado "fenômeno da transparência", cuja aplicabilidade é possível em outros pares de

---

[229] IBIDEM, op. cit., p. 584. (com remissão a *Problems of Jurisprudence*, 376-7, de BERNARD JACKSON)

[230] AKIKO SANTOS. *Complexidade e transdisciplinaridade em educação*: cinco princípios para resgatar o elo perdido, op. cit., p. 76.

[231] ROGER RAUPP RIOS. *Direito da antidiscrimação*. Porto Alegre: Livraria do Advogado, 2008, p. 146-149.

"oposição binária": sexo, religião ou orientação sexual. A conclusão do estudo reflete a necessidade de consciência da situação de privilégio, numa sociedade racialmente dominada por pessoas brancas, em relação à branquidade. Através do "fenômeno da transparência", estabelece-se a inconsciência da branquidade no sentido de pensar-se a branquidade como sendo a norma racial (manifestação de privilégio) e, então, a negritude como diferença (menosprezo ao "outro" binário). Enquanto resposta jurídica à discriminação, essa distinção constituiria uma abertura para o pluralismo e a construção de uma identidade branca não-discriminatória.

A discussão travada por Barbara Flagg diz respeito ao instituto americano do *disparate impact test* para combater práticas empregatícias que seriam racialmente neutras, mas que incidem mais duramente sobre um grupo do que em outro e não podem ser justificadas pelas peculiaridades do negócio. Não é necessário comprovar-se a motivação, mas tão somente o impacto diferenciado. Em síntese, por meio do *disparate impact test* dois modelos propõem uma dinâmica processual e consequências jurídicas diversas diante da discriminação institucional: pelo "modelo da previsibilidade" do impacto discriminatório, vencendo o autor da demanda, censura-se a medida e fica a cargo do agente a adoção de atitude diversa da reprovada; através do "modelo das alternativas", limita-se a liberdade do agente obrigando-o à adoção de uma dentre as medidas propostas pela parte autora da ação[232]. A partir desse exemplo discutido por Roger Raupp Rios (2008) a conclusão é que as medidas específicas tendentes à concretização de uma "igualdade de fato" partem da consciência de que o combate à discriminação direta não basta, dada a persistência de efeitos discriminatórios das denominadas medidas neutras em face da desigualdade existente. "Para tanto, é preciso enfrentar, além das intenções, os efeitos das medidas neutras que, mesmo bem- intencionadas, perpetuam a desigualdade, dada a perenidade do preconceito e da discriminação" [233].

Quando se trata da distância entre dirigentes e dirigidos[234], o contrato vincula, ordinariamente, um contratante forte e um contratado fraco, exceções

[232] Barbara Flagg. *Was blind, but now I see:* white race consciousness and the law. New York: New York University Press, 1998, p. 144-148.

[233] Roger Raupp Rios. *Direito da antidiscrimação.* Porto Alegre: Livraria do Advogado, 2008, p. 206.

[234] Gastão Rúbio de Sá Weyne. *Igualdade e poder econômico.* São Paulo: Memória Jurídica, 2005, p.17. Numa sociedade complexa como a atual, quem quiser saber quem são, exatamente, dirigentes e dirigidos se fará uma pergunta despicienda, pois a classe hegemôni-

feitas para os ícones dos esportes, das artes, das profissões liberais, do mundo do entretenimento e das relações consumeristas em que o contratante, por ser consumidor de produtos e serviços, é o elo mais fraco da relação. Esta correlação de forças entre contratante forte e contratado fraco dita o contrato e não a propalada liberdade de contratação. Logo, o poder de uns e de outros é, na prática, sempre assimétrico.

Neste sentido, ORLANDO GOMES[235] (1955 apud ANTONIO CARLOS WOLKMER, 2003, p. 88) ensina que a liberdade contratual tem sido

> [...] fonte das mais clamorosas injustiças. Em suas malhas se esconde a opressão real com que, veladamente, a classe dominante abroquela os interesses materiais. Realmente, a liberdade de contratar é liberdade para o que possui este poder. Para aquele contra quem se insurge é, ao contrário, impotência. Não tem liberdade, não pode tê-la quem possui como único bem a sua força-trabalho. Nesse fundamento do Direito Civil Burguês manifesta-se, também, e sem subterfúgios, o conteúdo de classe que o domina.

A questão da desigualdade é antiga, conquanto tenha sido acentuada com o neoliberalismo, na pós-modernidade, haja vista a "complexificação" do mundo. Conforme CELSO RIBEIRO BASTOS e IVES GANDRA MARTINS (2001), nos tempos primitivos, a distância temporal, real e social dos sujeitos era bem pequena, uma vez que dirigentes e dirigidos estavam mais próximos pela consanguinidade; a divisão do trabalho era natural[236] e não havia motivo para a

---

ca, além de constituir uma elite, possui prepostos a serviço. Destarte, "na linha de pensamento de GRAMCI, os intelectuais, os militares, os religiosos, os membros do Estado e governo 'jurídico' (Poder Judiciário) são considerados prepostos das classes hegemônicas. Desta forma, esses profissionais atuam como instrumentos das classes dominantes, estejam ou não afinados ideologicamente com o pensamento dessas classes. Além disso, segundo BOTTOMORE, existe uma tendência a serem considerados como componentes das classes dominantes 'os elementos burgueses, tecnocráticos e burocráticos. Nesse sentido: ANTONIO GRAMSCI. *Cadernos do cárcere (volume 2).* Os intelectuais. O princípio educativo. Jornalismo. Tradução Carlos Nelson Coutinho. Rio de Janeiro: Civilização Brasileira, 2001, p. 21-24. TOM BOTTOMORE, *Dicionário do pensamento marxista.* Tradução Waltensir Dutra. Rio de Janeiro: Jorge Zahar Editores, 2001, p. 64.

[235] ANTONIO CARLOS WOLKMER. *História do direito no Brasil.* 3. ed. Rio de Janeiro: Forense, 2003.

[236] CELSO RIBEIRO BASTOS e IVES GANDRA MARTINS. *Comentários à Constituição do Brasil,* op. cit., p. 19.

busca desenfreada dos aquisitores[237]. Tal afirmação, entretanto, não retira o aspecto tempo-espacial do conceito, a ser juridicamente interpretado com o emprego desta "hermenêutica da desigualdade", o que pode ser aferido desde o surgimento das antiguidades, através da conjugação de três elementos: cidade, escrita e comércio, conforme sintetiza Cristiano Paixão Araújo Pinto (2004) [238] até porque a desigualdade se amplia a partir daí, e a complexidade desse dado é registrada por Jürgen Simon[239], nos seguintes termos:

> En la filosofia de la Antiguedad, el concepto de dignidad tenía un doble signficado. Por una parte, la dignidad era dentro de la sociedad el distintivo de la posición social, en virtud de la cual unos individuos poseían más dignidad que otros. Por otro lado, la dignidad era la distinción de cada ser humano con respecto a las criaturas no humanas.

O escamoteamento da situação concreta dos sujeitos atribuindo-se à lei sentido abstrato, geral e impessoal viabiliza o direito de propriedade, que é absoluto, exclusivo e perpétuo. Ademais, tendo em vista condicionamentos sociais concretos em relação à igualdade, a liberdade e a fraternidade estas são apenas ideais. Por isso, do ponto de vista exclusivamente teórico, o direito público instrumentaliza as chamadas garantias de que a igualdade formal não seja vulnerada ou, em o sendo, seja, em tese, restabelecida.

Antonio Carlos Wolkmer (2003), ao tratar do direito nos tempos primitivo, antigo, medieval e moderno em suas dimensões mais complexas (liberal-individualista e moderno-estatal), relaciona-o a abordagens da teoria jurídica que enaltecem o conteúdo patrimonial, tornando os pobres mais pobres e colocando os ricos em situação privilegiada. Essa distância ganha nitidez quando pobres e ricos contratam, adquirem ou mantêm a propriedade através de negociações ou litígios. Com isso, este autor defende, a partir do que postula Jesus Antonio De La Torre Rangel, que o direito medieval reconhece a desigualdade social e trata de maneira desigual os desiguais. É um direito que protege os privilegiados, senhores da propriedade e da terra. Outrossim,

---

[237] Expressão utilizada por Philippe Gigantés, em *Poder e ambição*: uma breve história da dominação de Moisés ao mundo globalizado. Rio de Janeiro, 2004, para descrever, na história da dominação, o papel dos infratores contra o trabalho dos criadores de regras, para uma sociadade justa, desde as religiões antigas até o século XXI.

[238] Cristiano Paixão Araújo Pinto. *Direitos e sociedade no Oriente antigo*, op. cit., p. 36.

[239] Jürgen Simon. La dignidad del hombre como principio regulador de la bioética. *Revista de Derecho y Genoma Humano (Law and the Human Genoma Review)*, Bilbao, v. 13, jul./dic., 2000, p. 27.

o direito moderno liberal-individualista assenta-se numa abstração que oculta as condições sociais concretas[240], apresentando-se como um direito que preconiza a igualdade entre os homens, sem considerar os condicionamentos sociais concretos[241]. Esse direito produz, portanto, uma lei abstrata, geral e impessoal. Nesse sentido, como disse ELISEU FIGUEIRA (1989), os princípios de abstração, generalidade e impessoalidade da lei têm "um significado ideológico, o de ocultar a desigualdade real dos agentes econômicos, para desse modo se conseguir a aparência de uma igualdade formal, a igualdade perante a lei"[242].

Note-se que o progresso tornou a sociedade mais complexa a partir da conjugação de três fatores: cidade, escrita e comércio. Assim, a Antiguidade surge neste Planeta à medida que a conjugação desses fatores vai acontecendo em cada parte do mundo[243]. Surgem códigos na Babilônia, no Egito, na Índia, na China, no Japão, na Grécia e em Roma, sempre com ênfase no patrimônio e na esfera criminal.

Nesse ponto, ao considerar a historicidade do objeto em estudo, observando suas condicionantes concretas nos planos temporal, real e social, a Tese se apresenta como contraponto ao discurso sobre a desigualdade de JEAN-JACQUES ROUSSEAU[244], que classificou a desigualdade entre os homens como natural (ou física) e moral (ou política). Na primeira espécie estariam as diferenças de saúde, idade, força e qualidades do espírito ou da alma. por outro lado, para ROUSSEAU, a desigualdade moral ou política resultaria do consentimento dos homens, traduzindo-se nos diferentes privilégios que alguns usufruem em prejuízo de outros, por serem mais ricos, mais poderosos ou mesmo por se fazerem obedecer. Logo, o privilégio envolve componentes políticos e, principalmente, econômicos. Para TAURINO ARAÚJO (2005), a desigualdade

---

240 ANTONIO CARLOS WOLKMER. História do Direito no Brasil, op. cit., p.25.

241 Cfe. GASTÃO RÚBIO DE SÁ WEYNE. *Igualdade e poder econômico*. 2. ed. São Paulo: Memória Jurídica, 2005, p. 13. Entre "os princípios igualitários jurídico-formais a igualdade perante a lei e a igualdade na lei mostram também o seu lado perverso, pois mascaram as desigualdades materiais ou substanciais entre os homens. Estas desigualdades são ampliadas quando se analisam os avanços tecnológicos associados à exclusão digital, a globalização da economia vinculada ao desemprego e o instituto da propriedade privada capitalista, em geral, fruto da usurpação e não do trabalho".

242 ELISEU FIGUEIRA. *Renovação do sistema de direito privado*, op. cit., p. 52.

243 CRISTIANO PAIXÃO ARAÚJO PINTO. Direitos e sociedade no Oriente antigo, in ANTONIO CARLOS WOLKMER (ORG), op. cit., p. 36.

244 JEAN-JACQUES ROUSSEAU. *Discurso sobre a origem e os fundamentos da desigualdade entre os homens*, op. cit., p. 159.

cria e é criada pela "assimetria patrimonial". Note-se que, segundo ROUSSEAU, a desigualdade política pode contribuir para acentuar a desigualdade natural através do "empobrecimento", que compromete a saúde e fragiliza o corpo. Esta hermenêutica da desigualdade traz mais do que um esboço de teoria crítica, pois algo é devido ao homem pelo simples fato de sê-lo, numa espécie de "direito a ter direitos" em qualquer situação real ou potencial, conforme sintetizou EUSEBIO FERNANDEZ GARCÍA (2001)[245], através da diminuição da distância entre dirigentes e dirigidos proposta por TAURINO ARAÚJO (2005) ou ainda na acepção de JACQUES MARITAIN (2001)[246], para quem

> "La persona humana tiene derechos por el mismo hecho de que es uma persona, um todo dueño de si mismo y sus actos y que, por consiguiente, no es solamente um medio, sino un fin que debe ser tratado como tal [...] Hay cosas que le son debidas al hombre por el hecho mismo de que es hombre".

Para ANTONIO PELÈ (2004)[247], a desigualdade entre os homens não é, propriamente, a negação de sua dignidade, mas um dado a ser concretizado na "oposição binária" para a diminuição de seus efeitos. Embora estejamos diante de uma situação aparentemente aporética, na medida em que a desigualdade política pode contribuir para acentuar a desigualdade natural através do "empobrecimento" que compromete a saúde e fragiliza o corpo, é certo que a dignidade se firma através de todos esses traços naturais que fazem do homem um ser presumivelmente dotado de excelência ainda que essas qualidades se manifestem de forma distinta ou sequer se apresentem em certos indivíduos.

O direito, entretanto, privilegia o aspecto patrimonial e retroalimenta a detenção e a ampliação do mesmo, sempre em uma mesma classe, gerando distância temporal, real e social e ampliando-a. Na China, por exemplo, CONFÚCIO ensinou que a lei civil referente ao patrimônio (Li[248]), não desce às

---

245 EUSEBIO FERNANDEZ GARCÍA. *Diginidad humana y ciudadania cosmopolita.* Madrid: Instituto de Derechos Humanos Bartolomé de las Casas, Universidad Carlos III de Madrid, Dykinson, 2001, p. 13.

246 Em idêntico sentido, v. JACQUES MARITAIN em Los *Derechos del hombre y a la ley natural,* op.cit., p. 58.

247 ANTONIO PELÈ. Una aproximación al concepto de dignidad humana. *Universitas: Revista de Filosofia, Derecho y Politica,* Madrid: Insituto de Derechos Humanos Bartolomé de las Casas, Universidad Carlos III de Madrid, n.1, 2004-2005, p. 11.

248 JOHN GILISSEN. *Li*, de acordo com CONFÚCIO, significa governo dos homens pelos homens. Equivale ao *Gi* para os japoneses.

classes populares e a lei penal (Fa[249]) não pode subir às elites. O Direito Chinês antigo, lembra John Gilissen (2001), trata-se de um modelo bastante elitizado, podendo ser visto, entretanto, em maior ou menor grau, como característica presente em qualquer ordenamento jurídico da atualidade[250].

Nesse sentido, Norberto Bobbio (1999)[251] assegura que ordenamento é unidade e sistema. A ideia de sistema remete à hierarquia, uma vez que as normas são fontes acima e abaixo desse ordenamento, mas o poder de negociação aparece indiretamente, de modo menos nítido. Focalizada a autonomia privada, esse poder de negociação não é, nem pode ser, igual para dirigentes e dirigidos. A percepção dessa distância sustenta tanto a assimetria patrimonial no direito quanto a crescente distância. Norberto Bobbio (1999)[252] indaga, ainda, se a autonomia privada deve ser considerada como resíduo de um poder normativo natural ou como produto do poder originário deste. De qualquer modo, o poder de negociação aparece como fonte delegada ou permitida.

Para usufruto de uma igualdade concreta[253] [254], segundo Francesc Torralba Roselló (2005)[255], é imprescindível o pertencimento a uma comunidade jurídica com direitos igualmente reconhecidos[256]:

---

249 Idem. *Fa* significa lei penal decorrente da Escola de Fakia (China), empregada apenas para os pobres.

250 Ibidem. *Introdução histórica ao direito.* Tradução António Manuel Hespanha e Manuel Macaísta Malheiros. 3. ed. Lisboa: Caluste Gulbenkian, 2001.

251 Bobbio, Norberto. *Teoria do ordenamento jurídico.* Tradução Maria Celeste Cordeiro Leite dos Santos. 10. ed. Brasília: UNB, 1999.

252 Ibidem.

253 Segundo Antonio Baldassare. *Diritto della persona e valori contituzionali.* Torino: G. Giappichelli Editore, 1997, p.153: a igualdade formal (perante a lei) é um princípio jurídico do Estado Liberal.

254 Esse princípio se desdobra em segurança jurídica e ainda em igualdade processual ou procedimental segundo Gregório Peces-Barba Martínez. *Lecciones de derechos fundamentales.* Madrid, Dykinson, 2004, p. 182.

255 Francesc Torralba Roselló. op. cit., p. 50.

256 V. também Eurico Bitencourt Neto. *O direito ao mínimo para uma existência digna.* Porto Alegre: Livraria do Advogado, 2010, p. 180: "O direito ao mínimo para uma existência digna é adscrito a três normas jusfundamentais: o princípio da dignidade da pessoa humana, da igualdade material e da solidariedade social".

> Ser digno desde el punto de vista juridico consiste en ser reconocido como sujeto de derechos, en ser tratado como alguien y no como algo, em ser contemplado como un sujeto que tiene derecho a la vida, a la liberdad, a la seguridad, a la integridad moral y fisica y a todos los demás derechos que se desprenden de su pertenencia a una comunidad juridica .

A pertinência da inclusão da desigualdade entre os conceitos de sujeito e direito subjetivo pode ser intuída também no comentário sobre a outorga de direitos subjetivos desenvolvida por Roberto J. Vernengo (1994)[257]:

> Otorgar derechos subjetivos es conceder um privilegio político de importancia grandíssima: al hacerlo el derecho positivo ampara siempre a um cierto grupo de personas o interesses, poniendo en una situación de inferioridad a los demás individuos que esas personas o interesses controlan. La distribuición de los derechos subjetivos indica así, cómo se distribuye el poder dentro de un grupo social. El derecho de voto, en Inglaterra, por ejemplo, sólo era reconocido a los propietarios, esto es, a los titulares del derecho subjetivo por antonomasia. Ello era índice mui claro de qué sector social contaba con la mayor cuota de poder.

Entre as indicadas noções, portanto, a desigualdade ostenta caráter analítico estando igualmente coimplicada na estrutura una que configura a juridicidade. Lembrando que esses conceitos são estudados mais minudentemente pelo direito civil, embora pertençam à teoria geral, estando na base de todos os ramos do direito e, por isso mesmo, designados "fundamentais", Luiz Fernando Coelho (2004) esclarece que a noção de conceito jurídico foi desenvolvida no contexto da escola histórica alemã, de vocação romanista, voltada prioritariamente para o direito privado e para as relações jurídicas individuais, omitindo-se uma visão mais ampla em que o direito se mescla com o político e o econômico; o factual e o valorativo, isso, a partir da teorização levada a efeito por sua ala mais expressiva, a corrente dos pandectistas. Logo,

> Os sujeitos são pessoas que participam da relação, das quais uma é titular de direito subjetivo, e outra, do dever jurídico correspondente. Denomina-se direito subjetivo à situação de um dos sujeitos em relação ao outro, do qual se pode exigir determinada prestação, a qual constitui o dever jurídico. Fato jurídico é a gênese da relação, o fato social em

---

[257] Citação colhida em Eduardo Angel Russo, idem, p. 238.

virtude do qual se forma a relação, mas que a integra, já que só pode ser compreendida em função daquele fato. Garantia jurídica é a implicação extrínseca da própria relação, que lhe atribui eficácia e, portanto, é um dos componentes formais da juridicidade[258].

Daí a conclusão de LUIZ FERNANDO COELHO (2004) no âmbito de igual transdisciplinaridade, pois existem noções de direito que não estão contidas (ou não foram contempladas) na concepção individualista desse ramo, como as noções de empresa, Estado e, acrescentamos, a nossa noção de desigualdade, que não lhe retira o estrato de significação lógico-analítica. Além disso, a desigualdade aparece na base de todas as relações, mesmo se não a encararmos a partir de conceitos oriundos de outras ciências, como dado institucional a ser utilizado na experiência jurídica, interpretando-a a partir de uma hermenêutica própria. Para BARTOLOMÉ CLAVERO (1997), [até mesmo em razão daquela não continência do público naqueles conceitos surgidos com foco exclusivo na seara privada] há uma diferença de sentido entre os conceitos de pessoa e de indivíduo nos âmbitos civil e constitucional. Em razão de um longo trajeto da pessoa (código civil), que não se confunde com o conceito de indivíduo constitucionalmente protegido, há um curto transcurso do indivíduo que também é pessoa com o resgate de todos os seus direitos e liberdades: estamos, assim, diante de toda "uma história perdida e de toda uma historiografia sucedânea" na qual o ser humano deveria ter sido desde sempre o sujeito de partida[259].

A economia é a matéria-prima do Direito. Não bastasse isso, a assimetria entre superiores e inferiores, dirigentes e dirigidos demarca, num sentido mais amplo, a própria "ordem econômica", na qual patrimônio é entendido considerando dois pilares: propriedade e contrato. O primeiro refere-se aos bens materiais e morais propriamente ditos, e o segundo relaciona-se com o negócio jurídico, como sendo "aquela fonte formal e não estatal do direito, que traduz um conjunto de normas particulares e individualizadas decorrentes de certos acordos de vontades, capaz de estabelecer direitos e deveres jurídicos para os agentes sociais envolvidos em uma dada relação jurídica", na definição de RICARDO MAURICIO FREIRE SOARES (2013)[260], levando-se em conta, inclusive, não ser apenas o poder estatal que produz normas de direito, mas também as associações que se situam dentro das fronteiras de um Estado, cabendo à

---

[258] LUIZ FERNANDO COELHO. *Aulas de introdução ao direito.* Barueri: Manole. Op. cit., p. 199.

[259] BARTOLOMÉ CLAVERO, op. cit., p. 32-33.

[260] RICARDO MAURICIO FREIRE SOARES. *Elementos de teoria geral do direito*, op. cit., p. 86.

sociedade política reconhecer a validade da disciplina das instituiçõs menores. É o *poder normativo dos grupos sociais*[261]. Nesse debate, critica-se o sentido abstrato, geral e impessoal da lei, tendo em vista o caráter absoluto, exclusivo e perpétuo da propriedade por ela amparada, bem como a autonomia da vontade, sob a ótica da relação capital-trabalho. Haja vista predominar uma mentalidade autoritária e conservadora, reclama-se uma compreensão pluralista do fenômeno jurídico enquanto problema, pois, além de real e tecnológica, a desigualdade que lhe subjaz é também social em todos os momentos e âmbitos.

Luiz Fernando Coelho (2003)[262] reporta-se ao inconveniente da autolegitimação do direito em face de uma teorização pretensamente científica levando-se em conta a suposta cientificidade do sistema, o que acabaria por proscrever de sua problemática a realidade social, optando-se pela objetividade dos conceitos que, embora historicamente elaborados, passam a ser considerados fundantes da experiência histórica e não o contrário. Nesse sentido, em nome do purismo metodológico, Hans Kelsen foi levado a renunciar ao momento ôntico do direito como forma de experiência social, o que veio a ser um motivo de desqualificação de sua teoria, que passou de propriamente jurídica a tão somente circunscrita à lógica do direito. Destarte, a interpretação proposta pelo egologismo existencial argentino, abre caminho para uma perspectiva teórica que se dá conta da concreção do direito sem incorrer no sociologismo, estando na base do culturalismo fenomenológico, considerando-se o direito uma experiência construída ideologicamente.

---

[261] Idem, p. 87.

[262] Luiz Fernando Coelho. Teoria, op. cit., p. 1. V. também os esclarecimentos dele nas Aulas, op. cit, p. 76: Kelsen estabelece com o positivismo uma teoria pura, uma ciência normativa que não prescreve normas, mas apenas as conhece através de juízos do dever-se, ou seja, as "relações imputativas do mundo da liberdade". Daí a expressão formalismo, pois a investigação é voltada para uma forma normativa e não para o seu conteúdo ético, sociológico ou ideológico. Na evolução da objetividade do saber jurídico, o culturalismo constitui uma superação entre ser o direito uma **ciência dos fatos** ou uma **ciências das normas**, ainda mais quando se encontra superado ceticismo do direito em razão de sua peculiar mutabilidade espaço-temporal que pouco tem em comum com outras ciências sociais que não podem lhe servir de paradigma, sob tal aspecto. Aliás, essa objetividade científica volta ao centro do debate a partir do neopositivismo a dizer que seja científico apenas o que possa ser verificado empírica ou analiticamente. Logo, se [para uma finalidade prática] o direito não comporta comprovação empírica e tampouco demonstração analítica, o mérito do culturalismo é postular um caminho alternativo para compreensão do conteúdo jurídico com base no pensamento dialético.

Pensar sobre o direito, lembra NELSON SALDANHA (2005), significa tomá-lo como um objeto, distinguindo-o de outros setores da vida social, conforme exemplicado anteriormente, porque eles também são partes do viver social, ou seja, porções institucionalizadas de uma ordem geral. Logo, ao entender o direito dentro desse "denominador comum" compreendem-se as relações entre a ordem jurídica e a dinâmica social, a história, a educação e a economia formando uma espécie de sistema aberto no qual se possa falar em direito como resultante da economia, da política ou como coisa autônoma. Isso, entretanto, sempre remeterá à *universalidade* do direito na medida em que coube a ele a regulação de uma porção significativa de coisas ditas universais: "sem o direito, o poder não seria convincente, as crenças não se administrariam, o parentesco também não". Em sentido muito amplo, o direito "pressupõe" o poder e o parentesco e também a linguagem e as crenças, em termos de valores predominantemente seculares[263].

No âmbito das ciências sociais, *v.g.*, pontua NELSON SALDANHA (2005), sempre se insinua a particularidade de cada caso, assim como as coisas que acontecem no âmbito social pedem um entendimento por *compreensão* e disso se sabe desde WEBER e GADAMER. Destarte, somente numa concepção racionalista o direito transcenderá (tempo/espaço) as fronteiras culturais e cronológicas compreendendo-se o direito como Estado, liberdade ou o próprio homem vistos como entidades incondicionadas, independentes de contextos. A contextualização dá conta da desigualdade, conforme atestam todas as ciências sociais. Apenas o direito, numa perspectiva retórica, às vezes alega o contrário. Daí a nossa desconstrução dos reducionismos, pois "as coisas que integram o conhecimento da vida das sociedades vão se fixando como imagens cuja compreensão sempre envolve comparação e estimacão [entre a (im)possibilidade de ser a "imagem do simples" e do "texto complexo" e vice-versa]".[264]

Em que pese a ponderação de EDUARDO ANGEL RUSSO (2004)[265] no sentido da impossiblidade de comparação entre teorias para definir qual seja a melhor, bem como a unificação de teorias a partir de um denominador comum, tal qual acontece com os trialismos propostos por REALE, GOLDSCHMIDT, ROJAS, PALERMO e outros (para quem o direito seria uma espécie de síntese entre fatos, valores e normas), na perspectiva de uma "hermenêutica da desigualdade"

---

263 NELSON SALDANHA. *Filosofia do direito*, op. cit., p. 28-59.

264 IDEM, p. 59.

265 EDUARDO ANGEL RUSSO. Teoría general. Op. cit., p. 21-22.

não vemos problema em contemplar num mesmo contexto objetos empíricos, ideais e metafísicos, principalmente, se for para desconstruir um reducionismo, ainda que o resultado seja uma nova versão de positivismo, realismo, jusnaturalismo ou o que seja, pois isso até facilitaria a perspectiva que se propõe percorrendo uma trajetória realidade-dogmática-zetética-dogmática, para construir decisão justa, pois a realização da justiça somente ocorrerá observando-se a indissociabilidade concreta entre o direito invocado para decidir e o fato efetivamente em discussão.

Na realização desse intento, importa considerar que a interpretação se funda sempre numa posição prévia que se denomina pré-compreensão, ou seja, nunca decorrerá de apreensão de dado preliminar, isenta de pressuposições, conforme ensina HEIDEGGER (para a finalidade da Tese, a pressuposição seria a desigualdade). De igual forma, GADAMER ensina que o ato hermenêutico decorre sempre da inserção no processo da transmissão da tradição (compreendida em sua complexidade): à compreensão antecede-se a pré-compreensão, sendo impossível que o intérprete se desprenda desse círculo unitário: compreensão, interpretação e aplicação.

A perspectiva tridimensional do direito revela-se adequada como ponto de partida ao ensino e compreensão do mundo jurídico, conforme já identificava, em 1967, na Argentina,WERNER GOLDSCHMIDT (2005)[266]:

> Merece especial relieve la resolución X del tema I, tomada por las Jornadas Nacionales de Ética de la Abogacía, que tuvieron lugar en Rosario del 12 al 14 de octubre de 1967 (v. "Temis", Corrientes, del 18/X/1967): "el deber ético del profesor de Derecho de impartir a sus alumnos uma noción auténtica de su disciplina supone una enseñanza dinámica que tome en cuenta no sólo la norma jurídica sino también su inserción y perspectiva vitales, que si mantenga permanentemente actualizada, que muestre a los alumnos la problemática del acontecer jurídico, que forme en ellos un agudo sentido crítico para descubrir la solución justa con base jurídico-científica y ética y, en fin, que les inculque una onda de fe en el Derecho; en suma, el verdadero maestro de Derecho enseñará no sólo normas sino también experiencias y valores.

LÊNIO LUIZ STRECK (2005) adverte para o fato de que a hermenêutica praticada nas salas de aula continua absolutamente refratária ao giro linguístico

[266] WERNER GOLDSCHMIDT. *Introducción filosófica al derecho*. Op. cit., p. 20.

(*linguistic turn*) na medida em que se continua a estudar os métodos tradicionais de interpretação como se tal processo pudesse ser feito em fatias "lógicas", "teleológicas", "gramaticais", todas "compartimentadas".[267]

Para Rosalice Fidalgo Pinheiro (1998)[268]

> Isto revela que o ensino do Direito deve estar pautado na realidade social em que ele deve ser aplicado. Nesta tarefa, o educador desempenha papel fundamental, no sentido da reflexão do Direito, na conscientização da função do jurista em sociedade. Propiciar "espaços de diálogo", orientar o educando para uma aprendizagem que se faça mais sob a forma de descoberta, do que da aceitação de "verdades dadas". Sob este viés, é possível que a pesquisa contribua para a concretização de um Direito, que não seja apenas instrumento de manutenção, mas principalmente, de transformação da sociedade.

Sabe-se que os motivos de uma sentença nem sempre são demonstrativos, mas muitas vezes retóricos[269], refratários à historicidade e à situação hermenêutica em que se encontra o jurista/intérprete, informando mais sobre a "baixa constitucionalidade" ou o equívoco na compreensão, pois "os juristas ainda pensam que as palavras refletem a essência das coisas (sic), como se a tarefa do intérprete se restringisse a 'acessar' esse sentido (unívoco) ontológico (no sentido da metafísica clássica, em que o sujeito está 'assujeitado' às essências", na síntese de Lenio Luiz Streck (2005)[270].

---

[267] Lenio Luiz Streck. *Hermenêutica*. Op. cit., p. 83.

[268] Ensino jurídico na graduação in *Repensando fundamentos do Direito Civil brasileiro contemporâneo*. Op. cit., p. 248.

[269] Nesse sentido, Luis Alberto Warat: *Introdução geral ao Direito I:* interpretação da lei. Temas para uma reformulação, op. cit., p. 61-65. A perspectiva oposta seria um formalismo que afirmaria ser mecânico o trabalho do juiz, respondendo a um ato de conhecimento, erigindo-se a figura do juiz neutro, que não criaria o direito, reportando-se a uma linguagem sempre lógico-formal, unívoca e precisa. Daí a escolha por uma tese intermediária.

[270] Segundo Lenio Luiz Streck. *Hermenêutica jurídica* e(m) crise, op. cit., p. 320, "no plano do que se pode entender como senso comum teórico, tais questões aparecem de forma difusa, a partir de uma amálgama dos mais distintos métodos e 'teorias', na sua maioria calcados em inconfessáveis procedimentos abstrato-classificatórios e lógico-subsuntivos, *nos quais o papel da doutrina, no mais das vezes, resume-se a um constructo de cunho conceptualizante, caudatário das decisões tribunalicias; já a jurisprudência, neste contexto, reproduz-se a partir de ementários que escondem a singularidade dos casos.* Trata-se de um conjunto de procedimentos metodológicos que buscam 'garantias de objetividade' no processo interpretativo, sendo a linguagem relegada a uma mera instrumentalidade. O resultado disso — e calha registrar nesse contexto a bem fundada crítica de Friedrich

A percepção da abertura e a consequente fragilidade do sistema jurídico, apresenta a desigualdade como sendo o "imprevisto" a ser nele incorporado. Segundo Marcelo Neves (1988)[271], a completabilidade implica permanente renovação do ordenamento jurídico com a incorporação de matérias imprevistas. Destarte, temos que a noção de desigualdade é tão comum às ordens jurídico-positivas quanto os conceitos básicos de sanção, delito, responsabilidade, dever jurídico, direito subjetivo, capacidade jurídica, pessoa[272] física, pessoa jurídica e mesmo não sendo a desigualdade habitualmente tratada pelos juristas das distintas especialidades, no mínimo, esse "imprevisto" serve para descrever a realidade jurídica como um todo[273], concebendo-se uma teoria geral a partir daí — e utilidade deve ser a tônica das teorias, lembra Scialoja.

Müller — é que esse tipo de 'procedimentalismo metodológico' acaba por encobrir 'linguisticamente, de modo permanente, os componentes materiais do domínio da norma".

271 Marcelo Neves, op. cit., p .31.

272 Conforme José Antonio Peres Gediel, op. cit., p 63-64, destaque-se que até mesmo o conceito de pessoa no Direito Moderno é meramente operacional, pois admite a existência jurídica de pessoa que não é ser humano apenas por resultar na personificação de um patrimônio (pessoa jurídica). Esse dado seria um desdobramento da primazia da mente sobre o corpo e valorização do intelecto como instrumento para a compreensão e dominação do mundo da natureza. Na perspectiva da Tese, é em idêntico paradigma que a igualdade formal serviria de encobrimento da desigualdade real como se ela não fosse um dado gritante, um conceito fundamental.

273 v. Hanson, Hesse, Shapere, Suppe & Parrini, apud Nicola Abbagnano, *Dicionário de Filosofia*, verbete EMPIRISMO LÓGICO, op. cit., p. 383. Esse realismo crítico, mesmo sendo em parte positivismo ou empirismo lógico, não leva necessariamente (nem pretende) "(...) ao abandono da filosofia. Schlick admite tanto a ciência quanto a filosofia: a primeira para produzir asserções verdadeiras, a segunda como ato de conhecimento conceitual. Para Carnap, a filosofia é entendida como análise lógica, mesmo que apenas do discurso científico. Tal análise é chamada de *explicativa:* mas a *explicação* não é apenas uma explanação que recupera o sentido originário correto (como se ele já estivesse desde sempre presente na linguagem); a linguagem comum tem em si, estruturalmente, imprecisões, ambiguidades etc., que a explicação elimina (...)", inclusive, "(...) algo do espírito analítico e positivo do E[Empirismo] lógico ainda está vivo e se encontra em formas atualizadas de EMPIRISMO (v.), entre as quais as de Van Fraassen, Shapere, Hesse, Glymour, Stegmüller, de epistemólogos, enfim, que procuram produzir uma combinação significativa de relativismo e racionalismo, ou seja, que continuam a conceber epistemologia como disciplina de certo modo normativa, e não só descritiva, que mantém uma confiança de fundo no formalismo e que, sobretudo, ainda estão dispostos a conferir à evidência empírica — seja lá o que se entenda com essa expressão — um papel capital na verificação das teorias científicas (...)".

A interpretação, de igual modo, é contaminada pela ilusão do "legislador racional", mas se ocorre algum "fechamento no sistema jurídico", esse é meramente operacional, lembra RODNEY CLÁIDE BOLSONI ELIAS DA SILVA (2006). Conquanto o sistema jurídico regule o código comunicativo, há um intercâmbio com o sistema social, composto pela moral, religião, política e economia, por meio do "acoplamento estrutural" a que se refere CAMPILONGO[274]. Há, então, evidente abertura no sistema jurídico. Este é, conforme ensina LUDWIG VON BERTALANFFY (1977)[275], "um sistema em troca de matéria com seu ambiente, apresentando importação e exportação, construção e demolição dos materiais que o compõem".

Referindo-se à experiência que tanto pode ser captada sincronicamente, no direito vigente em nosso País e em outros (direito comparado), como diacronicamente, em épocas anteriores da história (história do direito), a discussão sobre as diversas formas de desigualdade passa por admitir antinomias na noção de sistema[276], quer quanto à prescrição legislada nos textos ainda não interpretados, quer quanto à descrição que nasce da atribuição de sentidos (ciência jurídica) e, sobretudo, por problematizar "o pressuposto implícito e acrítico comum às disciplinas dogmáticas, ou seja, por problematizar a própria afirmação de que o direito dos nossos dias é o *racional*, o *necessário*, o *definitivo*", conforme adverte ANTÓNIO MANUEL HESPANHA (1997)[277]. A

---

274 RODNEY CLÁIDE BOLSONI ELIAS DA SILVA, op. cit., p. 121.

275 LUDWIG VON BERTALANFFY, op. cit., p. 193.

276 Segundo AURORA TOMAZINI DE CARVALHO, *Curso de teoria geral do direito*, op. cit., p. 137, é necessário ter em mente que no "meio do caos não somos capazes de enxergar sistemas, justamente por que não há possibilidade de se identificar elementos, e muito menos as relações que os unem. Mas, logicamente, não há que se falar de duas proposições que se contradizem se elas ocupam conjuntos diferentes. Se somos capazes de perceber as antinomias é porque reconhecemos os termos e as relações existentes entre eles, é porque visualizamos (na nossa concepção) o sistema".

277 ANTÓNIO MANUEL HESPANHA. *Panorama histórico*, op. cit, p. 15. Ali o autor afirma que o direito existe sempre em sociedade, e que seja qual for o modelo usado para descrever as suas relações com os contextos sociais (simbólicos, econômicos etc.), as soluções jurídicas são sempre contingentes em relação a um dado envolvimento ou ambiente, sendo sempre locais.

desigualdade, pois, encontra-se presente no tempo/espaço de toda geografia jurídica e, numa perspectiva zetética, é interferente, inclusive na aplicação dos princípios gerais de direito[278], especialmente no *Civil Law* e no *Common Law* devendo, portanto, ser explicitada e debelada em seus efeitos,[279] [280] levando-se em conta a historicidade da intervenção conforme Hans-Georg Gadamer, tal como revelado por Antonio Osuna Fernandez-Largo (1992)[281] através de uma hermenêutica jurídica crítica.[282]

---

[278] Marc Ancel, op. cit., p. 30. De algum modo essa afirmação retoma a ideia fundamental dos comparativistas do início do século XX para quem uma comparação de direitos deva levar em conta a base comum constituída por princípios gerais de direito reconhecidos pelos países civilizados, denominada *unidade essencial do direito*, apesar da divergência entre legislações e soluções existentes. É nesse aspecto de situação determinada em um mundo globalizado que a separação temporal, real e social dos sujeitos deve ser diminuída e superada nos diversos sistemas de justiça, conforme afirma o autor da Tese.

[279] No sentido de que o próprio sistema de normas não surgiu exclusivamente da mente do legislador, mas antes é o resultado histórico do contato entre diversos povos e nações v. Fabiano André de Souza Mendonça. *Direito comparado*: objeto do direito. *Revista FARN*, Natal, v. l, n. l, p. 185-198, jul./dez. 2001.

[280] A abordagem do problema é coerente com o método adotado: "[...] nada impede ao comparatista fazer uso do método histórico, da mesma forma que o historiador lançará mão do método comparativo. Alguns pontos, portanto, deverão ser fixados, principalmente, em atenção ao objetivo a que visa cada pesquisador. O fato pode ser o mesmo (decomposto em diversas propriedades estudadas cada uma de modo isolado), o método também, mas o resultado (objetivos gerais — fins — e específicos) é diferente, o que não deve causar estranheza. Em nossa sociedade, cada vez mais complexa e a exigir especialidades cada vez mais minudentes, diferenças entre os conhecimentos tornam-se menos distantes e menos gerais. O Direito comparado faz uso primordialmente de ordenamentos contemporâneos, ou seja, realiza estudos sincrônicos, ao passo que a História costuma preocupar-se com as sucessivas transformações de um ordenamento". Idem, ibid, p. 190.

[281] "La hermenéutica es el marco propio de los planteamientos acerca de la significatividad de las conclusiones científicas, de su relevancia y de su valoración. La hermenéutica invalida la pretensión de una ciencia desproveída de valores y de racionalidad subjetiva. La ciencia jurídica, en consecuencia, no puede ser descrita en su integridad sin referencia a los valores del derecho, a las finalidades humanas de las normas y a la situación histórica y concreta desde la que se plantean los interrogantes". Antonio Osuna Fernandez-Largo. *Hermenéutica jurídica*: en torno de la hermenéutica de Hans-Georg Gadamer. Valladoid: Secretariado de de Publicaciones/Universidad de Valladoid, 1992, p. 103.

[282] A presente Tese insere-se no "quadro do repensar a função do direito" cujo exemplo mais notável é a revalorização do direito natural, após a tragédia da Segunda Guerra Mundial "que se contextualiza nova leitura da chamada *crise do direito*, a qual assume novos contornos, não mais como o permanente anacronismo das instituições, mas como crise ontológica, que se projeta no campo da epistemologia e da axiologia do direito, com repercussões na lógica, na hermenêutica e na própria dogmática". Luiz Fernando Coelho, *Teoria crítica do direito*. 3. ed. rev. atual. ampl. Belo Horizonte: Del Rey, 2003, p. 300.

Ao adotar uma perspectiva pluralista do próprio direito, esta hermenêutica da desigualdade também refuta a figura do legislador "ultrarracional"[283] [284]. Compreende-se, então, que o sistema jurídico, conquanto possa constituir um universo semiológico[285] – e esse universo enalteça valores oriundos das revoluções modernas – na verdade, não se apresenta perfeitamente ordenado, harmônico, autossuficiente, completo e fechado. Fatores econômicos, ideológicos e políticos impedem que seja sempre integrado por normas claras, precisas, coerentes, econômicas ou não redundantes. Por isso, RENATO RABBI-BALDI CABANILLAS (2008) indica *outra maneira* de assumir a ideia de sistema, que se conhece como "sistema aberto"[286] sendo esta a outra face da concepção concreta para interpretar-se a si mesmo, para transpor a vagueza essencialista do que seja o "direito em geral", polêmica muitas vezes inspirada, entre outros motivos, pela concepção de língua, como se houvesse apenas uma definição válida para uma palavra, conforme pondera CARLOS SANTIAGO NINO (2007)[287].

---

283 Sobre a utópica figura do legislador ultrarracional, v. MANUEL CALVO GARCÍA, *Metodologia jurídica e interpretacion: el postulado de la racionalidad del legislador,* Anuario de Filosofia del Derecho, III, Madrid, 1986, p. 103 e seguintes, criticando os legisladores, que são incapazes de dar conta da realidade de forma completa, não deixando margem a erros ou, quando assim não fosse, a dúvidas.

284 Transpondo-se a utópica figura do legislador ultrarracional, encara-se com maior facilidade o pensamento problemático, pois o direito é um problema maior que um sistema supostamente fechado e completo. Na síntese de Russo (Teoria General, op. cit., p. 15), o pensar problemático considera-se essencialmente falível e está sempre pronto a admitir que se aponte um erro que possa ratificá-lo ou retificá-lo, enquanto que numa perspectiva sistemática o erro sequer pode ser admitido em hipótese.

285 Com apoio no magistério de TÉRCIO SAMPAIO FERRAZ JÚNIOR, *Introdução ao estudo do direito:* técnica, decisão dominação, op., cit., p. 35, lembro a teoria "essencialista" a que se filia a maioria dos juristas e que se sustenta na crença de que a língua seja um instrumento capaz de designar a realidade, abstraindo diferenças, muitas vezes, gritantes: "é óbvio que mesa não é apenas este objeto em cima do qual coloco meus papéis, um cinzeiro, algumas frutas, mas é também mesa *diretora dos trabalhos, a mesa que a empregada ainda não pôs, a mesa pródiga de sicrano, da qual muitos desfrutam* etc. Como, então, falar da 'essência' da mesa designada?".

286 V. a respeito as considerações de RENATO RABBI-BALDI CABANILLAS. *Teoría del Derecho,* op. cit., p. 193-238 e suas considerações sobre as aporias do sistema jurídico sob a ótica positivista; o problema da vagueza ou imprecisão; ambiguidade; contradição ou inconsistências; redundância; lacunas; importância do pensamento problemático no sistema jurídico aberto em face das regras e princípios; integração explícita e implícita do direito natural ao sistema jurídico e a historicidade do direito.

287 TÉRCIO SAMPAIO FERRAZ JÚNIOR. *Introdução ao estudo do direito:* técnica, decisão dominação. 3. ed. São Paulo: Atlas, 2001, p. 32-33.

Não bastasse a importância da concepção que se venha ter sobre o sistema jurídico, é também importante em termos da hermenêutica da desigualdade a situação dos princípios não apenas nos textos legais, mas na aplicação do direito, pois o princípio sempre deve vir em primeiro lugar.

A Escola Analítica de Buenos Aires e a contribuição pioneira de LUIS ALBERTO WARAT[288] para a construção de uma teoria crítica e na proposição de uma Semiologia do Poder, tanto para a produção de um discurso jurídico dissidente e para uma melhor compreensão do direito, quanto para o enfrentamento das novas dimensões de sua crise, foi um importante ponto de partida no sentido de recuperar o jurídico como um espaço de afirmação pragmática da dignidade humana[289] [290] na medida em que não se esgotam na descrição dos aspectos da crise e dos respectivos efeitos na experiência social, mas, prioritariamente,

> [...] a semiologia do poder pretende analisar a significação como instrumento de controle social, como estratégia normalizadora e disciplinar dos indivíduos, como fórmula produtora de consenso, como estágio ilusório dos valores de representação, como fetiche regulador da interação social, como poder persuasivo provocador de efeitos de verossimilhança sobre as condições materiais da vida social, como fator legitimador

---

[288] Segundo LUIZ FERNANDO COELHO, referindo-se à mediação waratiana, disponível em http://www.amatra9.org.br/opiniao/a-mediacao-waratiana.html, consultado em 25 de dezembro de 2011, "WARAT foi o princípio, mestre de todos os professores de direito que 'abriram os olhos' para a perversa realidade social encoberta por uma mitologia jurídica repleta de imagens tão otimistas quanto mentirosas: o direito como *ars boni et aequi*, o Estado como estrutura a serviço do bem comum, a Constituição como repositório dos nobres valores cultivados pela civilização ocidental, a magistratura voltada para a realização da justiça material, enfim, a ordem jurídica neutra e acima dos interesses mesquinhos das relações intersubjetivas do meio social. Muito antes de RAWLS, DWORKIN, ALEXY, HABERMAS e outros ícones da Hermenêutica Jurídica atual alertavam para a existência de um véu de ignorância que era preciso desvelar. O fato é que depois de WARAT o saber jurídico brasileiro jamais foi o mesmo considerando-se que a deusa grega THEMIS com os olhos vendados e empunhando uma espada era a pior possível, pois evocava, não, a justiça neutra, mas a justiça insensível, cega, surda, muda e... violenta". Que o emprego da "hermenêutica da desigualdade", expressão cunhada e defendida por este pesquisador, possa servir de ambiente de audição e sensibilização trazendo percepção inovadora. Razão e sensibilidade é o tema doutoral de LUIZ CARLOS BALBINO GAMBOGI, em *Direito:* razão e sensibilidade. As intuições na hermenêutica jurídica. Belo Horizonte: Del Rey; FCH-FUMEC, 2005, quando propõe intuições para a aplicação da hermenêutica jurídica. Talvez a intuição seja necessária para intuir a desigualdade real nos termos desta pesquisa.

[289] LUIZ FERNANDO COELHO, op. cit., p. 302.

[290] LUIS ALBERTO WARAT, op. cit., p. 18.

> do monopólio da coerção e como fator de unificação do contraditório exercício do poder social.
>
> Em suma, a semiologia do poder pretende articular-se em torno de uma ideia muito simples, a de que o consenso sobre a legitimidade do poder é decorrência de um trabalho discursivo, e que só é obtido quando, adequadamente, manipula-se as palavras.

A "hermenêutica da desigualdade" desconstrói a manipulação apontada, explicitando a. Nessa perspectiva, o direito "passa a ser visto não somente como atividade voltada para a crítica social, mas como a própria crítica que pretende oferecer respostas e soluções aos magnos problemas da sociedade"[291]. Sobre a necessidade de inserção do direito na vida, relacionando-o ao exercício da democracia proposto por Luis Alberto Warat (1995), veja-se a conclusão de Alaôr Caffé Alves (1987) sobre a compatibilidade entre igualdade perante a lei, ou igualdade jurídico-formal com a desigualdade real de natureza econômica no exato pressuposto essencial para que a repartição desigual da riqueza social possa ser levada a efeito de forma harmonicamente dissimulada na medida em que isso não afeta igualmente a ricos e pobres[292].

---

[291] Ibidem, p. 303.

[292] Alaôr Caffé Alves. Estado e ideologia. São Paulo: Brasiliense. 1987, p. 336. A conclusão desse posionamento é que "ao submeter a regras [supostamente] iguais pessoas economicamente desiguais, o Estado não faz outra coisa senão reafirmar as desigualdades reais. A lei que proíbe tanto ao rico como ao pobre dormir sob as pontes, mendigar nas ruas e furtar o pão não afeta de modo igual ricos e pobres".

8

A DESIGUALDADE ENSEJANDO TEORIA GERAL E HERMENÊUTICA PRÓPRIA

"As leis e as instituições, como os relógios, de vez em quando precisam ser limpas, revisadas e postas no horário real".

HENRY WARD BEECHER
(escritor e editor americano)

Tanto nos debates científicos quanto nos jornalísticos, a autenticidade do direito é questão recorrente, remetendo a anseios, emoções extremadas, comparações, apego uma "estética" de justiça que, na verdade, não esconde o individualismo das soluções casuísticas ou setoriais a partir de um sistema que também não encara ou resiste a críticas de um estruturalismo histórico ou dinâmico. Onde estaria a justiça nas decisões judiciais no sentido de que a repetibilidade garantisse, a um só tempo, segurança jurídica e desdiferenciação em face da causa efetivamente deduzida em juízo?

O direito tem como receptor alguém dotado de pensamento, sentimento e ação, mas o modelo remete ao distanciamento emocional, dado que nem todo recorte fático "interessa" ao deslinde da causa, bem como a remissão aos *standards* argumentativos e decisórios exibem um fascínio pela retórica, pela enciclopédia jurídica e pela compartimentalização do direito nos "escaninhos da desigualdade", pois já se disse que o processo pode até mesmo sacrificar o direito material e, assim, a sua aplicação como uma solução de emergência se esgotará em uma sentença, qualquer sentença, desde que seja uma sentença.

Logo, fora dos ditames de uma hermenêutica da desigualdade vive-se a ilusão da privacidade da causa e a avareza dos argumentos ou do debate dos argumentos postos para se chegar apressadamente à síntese especializada, distante, inacessível que, na verdade, parece não dizer o que pensa e, assim, subestima a complexidade do mundo e das relações, inclusive a relação posta em juízo. Se não houver o enfrentamento da complexidade, desdiferenciando-a, com o retorno à estrutura mais primitiva, o foco estará na suposta "autoridade da decisão" ou procrastinação ao produzir efetividade, preferindo-se a periferia da superficialidade, muitas vezes, apenas amparada na suposta "decisão da autoridade".

A priori, é desnecessário identificar o conteúdo da assimetria. Partindo daquela noção fundamental de que *direito* é lei e ordem e estabelecendo limites negativos à ação de todos e de cada um, tem-se a decorrente obrigatoriedadade de comportamento — pois nenhuma sociedade poderia subsistir sem ordem e um mínimo de solidariedade — e a ideia de SANTI ROMANO, citado por MIGUEL REALE (1994)[293], quanto a ser o *direito* a "realização da convivência ordenada".

Esse desdobramento é corolário da teoria da instituição na medida que em a norma jurídica supostamente isonômica não se encontraria sozinha no mundo, mas ligada a outras normas que compõem o ordenamento jurídico, afetando às demandas dos poderes sociais (político, econômico e ideológico). Destarte, sob a perspectiva desta "hermenêutica da desigualdade" também seria inútil o estudo de normas em perspectiva individual em vez de analisadas em conjunto com instituições que, inclusive, não se fazem sem a observância de normas e parâmetros para interpretá-las, recorda CARLOS SANTIAGO NINO (2007). Logo, o problema é atinente tanto à elaboração quanto à interpretação legislativa, observando-se o supraprincípio da dignidade da pessoa humana. Em decorrência, a sistemática das normas é conceito útil tanto para descrever a realidade jurídica quanto para estabelecer a suposta ordem de conhecimentos (e a sua aplicabilidade) traduzida na técnica adotada para a composição judiciária ou arbitral do conflito de interesse, mantendo-se as propriedades de coerência e economia do sistema[294] e levando-se em conta tanto o estudo das leis quanto a solução de problemas concretos. Ela baseia a própria "hermenêutica"

---

[293] MIGUEL REALE. *Lições preliminares*, op. cit., p. 2.

[294] CARLOS SANTIAGO NINO. *Introducción al análisis del derecho*. 2. ed. Buenos Aires: Astrea, 2007,

para aplicar o *direito* corretamente, atento à necessidade de que o conceito da ciência jurídica deva ter função prática, não apenas teórica, mas aplicativa na solução de problemas concretos dos seres humanos, conforme síntese de PIETRO PERLINGIERI (1998)[295].

Tem-se então que o conhecimento jurídico seja duplo quanto ao envolvimento de leis e fatos concretos, mas o objeto da ciência é uno, ou seja, a realidade indistinta sob qualquer perspectiva (social, ética, religiosa, econômica ou jurídica) é unitária. A nota de observação monocórdia, dizemos, continua sendo a desigualdade. Nesse sentido, conclui PERLINGIERI, não existirem instrumentos válidos em todos os tempos e em todos os lugares para dar conta dessa realidade [desigual/unitária] e, por isso, esses devem ser construídos pelo jurista considerando-se essa complexidade dialética, pois busca-se a solução do problema através do conhecimento do Direito em dado momento histórico: trata-se de um empirismo em face de uma visão totalizadora de mundo.

Para R. LIMONGI FRANÇA (1999), em última análise a tarefa interpretativa tem função sempre teleológica[296], pois

> [...] quando se fala em hermenêutica ou interpretação, advirta-se que elas não se podem restringir tão-somente aos estreitos termos da lei, pois conhecidas são as suas limitações para bem exprimir o direito, o que, aliás, acontece com a generalidade das formas de que o direito se reveste. Desse modo, é ao direito que a lei exprime que se devem endereçar tanto a hermenêutica como a interpretação, num esforço de alcançar aquilo que, por vezes, não logra o legislador manifestar com a necessária clareza e segurança.

No emprego desta 'hermenêutica da desigualdade", considera-se o fato de que as normas constituem tanto *quaestio certa* quanto *quaestio dubia*. É dizer, há aspectos que se devem cumprir obrigatoriamente, excluindo alternativa, e aspectos nos quais o cumprimento acontecerá convidando o receptor da norma a argumentar quanto ao cabimento, sentido e alcance. Segundo MARIA HELENA DINIZ (2001), com espeque em TERCIO SAMPAIO FERRAZ JR., em toda norma há um *relato (dubium)*, que é a informação transmitida e o *cometimento (certum)*, que deve ser entendido de modo específico.O **plano da certeza** é plano monológico, plano da submissão à norma (quando o relato é secundário — não há tanto o que argumentar, pois se está diante uma evidência — e os

---

[295] PIETRO PERLINGIERI. *Normas constitucionais nas relações privadas*, op. cit., p. 2.

[296] R. LIMONGI FRANÇA. *Hermenêutica jurídica*, op. cit., p. 41.

comunicadores aparecem como autoridade e sujeito). Já o **plano da dúvida** é o plano dialógico e da pergunta (quando o relato é relevante — comporta versões as mais variadas — e os comunicadores surgem como parte argumentante e intérprete). Destarte, "só prender alguém em flagrante" é um *dubium*, pois o receptor da ordem é convidado a reagir ativamente (Mas que flagrante? O que fazer se não for por ordem escrita?) ao passo que ser *proibido* prender e ser *obrigatório* comunicar ao juiz é um *certum*, na medida em que o receptor deve cumprir a norma de certa maneira, excluindo-se outras possibilidades[297]:

> A norma [é]"ninguém será preso senão em flagrante delito ou por ordem escrita da autoridade competente. A lei disporá sobre a prestação de fiança. A prisão ou detenção de qualquer pessoa será imediatamente comunicada ao juiz competente, que a revogará, se não for legal" levanta uma série de alternativas conflitivas que envolvem decisões a tomar: ser preso ou não ser preso, legalmente ou ilegalmente, por autoridade ou por qualquer pessoa, tendo cometido um delito ou não tendo praticado um delito, em flagrante ou não, pagando fiança ou não pagando, admitindo-se a fiança ou não se admitindo etc. Tais alternativas são incompatívieis ou conflitivas. A norma é que vai determinar quais as decisões, ou seja, quais alternativas decisórias devem ser escolhidas. O objeto do discurso normativo é a decisão que, diante do conjunto das alternativas, deve ser tomada: só prender em flagrante delito ou por ordem escrita da autoridade, comunicar ao juiz a prisão ou detenção, relaxar a prisão ilegal. Assim, a questão conflitiva não é apenas "ser preso ou não ser preso", "legalmente ou ilegalmente", mas, também, só prender em flagrante ou por ordem escrita: decisão obrigatória, proibida, permitida ou indiferente etc.

Essa perspectiva em torno do que se encontra "por dentro" e "por fora do jogo desigual", através do emprego de um empirismo em face de uma visão totalizadora de mundo, consistindo em "uso de significado[s] por uma pessoa em sua ação [e] envolve [assim] um processo interpretativo" na lógica do *Interacionismo Simbólico* de Herbert Blumer (1969) ao se constatar (também sob a ótica desta hermenêutica da desigualdade) a impossibilidade de o ser humano agir apenas em razão do presente, senão influenciado pelo que aconteceu no passado (instituição, valores e sentimentos, ou seja, estímulos, atitudes, motivos, percepções e cognições; papéis, normas culturais e pressões sociais em relação a outras experiências com seus semelhantes, bem como outras

---

[297] Maria Helena Diniz. *Compêndio*, op. cit., p.173.

variáveis independentes, ensejando "ignorância" ou "ofuscamento" quanto ao processo de criação e evolução do significado na interação) e pelo significado mesmo que o indivíduo atribui a essas coisas ao tempo da [nova] interação, embora essa abordagem pareça menos preocupada com a estrutura objetiva da desigualdade aqui estudada do que com o aspecto subjetivo — aqui, o foco se encontra nas interações significativas e repetidas entre "indivíduos e indivíduos" e "indivíduos e grupos"[298] — mas o emprego da transdisciplinaridade interliga essa vista à perspectiva de MILTON SANTOS (2003), agora, pela "lógica da globalização, exterior aos indivíduos e grupos locais, demarcada pela interdependência de economias, governos e lugares, multiplicação incessante do número objetos e a infinidade de relações que nos unem a eles", graças à força com a qual a ideologia penetra em tais ordens.

> Mais que qualquer outra antes dela, eis que se torna necessária na pós-modernidade uma interpretação cuidadosa da realidade de modo a permitir que cada coisa natural ou artificial seja redefinida em relação ao todo planetário, pois antes da globalização o que havia era uma história de lugares, no máximo, uma história continental, e o que se dizia "universal" nada mais era do que a visão pretensiosa de um país ou continente sobre os outros, tidos bárbaros ou irrelevantes prevalecendo, agora, em face de uma mesma visão totalizadora[299].

Deve-se, portanto, compreender o todo, a parte e suas interligações, mesmo aparentemente contraditórias, naquela conclusão de PASCAL, tão querida de EDGAR MORIN. Na verdade, afora aquela noção inicial de que a interpretação fosse sempre demarcada por ambiguidade, vaguidade e carga emotiva, CARLOS SANTIAGO NINO (2007) ensina que o *direito* é algo muito difícil de ser definido com rigor[300], pois sequer há unidade para definir quais sejam os seus conceitos fundamentais (entre os quais a desigualdade). O que chamamos vulgarmente de *direito* atua como reconhecimento de ideais muitas vezes

---

[298] V. HERBERT BLUMER. *Symbolic interactionism perspective and method*, op. cit. Na página 163 desta retomo a questão sob a perspectiva de GASTÃO RÚBIO DE SÁ WEYNE. Igualdade e poder econômico, op. cit., p. 167, para quem os privilégios geram "uma sensação de autoconfiança e de proximidade com o sucesso, situação que pode ser traduzida, quase sempre, como um sentimento que associa a melhor qualidade de vida à felicidade pessoal"

[299] MILTON SANTOS. *Por uma outra globalizaição,* op. cit., p. 170-171.

[300] CARLOS SANTIAGO NINO. *Introducción al análisis del derecho.* 2. ed. Buenos Aires: Astrea, 2007, p. 12.

representativas do oposto na conduta social real[301]. Se isso é verdade, então deve-se perseguir um método que restabeleça a conexão com o social, pois assim um "verdadeiro e real Direito vivo pode ser atingido", afirma RIZATTO NUNES (2004)[302].

O direito, lembra TÉRCIO SAMPAIO FERRAZ JÚNIOR (2001)[303], contém filosofias capazes de fundamentar obediência e revolta ao mesmo tempo, o que reproduz tanto a ação do *status quo* quanto a sustentação moral da indignação e da revolta, podendo tanto livrar-nos da tirania quanto ser instrumento manipulável que frustre as aspirações dos menos favorecidos, utilizando-se de técnicas acessíveis apenas a uns poucos especialistas. Abandona-se assim aquela noção de que *direito* é lei e ordem, pois o conteúdo dessa lei e dessa ordem não são de fácil definição nessa tensão dialética de lugares e de preenchimento estratégico de espaços.

À dificuldade conceitual soma-se o fato de que ao descrever os comandos jurídicos o direito parece se valer e sintetizar a própria desigualdade, conforme observa FRANCESCO CARNELUTTI (2006)[304]:

> Se perguntarmos a um leigo que forma se designa com a palavra direito, ocorrer-lhe-á logo pensar em um homem que comanda e em um outro que obedece ou desobedece: um ladrão e um polícia, um acusado e um juiz, um cidadão e o governo. E visto que a forma do objeto que se designa com a palavra comando frequentemente marcada com uma insígnia aposta na pessoa que comanda ou na coisa que serve para comandar, o seu pensamento irá logo para a beca do juiz, para a farda do polícia, ou para o papel selado em que se escreve uma sentença. Essa intuição do senso comum é exata, mas é necessário desenvolvê-la pelo raciocínio. Não é necessária grande atenção para nos darmos conta de que aquilo que se nos apresenta como comando é o aspecto de um objeto complexo, quanto mais não seja porque não há comando sem comandante e comandado.

A Ciência do Direito é em grande parte dogmática. As normas jurídicas são quase todas escritas, e mesmo que se possa ir do idealismo empirismo,

---

301 TÉRCIO SAMPAIO FERRAZ JÚNIOR. *Introdução ao estudo do direito*, op. cit., p. 31.

302 RIZATTO NUNES. *Manual de filosofia do direito*, op. cit., p. 318.

303 TÉRCIO SAMPAIO FERRAZ JÚNIOR. *Introdução ao estudo do direito:* técnica, decisão, dominação, op. cit., p. 31-32.

304 FRANCESCO CARNELUTTI. *Teoria geral do direito.* Trad. A. Rodrigues Queirós e Artur Anselmo de Castro. Rio de Janeiro: Âmbito Cultural, 2006, p. 83.

tudo passará pela simples análise das normas componentes do chamado sistema jurídico. Segundo RIZZATTO NUNES (2004)[305], pelas técnicas de interpretação conhece-se o sistema e também a forma de aplicá-lo, mas ao analisar o sistema, padece-se dos "males da análise" porque a mesma reduz o objeto a elementos já conhecidos. Em outras palavras, analisar consistiria em "exprimir uma coisa em função do que ela não é". Logo, toda análise se restringirá ao estabelecimento de pontos de contato entre o objeto ora analisado e outros que se acredita já conhecer. Para superar tal reducionismo, RIZZATTO NUNES (2004) propõe a intuição. Não basta a ânsia de completar a representação sempre permanente e incompleta; somente a intuição se apresenta na vida interior, captando simultaneamente o progresso, a unidade e a direção, pois os métodos vão dos conceitos às coisas, mas através da intuição se vai do real ao conceito.

Esse movimento do real em direção ao conceito, na mesma base intuitiva, é também indicado por LUIZ FERNANDO COELHO (2004), sob a alegação de que a própria evolução dos métodos de interpretação inplicará numa maior ênfase da compreensão da regra interpretada em função de outros fatos e não a lei fria ou aprisionada à mera análise dela [sem intuição] numa espécie reducionista de "beco sem saída". Nesse sentido, expressivo seria o pensamento de CELSO: "saber as leis não é conhecer-lhes as palavras, mas sim conhecer sua força e seu poder". Logo, identificando-se a implicação dialética entre fatos sociais, valores bilaterais e normas, pode-se conceber a compreensão de uma totalidade em função de uma dinâmica que vai das coisas aos conceitos e vice-versa, encarando-se a juridicidade como algo vivo e permanentemente atuante entre os valores que impregnam o conteúdo das condutas e os enunciados normativos, formando-se um conjunto unitário. Torna-se irrelevante, então, num dado instante, a interpretação da conduta mediante a norma ou a interpretação da norma referida àquela: tanto a intuição dos valores quanto o conhecimento empírico dos fatos da experiência jurídica, segundo o prisma daqueles valores, implicam conhecimento/aplicação [adequados] de conteúdos normativos[306].

Sem a possibilidade de ida da realidade aos conceitos, perdem-se intuição e clareza. Até mesmo a etimologia da palavra "justiça" não é clara, na medida em que sugere, de um lado, uma confusão entre direito e justiça e, de outro, uma clara distância entre dirigentes e dirigidos. Em sua acepção, *jugo* remete à tábua

---

305 RIZATTO NUNES. *Manual de filosofia do direito*, op. cit., p. 317-318.

306 LUIZ FERNANDO COELHO. *Aulas de introdução ao direito*, op. cit., p. 298-299.

que prende pela cabeça mulas e bois para andarem ou serem conduzidos em linha reta, distanciados no processo de condução de seu destino. Daí a ineficiência da diretriz em igualar superficialmente (em face de desigualdades gritantes) em vez de desdiferenciar por meio de hermenêutica própria (da desigualdade).

Na Argentina, analisando essa alegoria, EDUARDO ÁNGEL RUSSO (2004)[307] adverte:

> Aqui és donde la metáfora comienza a volverse peligrosa. Porque sugiere la existencia de dirigentes y dirigidos, donde los dirigentes son los seres superiores que conocen el camino que corresponde seguir, y los dirigidos los inferiores que deben obedecer sin discutir las decisiones.

Com a proposta de diminuir a crescente distância temporal, real e social entre sujeitos, a presente Tese, antes de conceber uma hermenêutica para melhor aplicar o direito, desenvolve uma teoria da sociedade elaborada em 2005 na qual TAURINO ARAÚJO identifica uma situação determinada[308], de cunho global, que dificulta ou impede a concretização dos direitos fundamentais em decorrência da assimetria patrimonial, posto que não basta um mero entendimento sobre isso. A partir daquele conceito jurídico fundamental (a desigualdade) ele desenvolve uma teoria aplicável aos vários campos do saber jurídico, sistematizando elementos colhidos na filosofia do direito e ciências jurídicas auxiliares, tendo por objeto o fenômeno historicamente realizado, posição teórico-metodológica debatida por MIRACY BARBOSA DE SOUSA GUSTIN e MARIA TEREZA FONSECA DIAS (2006) [309].

Trata-se, esta "hermenêutica da desigualdade", de esforço para superação da vaguidade e ambiguidade endêmicas "ao falar ordinário comum a todos os ordenamentos". Na Argentina, CARLOS SANTIAGO NINO (2007)[310] defende que, além de investigar os critérios vigentes no uso de expressões, cumpre a uma teoria geral reconstruir tais critérios, bem como refletir as relações lógicas entre os termos, fazendo com que estes mantenham certas propriedades formais como coerência e economia, muitas vezes construindo conceitos originais.

---

307 EDUARDO ANGEL RUSSO. *Teoria general del derecho*: em la modernidad y en la posmodernidad.p. 18.

308 Expressão cunhada por MARC ANCEL em *Utilidade e métodos do direito comparado*, Porto Alegre: Fabris, 1980, p. 121.

309 V. MIRACY BARBOSA DE SOUSA GUSTIN e MARIA TEREZA FONSECA DIAS. *(Re)Pensando a Pesquisa Jurídica*. 2. ed. Belo Horizonte: Del Rey, 2006.

310 (op. cit., p. 167). Sobre o sentido e abrangência do conceito de teoria geral do direito, consultar MARIA HELENA DINIZ (op. cit., p. 219).

Embora a lei varie de país para país, conforme observa PABLO JIMÉNEZ SERRANO (2006)[311], o que se denomina separação temporal, real e social de sujeitos é situação determinada tendo ponto de partida a *law in action* ao invés da *law in the books*. A finalidade do direito comparado, destarte, numa perspectiva de desigualdade, pode estar adstrita ao confronto de teorias e doutrinas jurídicas, conceitos, classificações, interpretações, correlações e generalizações jurídicas.

Numa variante filosófica, portanto, a desigualdade poderia ser aferida através da observância dos valores *a priori* indicados pelas teorias jusnaturalistas, decorrentes da "natureza das coisas", a saber: o bem comum, o ideal de justiça ou através da variante lógica (positivista), na medida em que a norma jurídica possa ter sido para HANS KELSEN um juízo hipotético (condicional) composto de um antecedente (ato antijurídico) impondo ao infrator o dever ser e uma consequente sanção. Segundo LUIZ FERNANDO COELHO (2003), o tridimensionalismo é a última e mais importante etapa rumo à teoria crítica, apaziguando-se a interminável disputa entre jusnaturalismo, historicismo, sociologismo e normativismo, todas decorrentes de uma consideração monística e unilateral do direito a que se refere MARIA HELENA DINIZ reportando-se a MIGUEL REALE.

A realidade é mesmo o objeto da ciência jurídica. Aliás, deve-se ter em mira, conforme MIGUEL REALE (2002)[312], que a compreensão do direito na doutrina de KELSEN, por mais que pretenda ser transcendental, indica apenas uma *prevalência* do aspecto normativista e jamais se liberta de abordagens fáticas e axiológicas. KELSEN concebeu uma *Teoria da Justiça* e uma *Sociologia Jurídica* ao lado da denominada *Teoria Pura*. Logo, quem estudar a última grande obra dele, *Teoria das Normas* (1979, publicação póstuma), encontrará uma crescente importância dada a elementos a-lógicos, a partir do conceito de norma jurídica como sendo "*o sentido objetivo de um ato de vontade*" e de uma inesperada referência à "vontade do legislador", crescendo no âmbito dessa teoria a preocupação pelos *valores* e *fins*, o que é absolutamente normal sob qualquer perspectiva, pois, como diria RECASÉNS SICHES, "una norma jurídica es un pedazo de vida humana objetivada"[313].

---

[311] PABLO JIMÉNEZ SERRANO. *Como utilizar o direito comparado para a elaboração de tese científica*, op. cit., p. 35.

[312] MIGUEL REALE. *Filosofia do direito*, op. cit., p. 479-480.

[313] Na verdade, a conduta humana se encontra cristalizada na norma, v. SICHES, *Nueva filosofia de la interpretación del derecho*, op. cit., p. 135.

A ligação necessária entre o juízo normatitivo e a conduta social prenunciam o abrandamento do inicial normativismo puro desde o contato com a teoria egológica de CARLOS COSSIO, para quem a Jurisprudência tem por objeto *conduta*, e não *normas*. Escrevendo inicialmente na Áustria e no formalismo do meio cultural germânico da *Civil Law*, KELSEN concebe a vigência válida em si mesma, *embora potencialmente eficaz* (todo transcendental seria experiência possível), mas ao entrar em contato com a América do *Common Law*, ligada aos elementos fáticos, usos e costumes e aos precedentes jurisdicionais adentra a questão da eficácia ou da efetividade numa progressiva adequação de sua teoria às exigências concretas, axiológicas e históricas[314], temas que bem de perto interessam à nossa investigação, eis que a interpretação jurídica é indissociável do concreto, na linha da *jurisprudência pacífica* dos tribunais, mesmo quando não se leve em conta, propriamente, *in concreto*, a maior ou menor projeção da coisa julgada, no sentido de vincular as próximas decisões de um juízo ou tribunal, levando-se em conta a identidade jurídica entre elas.

Para BENJAMIN CARDOZO (1978), mesmo levando-se em conta o desenvolvimento e a manutenção de regras gerais no *Common Law*, "cada caso novo é uma experiência; e se as regras aceitas, provavelemente aplicáveis, conduzem a resultado que se sente injusto, a regra é reconsiderada" quando continua a produzir injustiças, sendo eventualmente reformulada. Logo, há um esforço para dar ao sentimento social de justiça expressão articulada em regras e princípios válidos de um ponto de vista experimental, sendo meras hipóteses de trabalho e nunca verdades finais, "nesses laboratórios de direito que são os tribunais de justiça" [315].

Não é menos certo, segundo conclusão de MIGUEL REALE (2002)[316], que a questão do poder como condição para a existência de normas particulares também tenha adquirido um cunho pragmático e empírico na teoria kelseniana, pois o poder passa a ser focalizado como elemento essencial ao processo de criação do direito, pois somente as autoridades editam (aplicam) normas; logo, o jurista enunciaria apenas proposições jurídicas (regras de direito). Destarte, a referibilidade de HANS KELSEN ao poder [aspecto sempre contextualizado, cultural e definidor de espaço] significará, provavelmente, um abandono à originária posição *lógico-transcendental*.

---

[314] IDEM, p. 465.

[315] *A natureza do processo judicial*, op. cit., p. 59-60.

[316] IBIDEM, p. 472.

NELSON SALDANHA (2005) lembra que a norma se colocaria entre os pressupostos materiais e objetivos que o formalismo considera não jurídicos, mas tem a ver com a vida humana em algum de seus aspectos. Destarte, a tentativa de separar a norma dos pressupostos e dos objetivos supõe tão somente um método para descrever a norma jurídica, conquanto, na realidade, o direito seja um fenômeno tão complexo como a política, na qual também interferem diferentes elementos. Logo, uma noção suficientemente ampla deve se reportar a todos os aspectos pelos quais pode ser considerado (norma, ordem, conduta, medida, pretensão), incluindo o sentido de experiência e também a acepção de direito subjetivo: o direito não deve ser reduzido a uma ou outra nota que integra o seu conceito, até porque o ponto de partida decorrerá de concepção ontológica, formalista ou hermenêutica. A primeira noção pode ser encontrada entre os antigos. KELSEN optou pelo formalismo, e as abordagens hermenêuticas teriam uma antecipação em VICO com base no historcismo vindo primeiro de DILTHEY e depois através da hermenêutica filosófica desenvolvida a partir de GADAMER, no século XX. Por causa disso, quando pensamos no que "é" o direito, ensina NELSON SALDANHA (2005):

> (...) pensamos [ou deveríamos pensar] no que vem sendo a experiência jurídica dos homens, e com isso ocorre a imagem das normas vigentes nas antigas monarquias, e também dos codigos modernos, bem como de lugares, atos, instalações, opiniões, reações pessoais. Por dentro destas imagens, porém, precisamos enxergar o que, nesta ou naquela sociedade, se entendia (ou se entende) em face das normas vigentes: o direito como ordem e como hermenêutica[317].

A "hermenêutica da desigualdade", portanto, decorre de uma matriz teórica crítica e, opera-se no espaço realidade-dogmática-zetética-dogmática, repercutindo na elaboração de um modelo alternativo de saber jurídico, a partir de um dado: a assimetria patrimonial. Leva-se em conta, assim, tanto a solução dada e pressuposta quanto o questionamento global e progressivamente infinito das premissas[318] a que se refere TERCIO SAMPAIO FERRAZ JR. (2001), para que a solução dada e pressuposta decorra da desdiferenciação dos sujeitos, e não de automatismo que sugira igualdade inexistente ou superficial, sem levar em conta a separação temporal, real e social entre eles. Nesse sentido, a investigação em termos de pergunta-resposta ora enfatizará um aspecto, ora outro.

---

317 NELSON SALDANHA, op. cit., p. 64-73.

318 TÉRCIO SAMPAIO FERRAZ JR. *Introdução*, op. cit., p. 40.

Para ilustrar essa passagem Ferraz Jr. Recorda a anedota "histórica" na qual um grupo de soldados passando à porta de Sócrates grita "pega ladrão!" enquanto este se indaga: que você entende por "ladrão"? A perspectiva dos soldados reflete, talvez, a superficialidade dogmática, enquanto que a indagação de Sócrates reflete o questionamento global e progressivamente infinito das premissas. Aplicando-se a "hermenêutica da desigualdade", é possível chegar a uma síntese, através da desdiferenciação somente perceptível no espaço tenso de realidade-dogmática-zetética-dogmática.

Subordinam-se, então, os conceitos de lei e de método às situações reais e sempre cambiantes da vida social, mas como a perspectiva a seguir é sempre dogmática, atenta-se para a existência e observância de entendimentos pacificados, mas não sem antes os submeter ao crivo zetético, normalmente crítico-discursivo, de modo a finalmente encontrar a saída mais justa no âmbito normativo e propriamente dogmático, pois todo plano jurídico tem um*a priori* na ordem jurídica. Para Alexandre Araújo Costa (2001), dessa vinculação extrema da dogmática ao problema da decidibilidade resulta o fato de que a justiça é um valor dogmaticamente pouco relevante.

> Isso acontece porque, para ser dogmaticamente útil, não basta que uma discussão seja aprofundada e elucidativa: é preciso que o debate sirva como fundamento para uma decisão. E as questões relativas à justiça são, por excelência, os problemas zetéticos do direito. Quando uma decisão é justa? Quando uma lei é justa? Qual a interpretação mais justa da norma? Perguntas como essa admitem as respostas as mais variadas e a discussão sobre elas nunca chega a um fim. Há pelo menos 2.500 anos, a filosofia discute o problema da justiça e não parece que tenhamos avançado rumo a uma solução consensual. Pelo contrário, parece que as respostas cada vez se tornam mais variadas e incompatíveis. Assim, se o jurista fosse esperar que a questão da justiça fosse resolvida para que ele pudesse decidir se Sócrates deveria ou não ser condenado, o processo de Sócrates permeneceria para sempre inconcluso, o que seria socialmente inaceitável. Essa vinculação ao problema da decidibilidade é tão grande que, para o jurista dogmático, importa mais a necessidade de por fim ao conflito que o fato de a decisão alcançada ser a mais justa possível [319].

Não se confundam, entretanto, "hermenêutica da desigualdade" com "apologia da desigualdade", pois esse extremo constituiria a quebra da isonomina onde não houvesse mais o que desdiferenciar ou, sob outro prisma, a admissão

[319] Alexandre Araújo Costa. op. cit., p. 176.

de suposta irracionalidade do direito, quando se sabe que o modelo epistemológico é tanto normativo quanto descritivo, havendo no ordenamento situações regulamentadas e generalizadas, com âmbito suficiente de consolidação.

Note-se que é na problematização zetética que a dogmática irá recolher subsídios para legitimar-se em seus postulados, pois conforme a observação de Luiz Fernando Coelho (2003)[320], não haveria como saber se determinada situação está suficientemente normada ou se a normação existida atende aos ditames da sociedade, senão a partir de interpretação, integração e aplicação que permitam o questionamento ideológico de tais normas. Em outra perspectiva, Eduardo C. B. Bittar e Guilherme Assis de Almeida (2002)[321] dirão que essa regulação da juridicidade não pode ser arbitrária, mas se dará sempre a partir de um sentido do que seja razoável a partir dos âmbitos jurídico, normativo, burocrático, decisório ou científico, destacando-se o papel da razão prática (*phrónesis*). É espécie de *lógos* do razoável mediante usos e em face de situações concretas, de valores sociais tanto cristalizados quanto por cristalizar. A interpretação, portanto, constrói o sistema jurídico, sendo tanto impossível pensar o jurídico sem a atividade exegética quanto supor a completude do sistema jurídico que, na verdade, atua apenas em função da interpenetração com demais sistemas e práticas de sentido, políticas, econômicas e ideológicas.

Para Luiz Fernando Coelho (2003), o direito é um fenômeno complexo não restrito à norma abstrata, mas que abrange a efetiva aplicação às situações que a vida apresenta na dialética implicação fato-valor-e-norma (conforme Reale) ou então algo referente à aplicação mesma da norma jurídica integrando dialeticamente fatos e valores. Em vez de se partir da norma por interpretar, parte-se do problema por resolver, conforme a tópica jurídica de Viehweg. Ampliando-se criticamente o sentido da zetética, ter-se-á o efeito de desfazer ou pelo menos *contradizer* as assertivas dogmáticas, passando-se a uma crítica valorativa e, sobretudo, epistemológica.

As questões dogmáticas limitar-se-ão às opiniões geralmente aceitas (tópicos, *topoi*), há mesmo uma "dogmatização" através do senso comum dos juristas. Nessa perspectiva, para que um *descrímen* legal seja convivente com a isonomia, lembra Celso Antonio Bandeira de Mello (2003)[322], impende

---

320 Luiz Fernando Coelho. *Teoria crítica do direito.* op. cit., p. 181-184.

321 Eduardo C. B. Bittar e Guilherme Assis de Almeida, op. cit., p. 491.

322 Celso Antonio Bandeira de Mello. *Conteúdo jurídico do princípio da igualdade,* op. cit., p. 41.

que concorram quatro elementos que, *mutatis mutandis*, são aplicáveis a qualquer âmbito de decisão conforme o interesse público:

a) que a desequiparação não atinja de modo atual e absoluto, um só indivíduo;

b) que as situações ou pessoas desequiparadas pela regra de direito sejam efetivamente distintas entre si, vale dizer, possuam caracterísiticas, traços, *nelas residentes*, diferenciados;

c) que exista, em abstrato, uma correlação lógica entre os fatores diferenciais existentes e a distinção de regime jurídico em função deles, estabelecida pela norma jurídica;

d) que, *in concreto*, o vínculo de correlação supra-referido seja pertinente em função dos interesses constitucionalmente protegidos, isto é, resulte em diferenciação de tratamento jurídico fundada em razão valiosa — ao lume do texto constitucional — para o bem público.

Deve-se compreender, entrementes, que, na história social e política do processo sempre se fez necessário, conforme observa José Reinaldo Lima Lopes (2004)[323] que a autoridade reconhecesse a idoneidade da lide, as provas pertinentes, a presunção de responsabilidade: o caso é decidível? Existem regras aplicáveis? Os fatos podem ser considerados juridicamente relevantes? Ao longo dessa história, mudou (e pode continuar mudando) o que seria juridicamente relevante em face de diversas concepções jurídicas:

> Hoje se constata um número crescente de casos se transformando em matéria justiciável: a prática do racismo, da discriminação em geral (contra mulheres, grupos étnicos, homossexuais etc.), o molestamento sexual. Até alguns anos atrás, alguns desses conflitos seriam desqualificados: faltaria o interesse para agir, haveria carência de ação. Poder-se-á dizer que a vítima sofrera um dano moral, ou psicológico, sem que isso significasse um dano jurídico, ou seja, sem que os tribunais pudessem dar qualquer satisfação ao lesador. Hoje, tais assuntos tornam-se matéria justiciável: a esfera da casa, na qual se dava a violência doméstica, muitas vezes tolerada como um mal necessário, abre-se a uma investigação judicial. A discriminação gera possibilidade, na esfera civil, de indenização por danos morais, ou de medidas de execução específica (como a reintegração num posto de trabalho público ou privado).

---

[323] V. José Reinaldo Lima Lopes. *Uma introdução à história social e política do processo*, op. cit., p. 414.

Conforme pondera David Schnaid (2004)[324], o direito inculca nos cidadãos pautas fixas de conduta em diversas formas de relação, e essa regularidade é um valor em si mesmo, mas isso não implica aplicar a lei mecanicamente (através de lógica dedutiva), pois a mesma Constituição americana que permitiu marcar indelevelmente com a letra A as julgadas "adúlteras" da Nova Inglaterra hoje permite maior liberdade sexual, e permitiu que Jesse Jackson fosse candidato a presidente dos EUA nos anos 1990 quando antes havia permitido em Dred Scott v. Sandford que o negro não fosse sequer considerado cidadão[325]. Portanto, se não muda o direito, pode mudar o homem que o interpreta, lembra Paulo Queiroz (2008). Em igual perspectiva, o mesmo juiz trabalhista obrigado pelo modelo a dar quitação ao reclamado que paga salário mínimo (conquanto considere esse mínimo um abuso) é livre para considerar a situação dos trabalhadores autônomos mas economicamente dependentes, pois a dependência jurídica pesa bem menos que aquela, conforme a teleologia da norma, aplicando em dita construção os ditames desta "hermenêutica da desigualdade" ou, como diria Sálvio de Figueiredo Teixeira (2002), "a interpretação das leis não deve ser formal, mas, sim, antes de tudo, real, humana, socialmente útil. Indo além dos contrafortes dos métodos tradicionais":

> A vida, enfatizam os filósofos e sociólogos, e com razão, é mais rica que nossas teorias. A jurisprudência, com o aval da doutrina, tem refletido as mutações do comportamento humano no campo do Direito de Família. Como diria o notável De Page, o juiz não pode quedar-se surdo às exigências do real e da vida. O Direito é uma coisa essencialmente viva. Está ele destinado a reger homens, isto é, seres que se movem, pensam, agem, mudam, se modificam. O fim da lei não deve ser a imobilização ou a cristalização da vida, e sim manter contato íntimo com esta, segui-la em sua evolução e adaptar-se a ela. Daí resulta que o Direito é destinado a um fim social, de que deve o juiz participar ao interpretar as leis, sem se aferrar ao texto, às palavras, mas tendo em conta não só as necessidades sociais que elas visam a disciplinar como, ainda, as exigências da justiça e da equidade, que constituem o seu fim. Em outras palavras, a interpretação das leis não deve ser

---

324 David Schnaid. *Filosofia do direito e interpretação*, op. cit., p. 203-204.

325 Segundo Paulo Queiroz. Conceito de direito: uma introdução crítica, op. cit. "Só assim se explica, por exemplo, que, interpretando a Constituição americana, que vigora há mais de duzentos anos sem alteração no particular, tenha a Suprema Corte entendido, inicialmente, que o racismo era constitucional; mais tarde (década de 50), passou-se a considerar parcialmente inconstitucional; e, finalmente, a partir da década de 70, prevaleceu o entendimento de que o racismo é inteiramente inconstitucional. O que mudou, se o texto da lei é o mesmo desde então? A resposta é simples: o homem que o interpreta!".

> formal, mas, sim, antes de tudo, real, humana, socialmente útil. Indo além dos contrafortes dos métodos tradicionais, a hermenêutica dos nossos dias tem buscado novos horizontes, nos quais se descortinam a atualização da lei (COUTURE) e a interpretação teleológica, que penetra o domínio da valorização, para descobrir os valores que a norma se destina a servir, através de operações da lógica do razoável (RECASENS SICHES). Se o juiz não pode tomar liberdades inadmissíveis com a lei, julgando contra legem, pode e deve, por outro lado, optar pela interpretação que mais atenda às aspirações da Justiça e do bem comum. Como afirmou DEL VECCHIO, a interpretação leva o juiz quase a uma segunda criação da regra a aplicar. Reclama-se, para o juiz moderno, observou OROSIMBO NONATO na mesma linha de raciocínio, com a acuidade sempre presente nos seus pronunciamentos, quase que a função de legislador de cada caso, e isso se reclama exatamente para que, em suas mãos, o texto legal se desdobre num sentido moral e social mais amplo do que, em sua angústia expressional, ele contém[326] (REsp. nº. 222.445 - PR 1999/0061055-5).

Segundo CELSO ANTONIO BANDEIRA DE MELLO (1993)[327], deve-se levar em conta o conteúdo mínimo indiscutível sem perder o foco e o intervalo de dúvida entre as certezas positiva e negativa que lhe impunham o afastamento ou aplicação, pois

> (...) a palavra é um signo, e um signo supõe um significado. Se não houvesse significado algum recognoscível, não haveria palavra, haveria ruído. Logo, tem-se que aceitar, por irrefragável imposição lógica, que, mesmo que vagos, fluidos ou imprecisos, os conceitos utilizados no pressuposto da norma (na situação fática por ela descrita isto é, no "motivo legal") ou na finalidade, têm algum conteúdo mínimo indiscutível. De qualquer deles, se pode dizer que compreendem uma zona de certeza positiva, dentro da qual ninguém duvidaria do cabimento da aplicação da palavra que os designa e uma zona de certeza negativa, em que seria certo que por ela não estaria abrigada. As dúvidas só têm cabida no intervalo entre ambas.

---

326 Excerto de voto do Ministro SÁLVIO DE FIGUEIREDO TEIXEIRA no Acórdão do REsp 222445.

327 CELSO ANTONIO BANDEIRA DE MELLO. *Discricionariedade e controle do ato jurisidicional*, op. cit., p. 29.

A lição de LUIZ FERNANDO COELHO (2003)[328] trata "de um novo realismo, não o do senso comum, acomodado com as coisas dadas, mas um realismo crítico, propondo-se ao repensar e à rediscussão da função social do direito e dos juristas, dentro do espírito de renovação que sempre animou as faculdades de direito". Essa construção seria coerente de uma visão realista a partir da sociedade, e não o inverso; ela decorrerá, portanto, de perspectiva delimitada pela dogmática jurídica, embora assimile elementos provenientes da filosofia marxista e, em particular, da semiologia. Semelhantemente, tomará como referência o caráter lacunar do discurso jurídico, num trabalho de permanente interpretação jurídica, alimentada pelas contribuições da hermenêutica jurídica contemporânea, como a *tópica* de VIEHWEG e a *nova retórica* de PERELMAN, sem incidir nos inconvenientes de um idealismo ingênuo.

A atividade comparativa inerente a qualquer pesquisa jurídica, conforme observa FABIANO ANDRÉ DE SOUZA MENDONÇA (2001)[329], empresta a esse comparar relação nítida com a realidade, que se apresenta normalmente desigual. Em verdade, o próprio ato cognoscente é em si mesmo comparativo. Aqui e alhures o aprendizado e o desenvolvimento são resultantes de sucessivas generalizações, tipificações e classificações do meio, conforme os objetos sejam semelhantes ou diferentes, o que transparece com mais força quando o assunto é esta "hermenêutica da desigualdade".

Note-se que esse pensamento crítico[330] inspirado por um lado pelas ideias de WITTGENSTEIN, FOUCAULT, DERRIDA e LACAN, e por outro por diferentes manifestações do chamado neomarxismo, ocorre também nos Estados Unidos, dentro das peculiaridades de precedentes judiciais da *Common Law*, sendo um questionamento aos fundamentos filosóficos, sociológicos e políticos. Isso implica revelação de contradições linguísticas e axiológicas em diversos setores da doutrina e da jurisprudência para demonstrar o caráter indeterminado e ideológico desse direito e, inclusive, do seu ensino. É o *critical legal studies*.

---

[328] LUIZ FERNANDO COELHO. *Teoria crítica do direito*. 3. ed. rev. atual. ampl. Belo Horizonte: Del Rey, 2003, p. 324-336.

[329] No sentido de que o próprio sistema de normas não surgiu exclusivamente da mente do legislador, mas antes é o resultado histórico do contato entre diversos povos e nações, v. FABIANO ANDRÉ DE SOUZA MENDONÇA. *Direito comparado*: objeto do direito. *Revista FARN*, Natal, v. l, n. l, p. 185-198, jul./dez. 2001.

[330] Cf. JUAN A. PEREZ LLEDÓ. *El movimiento critical legal studies*. Madrid. Tecnos, 1996. Nesse sentido: LUIZ FERNANDO COELHO. *Teoria crítica do direito*. 3. ed. rev. atual. ampl. Belo Horizonte: Del Rey, 2003, p. 316: "Os seguidores do movimento condenam a educação jurídica americana tradicional, que perpetua o formalismo dos mitos que legitimam o atual estatuto do direito e de seus operadores, e a própria cultura política americana consolidada na Constituição, tão fortemente reverenciada".

A experiência da desigualdade tanto pode ser captada sincronicamente, no direito vigente (direito comparado), como diacronicamente, em épocas anteriores da história (história do direito), conforme explicita WILLIS SANTIAGO GUERRA FILHO (2001)[331]. Destarte, entre a positividade (delimitação científica) e a abrangência (filosófica) o trabalho "estaria na zona fronteiriça entre a filosofia jurídica e a ciência do direito, pois há quem afirme que ela [a teoria geral do direito] é o aspecto científico da filosofia do direito e o aspecto filosófico da ciência jurídica", conforme síntese de MARIA HELENA DINIZ, considerando o direito sistema aberto, construído inclusive pela força jurídica dos fatos, brigando com as normas. Para CLAUS-WILHELM CANARIS (2008), deve-se reconhecer tanto a incompletude do conhecimento (sistema científico) quanto a mutabilidade dos valores jurídicos fundamentais (sistema objetivo).[332]

Sobre a mutabilidade de valores, conquanto antiguidade (Grécia Clássica ao Iluminismo), modernidade (Iluminismo até a 2ª Guerra Mundial) e pós-modernidade não constituam mundos propriamente sucessivos, pois a história decorre de avanços, percalços e retrocessos, a classificação serve para demarcar desigualdades e similitudes, enquanto a busca de uma hermenêutica crítica parece mais ou menos natural, pois no mundo antigo a legitimação do direito era *transcendente,* colocada acima de quem ordenava a conduta dos súditos, num espaço sobrenatural, metafísico — DEUS é reconhecido criador e legislador último do universo, enquanto que no mundo moderno esse fundamento de legitimação se desprende do sobrenatural para o natural, de DEUS para um protótipo de homem ideal dotado de *racionalidade formal* criado pelo Iluminismo e no mundo pós-moderno, pondera EDUARDO ANGEL RUSSO (2004), a razão abstrata daquele homem ideal cede às *boas razões concretas* (psicológicas) do homem histórico, circunstanciado em tempo e lugar determinados, dando lugar a uma *racionalidade hermenêutica* e deslocando a legitimação do *ex ante* para o *ex post.* Ou seja, o antigo se identifica com as teorias de direito natural; o moderno, com os positivismos, e o mundo contemporâneo com as teorias de um direito espontâneo cuja vigência independe da mediação das instâncias legislativas[333].

---

331 V. WILLIS SANTIAGO GUERRA FILHO. *Teoria da ciência jurídica.* De igual modo, a fonte dessa experiência não é só a legislação, mas também a jurisprudência e a doutrina.

332 CLAUS-WILHELM CANARIS. *Pensamento sistemático e conceito de sistema na ciência do direito,* op. cit., p. 281.

333 EDUARDO ANGEL RUSSO. *Curso de Teoría General del Derecho, op. cit.,* p. 14.

Destarte, no estágio atual de sua aplicação e na busca de sua função social, o direito comportará uma reaproximação à razão prática, à semelhança do que teria se dado na época do jusnaturalismo moderno, sem aquelas pechas de acientificidade, bem como se afastará dos inconvenientes do personalismo, à moda do que propunha o positivismo, tudo isso numa clara reaproximação entre direito e filosofia, à qual se refere LUÍS ROBERTO BARROSO (2005):

> A superação histórica do jusnaturalismo e o fracasso político do positivismo abriram caminho para um conjunto amplo e ainda inacabado de reflexões acerca do Direito, sua função social e sua interpretação. O pós-positivismo busca ir além da legalidade estrita, mas não despreza o direito posto: procura empreender uma leitura moral do Direito, mas sem recorrer a categorias metafísicas. A interpretação e aplicação do ordenamento jurídico hão de ser inspiradas por uma teoria da justiça, mas não podem comportar voluntarismos ou personalismos, sobretudo judiciais. No conjunto de ideias ricas e heterogêneas que procuram abrigo neste paradigma em construção, incluem-se a atribuição de normatividade aos princípios e a definição de suas relações com valores e regras; a reabilitação da razão prática e da argumentação jurídica; a formação de uma nova hermenêutica constitucional; e o desenvolvimento de uma teoria dos direitos fundamentais edificada sobre o fundamento da dignidade humana. Nesse ambiente, promove-se uma reaproximação entre o Direito e a filosofia[334].

Nesse sentido, ao referir-se à hermenêutica da desigualdade, bem como à inserção da desigualdade entre os conceitos jurídicos fundamentais, a Tese se insere nas chamadas noções dinâmicas: causalidade, dimensões, espaço, forma, movimento, tempo, transição conforme descreve EVÉRTON FLORENZANO (1961)[335]. Assim, compreendida temos a assimetria patrimonial que verticaliza os sujeitos, hierarquizando-se entre pobres e ricos, dirigidos e dirigentes, separando-os espacialmente. Essa assimetria patrimonial é demonstrativa de desigualdade, tanto vertical (assimetria em si) quanto horizontalmente, através do distanciamento-em-si nos planos temporal, real e social.

O emprego da hermenêutica da assimetria patrimonial no direito enquanto condição para diminuir a crescente distância entre dirigentes e dirigidos

---

[334] LUÍS ROBERTO BARROSO. *Neoconstitucionalismo e constitucionalização do direito*, artigo op. cit., p. 1.

[335] EVÉRTON FLORENZANO. *Dicionário de idéias semelhantes*, Rio de Janeiro: Ediouro, 1961, p. 62-96.

contém mais do que termos operantes no sentido de concretizar o usufruto dos direitos fundamentais, a salvo das distorções decorrentes da crença sempre paradigmática[336] na igualdade formal, conforme salienta GASTÃO RUBIO DE SÁ WEYNE (2005):

> Para JOSÉ EDUARDO FARIA (...) estudos revelavam que a distância dos cidadãos em relação à administração da justiça é tanto maior qaunto mais baixo é o estado social a que pertencem e que essa distância tem como causas próximas não apenas fatores econômicos, mas também fatores sociais e culturais, ainda que uns e outros possam estar mais ou menos remotamente relacionados com as desigualdades econômicas. Observa-se, então que, pelos estudos aos quais se refere FARIA, as dificuldades de acesso à justiça são diretamente proporcionais ao grau de pobreza do interessado no provimento judicial, ou seja, o poder econômico de quem procura acessar a justiça dá-lhe uma substancial vantagem em relação ao cidadão pobre, traduzida em melhor atendimento, na contratação de advogados mais experientes e na obtenção de maiores chances de vencer o litígio, além de economia de tempo[337].

De acordo con MARCELO LIMA GUERRA (2003), a concretização dos direitos fundamentais é razão valiosa tanto para o bem público quanto para experiência jurídica traduzida no processo[338], devendo ser encarada, inclusive, em se tratando de aplicação às relações privadas, no caso em que briguem com o princípio da autonomia privada, conforme ensina INGO WOLFGANG SARLET (2006):

---

[336] Segundo THOMAS KUHN, paradigmas "são um conjunto de ilustrações recorrentes e quase padronizadas de diferentes teorias nas suas aplicações conceituais, instrumentais e na observação. Esses são os paradigmas da comunidade revelados nos seus manuais, conferências e exercícios de laboratório. Ao estudá-los e utilizá-los na prática, os membros da comunidade considerada aprendem seu ofício. Não há dúvida de que além disso o historiador descobrirá uma área de penumbra ocupada por realizações cujo *status* ainda está [pode estar] em dúvida, mas habitualmente o núcleo dos problemas resolvidos será claro. Apesar das ambiguidades ocasionais, os paradigmas de uma comunidade científica amadurecida podem ser determinados com relativa facilidade. *A estrutura das revoluções científicas*, op. cit., p. 67.

[337] GASTÃO RUBIO DE SÁ WEYNE. *Igualdade e poder econômico*, op. cit., p. 79.

[338] Segundo MARCELO LIMA GUERRA. *Direitos fundamentais e proteção do credor na execução civil*, op. cit., p. 98-99, o processo, antes de tudo, diz respeito a direitos fundamentais, e o magistrado deve interpretar esses direitos como se interpretam os direitos fundamentais, ou seja, de modo a dar-lhes o máximo de eficácia, bem como pode afastar qualquer regra que se coloque como obstáculo irrazoável/desproporcional à efetivação do direito fundamental que, como tal, não pode ser restringido.

> (...) as hipóteses de um conflito entre os direitos fundamentais e o princípio da autonomia privada pressupõe sempre uma análise tópico-sistemática, calcada nas circunstâncias específicas do caso concreto, devendo ser tratado de forma similar às hipóteses de colisão entre direitos fundamentais de diversos titulares, isto é, buscando-se uma solução norteada pela ponderação dos valores em pauta, almejando obter um equilíbrio e concordância prática, caracterizada, em última análise, pelo não sacrifício completo de um dos direitos fundamentais, bem como pela preservação, na medida do possível, da essência de cada um[339].

Por isso, para empregar-se esta "hermenêutica da desigualdade", leva-se em conta, tanto na doutrina quanto na jurisprudência, que a investigação e a prática efetiva da igualdade têm como ponto de partida a compreensão do princípio da isonomia em sua bipartição formal (todos são [ou devem ser] iguais perante a lei) e material (os desiguais devem ser desigualmente tratados na medida de sua desigualdade). A primeira parte do enunciado é óbvia, mas o essencial é imperceptível aos olhos, conforme o clássico axioma de SAINT-EXUPÈRY. Segundo CELSO ANTONIO BANDEIRA DE MELLO (2003)[340],

> Rezam as constituições — e a brasileira estabelece no art. 5º, *caput* — que todos são iguais perante a lei. Entende-se, em concorde unanimidade, que o alcance do princípio não se restringe a nivelar os cidadãos diante da norma legal posta, mas que a própria lei não pode ser editada em desconformidade com a isonomia.

A afirmação é extensiva no sentido de incluir a sentença, "lei aplicável ao caso concreto", para prevenir distorções que, através de simples ementários, encobrem as peculiaridades e singularidades dos casos assim igualados nos quais, por simples posicionamento econômico, político e ideológico constroem-se jurisprudências pacíficas para certos *standards* ao passo que há verdadeiro encobrimento em outras hipóteses, indicadas por LÊNIO LUIZ STRECK (2005)[341]. Segundo ROGER RAUPP RIOS (2008), entretanto, fixados estes con-

---

339 INGO WOLFGANG SARLET. *A eficácia dos direitos fundamentais*, op. cit., p. 401.

340 Op. cit., p. 9.

341 LENIO LUIZ STRECK, op. cit., p. 82, analisa que, se um alto funcionário engaveta um processo por 3 ou 4 anos, "dentro dos cânones estabelecidos pela dogmática jurídica, para processá-lo por prevaricação é muito difícil, em face da exigência de dolo, uma vez que o 'legislador' não previu a modalidade culposa. Desse modo, basta alegar em sua defesa, que *'o processo ficou parado tanto tempo' porque foi preguiçoso, desleixado, ou até mesmo negligente*, fatalmente será absolvido (isso no caso de chegar a ser denunciado e a denúncia ser recebida). Tudo porque a preguiça, a negligência ou o desleixo são consideradas causas (sic) que excluem o

teúdos jurídicos a estes deveriam ser submetidos os casos concretos à decisão, extraindo-se de tais mandamentos as consequências jurídicas pertinentes com repercussões em todos os ramos do ordenamento jurídico[342].

Daí a utilidade do emprego desta "hermenenêutica da desigualdade". Nesse sentido, André Ramos Tavares (2003)[343] pondera que a clássica fórmula de Aristóteles, através da qual a igualdade consiste em tratar igualmente os iguais e desigualmente os desiguais, é regra abstrata que não satisfaz, sendo necessário encontrar um critério capaz de legitimamente apartar as categorias genéricas e abstratas de pessoas para aferir quais são os elementos ou as situações de igualdade e desigualdade que autorizam, ou não, o tratamento igual ou desigual.

Para o propósito de concretizar, em todas as relações, o princípio da igualdade, assegurado pela Constituição, confrontam-se os conceitos de igualdade, desigualdade e justiça, considera-se a desigualdade real[344], através de uma

---

dolo (aliás, como se diria na dogmática tradicional, '*nesse sentido a jurisprudência é mansa e pacífica': RT 451/414;486/356;565/344;543/342...).* Exige-se, ao que parece uma espécie de 'dolo de engavetamento'. Como contraponto, veja-se o caso de um indíviduo que furta uma galinha e leva para a sua casa. Neste caso, basta que com ela (com a *res furtiva*) fique alguns minutos, para que, em sendo preso, esteja caracterizado o crime de furto (cuja pena aliás, é várias vezes maior do que a da prevaricação). Isso porque, '*nessa linha existe copiosa jurisprudência*', dando conta de que '*o furto atinge a consumação no momento em que o objeto material é retirado da esfera de posse e disponibilidade do sujeito passivo, ingressando na livre disponibilidade do autor, ainda que este não obtenha a posse tranquila*".

342 V. a respeito Roger Raupp Rios. *Direito da antidiscrimação.* Porto Alegre: Livraria do Advogado, 2008, p. 13.

343 Op. cit., p. 414. O emprego da "hermenêutica da desigualdade" é capaz de legitimamente situar categorias genéricas e abstratas de pessoas, desmistificando dicotomias.

344 Conquanto se critique a abrangência da dicotomia dirigentes-dirigidos no mundo globalizado, é inegável que o processo judicial duplique privilégios e menosprezos, parte a parte, pois seres humanos reais são ou devem ser (re)agrupados para que se tenha uma correta perspectiva de justiça, à luz da comparação dos termos igualdade, desigualdade e justiça, através de uma hermenêutica específica, por nós denominada "hermenêutica da desigualdade". Nesse mister, segundo Chaim Perelman, citado José Afonso da Silva, op. cit., p. 194-195, a *justiça concreta* ou material seria a especificação da justiça formal, indicando a característica constitutiva da categoria essencial, chegando-se às formas: a cada um segundo a sua necessidade; a cada um segundo seus méritos; a cada um a mesma coisa. Logo, a noção aristotélica de vinculação de igualdade à de justiça relativa, que concede a cada um o que é seu, seria igualdade impensável sem a desigualdade complementar (Chomé) e que é *satisfeita se o legislador tratar de maneira igual os iguais e de maneira desigual os desiguais.* José Afonso da Silva esclarece haver os que sustentam que a desigualdade é a característica do universo. Nesse caso, a igualdade não passaria de um simples *nome*, sem significado no mundo real. Seus adeptos são denominados de *nominalistas.* No polo oposto, os *idealistas* pregam o *igualitarismo* absoluto entre as pessoas. O autor da Tese, ao defender a necessidade de uma

hermenêutica específica, responde-se até que ponto essa desigualdade deva prevalecer, de modo que a tendência não prossiga à revelia da concretização dos direitos fundamentais. Essa constatação reclama um modelo de interpretação do direito fundado numa concepção também concreta dele, do Estado[345]

hermenêutica específica para diminuir a desigualdade, adota a posição realista defendida por Anacleto de Oliveira Faria, op. cit., p. 43, para quem os homens são desiguais sob múltiplos aspectos, mas é supremamente exato descrevê-los como criaturas iguais, na medida em que subsiste, em cada um deles, o mesmo sistema de características inteligíveis, a mesma aptidão para existir. Daí por que o legislador, sob o "impulso das forças criadoras do direito", a que se refere Georges Sarotte, op. cit., p. 316, "teve progressivamente de publicar leis setoriais para poder levar em conta diferenças nas formações e nos grupos sociais: o direito do trabalho é um exemplo típico", levando em conta não a suposta igualdade de indivíduos ideais, mas a igualdade de grupos concretos, que a noção de lei geral, abstrata e impessoal parece ignorar, gerando mais desigualdades e injustiça.

345 "[Levando-se em conta realidades comuns pelo menos ao Brasil e à América Latina observa-se que] o discurso acerca do Estado atravessou, ao longo do século XX, três fases distintas: a Pré-Modernidade (ou Estado Liberal), a Modernidade (ou Estado Social) e a Pós-Modernidade (ou Estado Neoliberal). A constatação inevitável, desconcertante, é que o Brasil chega à Pós-Modernidade sem ter conseguido ser liberal nem moderno. Herdeiros de uma tradição autoritária e populista, elitizada e excludente, seletiva entre amigos e inimigos — e não entre certo e errado, justo ou injusto —, mansa com os ricos e dura com os pobres, chegando ao Terceiro Milênio atrasados e com pressa". Luis Roberto Barroso em *Fundamentos teóricos e filosóficos no Direito Constitucional brasileiro* in Eros Roberto Grau; Sérgio Sérvulo da Cunha. *Estudo de Direito Constitucional em homenagem a José Afonso da Silva*. São Paulo: Malheiros, 2003, p. 26.

e da sociedade [346] [347] [348] [349] [350], conforme propõe MARGARIDA MARIA LACOMBE

---

[346] A realidade supera a rigidez lógico-formal por razões óbvias. "O que o jurista frequentemente designa, de modo logicamente inadequado, como subsunção, revela-se em grande parte como apreciação com base em experiências sociais ou numa pauta valorativa carecida de preenchimento, como coordenação a um tipo ou como interpretação da conduta humana, particularmente do sentido juridicamente determinante das declarações de vontade. A parte da subsunção lógica na aplicação da lei é muito menor do que a metodologia tradicional supôs e a maioria dos juristas crê. É impossível repartir a multiplicidade dos processos da vida significativos sob pontos de vista de valoração jurídicos num sistema tão minuciosamente pensado de compartimentos estanques e imutáveis, por forma a que bastasse destacá-los para os encontrar um a um em cada um desses compartimentos. Isto é impossível, por um lado, porque os fenômenos não apresentam fronteiras tão rígidas como as que exige o sistema conceptual, mas formas de transição, formas mistas e variantes numa feição sempre nova. É impossível ainda, porque a vida produz constantemente novas configurações, que não estão previstas num sistema acabado... o quadro do sistema conceptual-abstracto só conhece uma supra e infra-ordenação de conceitos, mas não o jogo concertado dos princípios. Mais uma vez, temos de referir aqui a incapacidade do pensamento conceptual-abstracto para conceber formas intermediárias e figuras híbridas". KARL LARENZ, *Metodologia da Ciência do Direito.* 3. ed. Tradução José Lamego. Lisboa: Fundação Calouste Gulbenkian, 1997, p. 640-645.

[347] Por paradoxal que pareça, mesmo estando a concepção de Estado em crise, os direitos fundamentais devem regular até mesmo a relação entre particulares. O paradoxo é que "a pós-modernidade descrê na razão, na qual vislumbra um instrumento de repressão, e intenta desconstruir as principais categorias conceituais da Modernidade, como as ideias de sujeito, de progresso, de verdade e de justiça. Prefere o particular ao universal, o micro ao macro, o efêmero ao definitivo, o sentimento à razão". É necessário rearticular esse discurso, e o emprego desta "hermenêutica da desigualdade possibilita isso. DANIEL SARMENTO. *Direitos fundamentais e relações privadas.* 2. ed. Rio de Janeiro: Lumen Juris, p. 39.

[348] Sobre o tema da constitucionalização do direito civil, v. em geral PIETRO PERLINGIERI, *Perfis do direito civil*: introdução ao direito civil constitucional, tradução MARIA CRISTINA DE CICCO. Rio de Janeiro: Renovar, 1997, p. 6: Na esfera privada, "O Código Civil certamente perdeu a centralidade de outrora. O papel unificador do sistema, tanto nos seus aspectos mais tradicionalmente civilísticos quanto naqueles de relevância publicista, é desempenhado de maneira cada vez mais incisiva pelo Texto Constitucional".

[349] No âmbito do direito constitucional (opondo-se à tendência distância e desligamento do intérprete entre a vontade da Lei e do caso concreto) defendem uma hermenêutica concretizadora a exigir do intérprete maior compromisso com a realidade social, a fim de tornar possível, por esse preceito, a solução de problemas concretos, os seguintes autores: JOSÉ JOAQUIM GOMES CANOTILHO. *Direito constitucional e teoria da Constituição.* Coimbra: Livraria Almedina, 1997 e FRIEDRICH MÜLLER. *Direito, linguagem e violência.* Porto Alegre: Fabris, 1995.

[350] Segue ao emprego da "hermenêutica da desigualdade" a dialética do debate judicial. Considerando o discurso prático e o processo judicial, levando-se em conta a aposta na existência de múltiplas respostas para os casos judiciais, v. ROBERT ALEXY em *Teoria da argumentação jurídica*: a teoria do discurso racional como teoria da justificação jurídica. Tradução ZILDA HUTCHINSON SCHILD SILVA. São Paulo: Landy, 2005, p. 314: "Suponha-se

Camargo (2003)[351].

O emprego desta "hermenêutica da desigualdade" afasta-se do campo meramente formal para concretização da igualdade real na medida em que esta pressupõe a comparação e esta não tem sentido entre coisas não comparáveis, conforme adverte Gastão Rúbio de Sá Weyne (2005)[352], o que consiste em tratar igualmente os verdadeiramente iguais e desigualmente os realmente desiguais numa perspectiva tanto jurídica quanto histórica, sociológica, filosófica e econômica.

Numa posição intermediária entre o realismo de um positivismo lógico de que só se pode construir uma ciência do direito a partir do estudo dos argumentos dos órgãos com base nas sentenças judiciais e seus motivos determinantes, igualmente, admite-se uma correlação forçosa entre a apontada instância contextual e a outra, abstrata, formalista, decorrente da significação comunitariamente elaborada para servir de código à produção específica de

---

que as partes em um processo civil se limitam a declarar seus respectivos interesses. Não afirmam que têm direito, pedem meramente ao juiz uma decisão que seja vantajosa. Pretendem por todos os meios que o juiz seja favorável, mas não com argumentos que aspiram à correção ou justiça da decisão solicitada por eles. Se o juiz entra no jogo e pronuncia uma sentença como 'outorgo vantagem ao Sr. *N* porque é para ele que mais favoravelmente me tendi', não se trata mais de um debate judicial, ainda que tudo se desenvolva dentro do âmbito institucional de um sistema judicial. Se o juiz deixa as partes agirem (mas não entra no jogo), decidindo ao final como se tivesse o Direito válido como correto, então ele trata as partes como pessoas que não compreenderam o que é um debate judicial e que, por isso, não podem realmente participar nele. Isso mostra que a argumentação diante do juiz não só pode, mas deve ser interpretada no sentido da teoria do discurso".

351 "O livro da professora Margarida Lacombe Camargo investiga, assim, essa mudança de paradigma na teoria do direito, procurando estabelecer os parâmetros de uma nova hermenêutica jurídica que corresponda no âmbito do direito ao movimento geral de refundação das ciências humanas e sociais das últimas décadas. Enquanto a dogmática clássica encontrou nos últimos grandes civilistas e nas codificações do século XIX o campo propício para desenvolver um modo de aplicação do direito, que se caracterizaria por um modelo de interpretação fundado numa concepção abstrata do direito, e no fundo ideal do Estado e da sociedade, o pensamento jurídico contemporâneo defronta-se precisamente em virtude da chamada 'crise do direito', com o desafio de construir uma nova forma de pensar e aplicar o direito". Cf. Vicente de Paulo Barreto em prefácio à 1ª edição de Margarida Maria Lacombe Camargo. *Hermenêutica e argumentação*: uma contribuição ao estudo do direito. 3. ed. rev. atual. Rio de Janeiro: Renovar, 2003.

352 Sobre distância temporal, real e social de sujeitos, v. Taurino Araújo. *Da distância entre dirigentes e dirigidos*, op. cit. Buscar igualdade real é a essência da justiça e a base da democracia, cf. Gastão Rúbio de Sá Weyne, em *Igualdade e poder econômico*. São Paulo: Memória Jurídica, 2005, p. 18.

mensagem, mas determinada tanto por fundamentos racionais quanto por fatores extranormativos, às vezes, irracionais, que integram a decisão, conforme observação de LUIS ALBERTO WARAT (2005).

Isoladas, tanto a concepção formal quanto a empírica não podem ser aceitas. O sistema normativo prescritivo sequer é completo e, portanto, admite lacunas. Tampouco é lógico, na medida em que as normas regulam condutas a partir de uma escala valorativa em permanente transformação. RODNEY CLÁIDE BOLSONI ELIAS DA SILVA (2006)[353] adverte que o sistema, inclusive, admite a antinomia real cuja solução não é possível apenas no campo da validade lógica, mas por intermédio do peso valorativo. Quando se fala em lacuna, significa que lei e costume não forneceram resposta imediata ao problema jurídico. Considerado o caráter histórico do direito, a lacuna dirá respeito ao nascimento da norma ou decorrerá da modificação de situações de fato no tempo/espaço ou do sistema de valores ali incidentes, conforme observa ENGISH.

LUIS ALBERTO WARAT (1994)[354] lembra que muitas vezes em razão da visão imaginária de sua própria atividade, o juiz violenta seus juízos de valor relativamente às decisões que adota, pensando que está impossibilitado de concretizá-los por existir um consenso valorativo contrário, erigido retoricamente como fiel intérprete da legalidade formal. Para empregar esta "hermenêutica da desigualdade" em vez de uma perspectiva formalista quanto à interpretação da lei, opta-se por uma espécie de realismo crítico, sintetizado através do quadro comparativo formulado por ele, nos seguintes termos:

---

[353] Op. cit., p .119

[354] *Introdução geral ao Direito I:* interpretação da lei. Temas para uma reformulação, op. cit., p. 60-61.

EM RELAÇÃO	FORMALISMO	REALISMO
À linguagem do direito positivo	Afirma ser uma linguagem lógico-formal, e portanto unívoca e precisa.	Afirma estar formulada em linguagem natural, portanto, vaga e ambígua.
Às fontes do direito	A única fonte é a lei.	Fontes são todos os motivos determinantes das decisões judiciais.
Ao papel do juiz	Afirma que seu trabalho é mecânico, responde a um ato de conhecimento. Erige a figura do juiz neutro, que não criaria o direito.	Seu trabalho seria construtivo, respondendo a um ato de vontade. Os juízes criam o direito.
Aos valores que devem prevalecer	Exaltam o valor da segurança.	Exaltam o valor da equidade, que não poderá ser satisfeito se nos apegarmos excessivamente ao fetiche da segurança.
À ciência do direito	Estuda, sem formular juízos de valor, o direito positivo vigente para explicitar sua sistemática.	Apoia-se no positivismo lógico. Considera que só se pode construir uma ciência do direito a partir do estudo dos argumentos dos órgãos com base nas sentenças judiciais.
À estrutura do raciocínio jurídico	Silogismo demonstrativo.	Silogismo retórico.
À natureza da prova	Mediante a prova alcança-se a verdade dos fatos.	Não se alcança a verdade: senão o que se alega sobre a verossimilhança dos fatos.

O ideal do emprego de uma "hermenêutica da desigualdade", para a diminuição ou superação dos efeitos da assimetria patrimonial no direito enquanto condição para diminuir a crescente distância entre dirigentes e dirigidos é, na verdade, um tema perpétuo, desde a Antiguidade remota, passando pelas religiões antigas, sendo contributo para compreensão e aplicação do direito em seu estágio atual, a partir da constatação de haver, na concretização dos direitos fundamentais, a interferente separação temporal, real e social de sujeitos a impossibilitar ou dificultar o seu usufruto por quem seja a parte hipossuficiente dessa relação.

Fixado o âmbito da assimetria patrimonial no direito e da crescente distância entre dirigentes e dirigidos, e propondo-se o emprego da "hermenêutica da desigualdade" para diminuí-la, deve-se responder à seguinte questão: se os sujeitos de uma oposição binária são desiguais do ponto de vista temporal, real e social, até onde essa desigualdade pode prevalecer processualmente, à revelia da concretização dos direitos fundamentais?

Em 2005, TAURINO ARAÚJO detectou a existência de uma separação temporal, real e social de sujeitos, desenvolvendo uma teoria da sociedade atinente a melhor compreender o direito a partir de seu conteúdo patrimonial. Isso confirma a pertinência da Semiologia do Poder proposta por LUIS ALBERTO WARAT (1994)[355] e aponta um caminho para a superação da "oposição binária" existente, ou seja: a hierarquização de dicotomias priveligia uns em detrimento de outros, sendo duplicada e repetida processualmente, ampliando a distância no tempo/espaço reducionista da superficialidade.

Mesmo se considerada apenas enquanto "utopia eficaz" no sentido que lhe atribui a teoria waratiana, é certo que o emprego da "hermenêutica da desigualdade" seja capaz de identificar a assimetria dessa relação de poder interferente na concretização dos direitos fundamentais, entre eles o acesso à justiça e ao devido processo legal, fenômeno que, independentemente da época ou do lidador do direito, é marcante na vida do povo, sendo reforçado pelo processo judicial que, sob o pretexto de tratar os desiguais de modo desigual, restringe-se à leitura pedestre de uma lei geral, abstrata e impessoal que, muitas vezes, não leva em conta a interveniência do poder político, econômico e ideológico dos atores em conflito. Daí a importância desta pesquisa, levando-se em conta a observação de PIERRE BOURDIEU (2007), pois o [356]:

> [...] antagonismo entre os detentores de espécies diferentes de capital jurídico, que investem em visões de mundo muito diferentes no seu trabalho específico de interpretação, não exclui a complementaridade das funções e serve, de facto, de base a uma fórmula subtil de divisão do trabalho de dominação simbólica na qual os adversários, objectivamente cúmplices, se servem uns dos outros.

E mais: "BOURDIEU defende que o *habitus* de um indivíduo é feito de tipos e montantes diferentes de capital [não apenas capital jurídico, mas] (econômico, cultural e social), que ele redefiniu como 'um conjunto de recursos e poderes utilizáveis' que a pessoa tem", lembra CHRISTOPHER THORPE et al (2016),

---

[355] LUIS ALBERTO WARAT. *Introdução geral ao Direito I*: interpretação da lei, op. cit.

[356] PIERRE BOURDIEU. *O poder simbólico*. Tradução Fernando Tomaz. 10. ed. Rio de Janeiro: Bertrand Brasil, 2007, p. 219.

ao acrescentar que BOURDIEU aí incluia o "capital acadêmico (conhecimento intelectual) o capital linguístico (facilidade no comando da linguagem determinando quem tem a autoridade de falar e ser ouvido) e o capital político (*status* no mundo político) desempenhado por um papel de classe.[357]

Segundo GILBERTO COTRIM (2006)[358], diferentemente dos animais, o ser humano é capaz de adaptar-se a um maior número de ambientes do que qualquer outra criatura também capaz de os transformar através do controle de recursos especiais que não são parte do corpo, mas parte de uma tradição acumulada transmitida a outras gerações através da linguagem, e não pelo sangue. Sendo seres culturais, os homens modificam o estado de natureza. A transformação dela é uma segunda natureza (cultura) e, a partir dos séculos XVI e XVII, com o desenvolvimento da ciência moderna, pode-se raciocinar em termos de um "desencantamento do mundo", tendo em vista a questionável crença no progresso, característica do movimento iluminista do século XVIII.

Nesse dilema, a assertiva agostiniana de que palavras modificam fatos e nunca o contrário, faz-se necessário o emprego de uma interpretação sistemática, à luz desta "hermenêutica da desigualdade" e conforme os fins do ordenamento, para concretização dos direitos fundamentais.

Tomando-se o direito como linguagem, lembra CARLOS NICOLAU GALVES (1996), em todo o tempo o Direito expressa, principalmente através da legislação, sua fonte mais importante na Era Moderna, o que revela que o legislador adota um ou outro estilo expressional em virtude de um motivo jurídico, e não literário. O estilo legislativo demonstra como o legislador quer que a norma ou a lei efetive a função social: solene e religiosamente no direito primitivo; espontaneamente no direito medieval; sob o temor nos absolutismos e ditaduras; convictamente nos Estados racionalistas do iluminismo; ordenada e pragmaticamente nos Estados atuais[359]. Essa constatação já seria bastante para afirmar os inconvenientes do encobrimento da desigualdade real em cada um desses âmbitos discursivos.

---

[357] CHRISTOPHER THORPE. *O livro da Sociologia*, op. cit., p. 78-79.

[358] GILBERTO COTRIM. *Fundamentos da filosofia*: história e grandes temas. 16. ed. São Paulo: Saraiva, 2006.

[359] CARLOS NICOLAU GALVES. *Manual de filosofia do direito*. 2. ed. Rio de Janeiro: Forense, 1996.

Gilberto Cotrim (2006)[360] se refere à "invisibilidade da cultura" como se o nosso modo de ser fosse igual para todas as pessoas e as diversas coisas do mundo fossem sempre assim como se as experimenta. Por isso, fazendo uma análise tempo-espaço, como ora se faz, a hipótese de distância se torna verossímil, quando mais não seja por provocar estranhamento em relação a esses elementos culturais que estão fora de nós, quebrando a tal invisibilidade, pela percepção da assimetria. Assim, de modo geral, vive-se a própria cultura sem vê-la e, muitas vezes, sem questioná-la. E assim também é a concretização dos direitos fundamentais. Segundo Luis Alberto Warat, torna-se necessário transpor a doxa travestida de epistemologia, não passando de um "senso comum teórico", imposto através do emprego de dissimulações e "costumes" intelectuais aceitos como verdade.

Quebra-se a "invisibilidade" ante a constatação de que, em decorrência de seu conteúdo patrimonial, o discurso jurídico distancia (de forma crescente) dirigentes e dirigidos mesmo considerando que a linguagem jurídica muda de tom conforme o lidador do direito. Há diversas linguagens no âmbito jurídico, lembra Carlos Nicolau Galves (1996): a do legislador (ordem e justiça); a do jurista (convencer); a do cientista do direito (ter a razão, o direito melhor, o direito novo); a do filósofo do direito (converter); a do juiz (ao justo do caso); a do advogado (o individual dos fatos e o geral das normas); a do político (a justiça distributiva); a linguagem jurídica do leigo (metalinguagem), não havendo sistema legal ou saber jurídico que não possa ser reduzido a uma compreensão prática e a uma linguagem ordinária[361], sendo a dinâmica da linguagem a base da aproximação e da distância, empregando-se a "hermenêutica da desigualdade" para tanto e nisso concorre a interrelação de estrutura social, cultura, aprendizado social e indivíduo.

Tanto a propriedade quanto o contrato, pilares da ordem econômica, constituem "bias" para o contratante poderoso legitimando, entretanto, a transação, sob um enfoque de autonomia mas escamoteando a violência simbólica exercida por quem pode em relação a quem apenas obedece. Se a relação patrimonial ou contratual é de poder, trata-se de uma relação assimétrica, pois uma autoridade que precisa justificar-se perde a autoridade, no mínimo, temporariamente. Logo, a autoridade escamoteia e dissimula as relações de força que

---

[360] Gilberto Cotrim. op. cit., p.19.

[361] Carlos Nicolau Galves. *Manual de filosofia do direito.* 2. ed. Rio de Janeiro: Forense, 1996.

estão em sua base, agregando sua própria força àquelas relações. O poder (patrimonial e contratual), portanto, não seria a simples submissão de um sujeito, mas o controle de sua seletividade, isto é, o poder ataca primeiro a produção de desempenhos seletivos e, secundariamente, a neutralização da vontade do submetido, que é o efeito desde sempre esperado[362]. Neste aspecto, ser privilegiado ou menosprezado em decorrência de ter ou não ter (relação com a coisa), de ser ou não ser (contratante/contratado), não é simplesmente moção do submetido, mas imposição para que o submetido consiga que o detentor do poder não seja obrigado a usar a força.

Os conflitos em torno de contrato ou de propriedade, quando levados ao Poder Judiciário através do processo judicial, desencadeiam um sistema social, que seria autônomo, havendo as chamadas ritualizações por motivos de segurança e de certeza. Assim, o que distingue esse processo são as decisões seletivas dos que participam dele[363]. Logo, o processo, tendo em vista o conteúdo patrimonial no direito como hipótese para uma separação dos sujeitos em três planos (temporal, real e social), gerando uma crescente distância deve ser visto por sua complexa estrutura, e não por seus elementos isolados. Essa estrutura só é entendida, de acordo com este autor, porque funciona e exterioriza resultados (os hieróglifos de CHAMPOLLION só foram entendidos na estrutura da PEDRA DA ROSETA).

No aspecto semântico, continua TÉRCIO SAMPAIO FERRAZ JÚNIOR (2002)[364], não se deve esquecer que à linguagem técnica do processo se acopla o princípio da liberdade, que confere às partes a ilusão de poderem trazer ao processo o que lhes interessa, havendo transferência das razões das decepções para estereótipos em vez de pessoas. Isso tem por fim canalizar os protestos pela injustiça e neutralizá-los. As decisões do poder judiciário, neste caso, legitimam-se não pela obtenção do consenso concreto, mas pela neutralização das decepções.

A impossibilidade de consenso no caso concreto e de neutralização de decepções através das decisões judiciais é constatada por BOAVENTURA DE SOUSA SANTOS (2006)[365], quando este retrata a descrença do povo na justiça,

---

[362] TÉRCIO SAMPAIO FERRAZ JR. *Estudos de filosofia do direito:* reflexões sobre o poder, a liberdade, a justiça e o direito. São Paulo: Atlas, 2002.

[363] IDEM.

[364] IBID.

[365] BOAVENTURA DE SOUZA SANTOS. *Pela mão de Alice:* o social e o político na pós-modernidade. 11. ed. São Paulo: Cortez, 2006.

haja vista tanto a dificuldade de acesso quanto a inefetividade desse sistema a desafiar a concretização do social e do político na pós-modernidade, aproximando a democracia e o jurídico, como pretendem LUIS ALBERTO WARAT (1995)[366] e o autor desta Tese. Uma possibilidade para compreensão desse quadro pode ser encontrada também no conceito de transição da modernidade sólida para modernidade líquida, de acordo com ZYGMUNT BAUMAN sintetizado por CHRISTOPHER THORPE et al (2016), "como fruto de uma confluência de mudanças econômicas, políticas e sociais profundas e conectadas. O resultdo é uma ordem global impulsionada por aquilo que BAUMAN descreve como uma reinvenção compulsiva, obsessiva e viciante do mundo" e que se daria em cinco desenvolvimentos distintos: 1º) diminuição considerável do Estado local para determinar eventos tanto local quanto internacionalmente; 2º) ascensão do capitalismo global e proliferação das corporaçoes transnacionais; 3º) fluxos de comunicação quase instantâneos e supranacionais; 4º) Surgimento de sociedades cada vez mais mergulhadas na insegurança de risco e danos em potencial e; 5º) um enorme crescimento das migrações em todo mundo. No nível ideológico, desfaz-se a crença de que o conhecimento científico pode melhorar problemas naturais e sociais. Certezas quanto ao emprego, à educação e ao bem estar também são minadas. "Espera-se agora que os indíviduos continuem sua educação — quase sempre à própria custa — de modo a se manterem atualizados com os desenvolvimentos de suas profissões ou como forma de garantir que continuem no mercado caso sejam demitidos".[367]

Raciocinando-se em termos de "hermenenêutica da desigualdade", constata-se que mecanismos explícitos ou implícitos de separação muitas vezes constituem rompimento com "a mais liberal das ideias de igualdade formal" a que se refere GASTÃO RÚBIO DE SÁ WEYNE (2005), consistente no direito de gozar das mesmas oportunidades num *ethos* formalmente semelhante. Na zona de intersecção entre a investigação e a interpretação da realidade, o emprego da "hermenêutica da desigualdade" é descobrimento, organização e reconstrução empírica e, consequentemente, científica do universo. Chega-se a essa compreensão através do método comparativo, conforme ensina FABIANO ANDRÉ DE SOUZA MENDONÇA (2001)[368] e assim, conforme a estratégia adotada pela Tese, obter-se-ia generalização empírica, que se transforma em objeto

[366] IBID.

[367] CHRISTOPHER THORPE et al. *O livro da Sociologia*, op. cit., p. 140-141.

[368] FABIANO ANDRÉ DE SOUZA MENDONÇA. *Direito comparado*: objeto do direito. Revista FARN, Natal, v. l, n. l, p. 185-198, jul./dez. 2001.

de investigação para as generalizações teóricas sobre desigualdade. Nesse sentido, observa-se claramente uma zona de intersecção entre investigação e interpretação da realidade, até porque esse método comparativo pode ser utilizado pelas mais diversas ciências, como sociologia, biologia, antropologia, etc., inclusive pelo Direito.

Sobre o sentido e alcance desse fazer, RAIMUNDO BEZERRA FALCÃO (2004)[369] ensina que até mesmo a interpretação de como a vida se exprime *in concreto* seria tarefa da hermenêutica:

> Compete à Hermenêutica, naqueles casos em que se faça conveniente engrandecer o sentido, dando-lhe utilidade para a "a humanização" da convivência, buscar modelos, isto é, estruturas para a interpretação. [...] Julgamos ter ficado devidamente esclarecido que a Hermenêutica não se volta apenas à interpretação de textos. Vincula-se à interpretação em geral, sobretudo daqueles objetos em cuja onticidade o sentido é determinante, vale dizer, os objetos culturais. Assim, sua tarefa abrange até a interpretação de como a vida se revela e se exprime. Identicamente no campo das ciências naturais, em que suas regras têm o encargo de, sem matar o sentido pela unicização, dar estabilidade à interpretação descobridora e organizadora — pelo entendimento ou conhecimento — do universo.

Muitas vezes o conteúdo de justiça escapa no imperceptível encobrimento retórico do sentido e alcance de falsas dicotomias, conforme exemplifica a metáfora elaborada por PAUL RICOUER (2008)[370], pois

> [...] a sabedoria em julgamento consiste em elaborar composições frágeis sempre que é preciso decidir não tanto entre o bem e o mal, e o branco e o preto, porém mais entre o cinzento e o cinzento, ou - caso eminentemente trágico - entre o mal e o pior.

---

[369] RAIMUNDO BEZERRA FALCÃO. *Hermenêutica*. São Paulo: Malheiros, 2004, p. 97. A conclusão desse autor é que a opção pelo sentido (a base filosófica da Hermenêutica é a inesgotabilidade do sentido) pode, em muitos casos, indicar a opção pela justiça.

[370] É justamente na instância imperceptível do encobrimento retórico do sentido e alcance de falsas dicotomias que o emprego da "hermenêutica da desigualdade" ganha maior força. PAUL RICOUER *O Justo 1*. Tradução Ivone C. Benedetti. São Paulo: WMF Martins Fontes, 2008, p. 208-209.

A separação tecnológica, *v. g.*, é encarada por este pesquisador de forma ampla, e principia no mesmo diapasão descrito por Gastão Rúbio de Sá Weyne (2005)[371] como sendo consequência

> (...) dos progressos da Informática, desenha-se uma nova [e específica] forma de exclusão social, a exclusão digital, e quem está desconectado do universo computacional, está impossibilitado de descobrir novos temas, de encontrar informações básicas, de concorrer no mercado de trabalho. Assim, a exclusão digital concorre para ampliar desigualdades materiais entre os componentes de classes hegemônicas e os desfavorecidos, principalmente quando se trata de jovens da mesma faixa etária. A exclusão digital, como veto cognitivo que é, constitui-se num rompimento com a mais liberal das ideias de igualdade formal e do direito de gozar das mesmas oportunidades.

Busca-se, sobretudo, interpretação da vida juridizicada, em seu conjunto. Por isso, em relação a dirigentes e dirigidos, Taurino Araújo (2005) defende que eles estão separados nos planos temporal, real e social. O patrimônio é fator preponderante das interrelações, enquanto o dirigente se encontra num tempo privilegiado, outro é o tempo do dirigido, pois ambos vivem em mundos distintos, separados tecnologicamente [372]:

> (...) As desigualdades materiais entre os membros das classes hegemônicas e desfavorecidas podem ser evidentes em razão dos diferentes níveis de renda entre as duas classes e das diferentes oportunidades que se apresentam em suas vidas. Isso confere às classes dominantes uma situação privilegiada, associada a uma melhor qualidade de vida e vinculada, a menos que fatores negativos como doenças e problemas emocionais estejam presentes, a um agradável estado de espírito. Os privilégios geram, portanto, uma sensação de autoconfiança e de proximidade com o sucesso, situação que pode ser traduzida, quase sempre, como um sentimento que associa a melhor qualidade de vida à felicidade pessoal. Assim, a inserção de normas realizadoras de princípios igualitários

---

[371] *Igualdade e poder econômico*. São Paulo: Memória Jurídica, 2005, p. 169.

[372] A presente pesquisa, portanto, reportando-se a uma situação determinada, de cunho global, encontra ponto de partida e de chegada em "una pluralidad de ordenamientos jurídicos que actualmente operan [...] y de asumir como propio objetivo final, no tanto el conocimiento de cada uno de los ordenamientos examinados detalladamente, sino la confrontación entre ellos y el conseguiente análisis de las diferencias y de las analogias de estructura y de disciplinas reconocibles". Cf. Alessandro Pizzorusso, *Curso de derecho comparado*. Traducción Juana Bignozzi. Barcelona: Ariel, 1987, p. 79.

nos textos legais, como uma condição de possibilidade para a redução de desigualdades materiais, pode resultar na aproximação, mesmo de pouca significação, entre a qualidade de vida e os níveis de felicidade das classes dominantes e subalternas [373].

Tome-se por exemplo a observação feita por Ricardo Luis Lorenzetti (1998)[374]. Longe de ser discurso ou abstração, a separação tecnológica (tanto no Brasil quanto na Argentina) demonstra que

> [...] vivemos em uma 'sociedade de dois terços'. Uma reduzida minoria opulenta, uma maioria acomodada que se beneficia de políticas liberais e fiscalmente restritivas, e outro grupo, igualmente numeroso, que vai sendo progressivamente posto de lado, encaminhado ao 'quarto mundo'; são as faces obscuras do progresso tecnológico. Disso infere-se que o funcionamento do mercado atual apresenta uma falha estrutural, uma vez que é incapaz de satisfazer a um grupo de pessoas excluídas, cujo número é variável. Este é um dos problemas fundamentais da conformação econômica atual: produz-se riqueza e bens, porém grande parte da população não pode deles usufruir. O excesso de consumo vive com a pobreza mais ignominiosa, as tecnologias mais assombrosas não logram obscurecer expressões de um primitivismo que se acreditava abandonado".

Do ponto de vista real, os espaços também se encontram diferenciados, e o mesmo acontece do ponto de vista social diante da complexidade do mundo moderno, que propicia representações de menosprezo para com o dirigido e de *status*, para com o dirigente: a desigualdade afirma-se entre os conceitos jurídicos fundamentais.

---

373 Gastão Rúbio de Sá Weyne. *Igualdade e poder econômico*, op. cit., p. 167. Tratei dessa questão sob outro prisma na p.133 e seguintes quando me referi ao interacionismo simbólico de Herbert Blumer. De fato, as interações atuais de uma pessoa dependem do que ela viveu anteriormente em termos dessa sensação de autoconfiança e de proximidade [ou distância] com o sucesso. V. Herbert Blumer. *Symbolic interactionism perspective and method*, op. cit.

374 Ricardo Luis Lorenzetti. *Fundamentos do direito privado*, op. cit., p. 86.

9
CONSIDERAÇÕES FINAIS

> "Eu dormi e sonhei que a vida era alegria. Eu acordei e vi que a vida é obrigação. Eu cumpri a minha obrigação e vejo agora que a vida se transformou em alegria."
>
> RABINDRANATH TAGORE

Da articulação entre os fundamentos necessários para o exame do tema e a desigualdade [propriamente] em ação, nota-se que foram tiradas conclusões parciais a cada capítulo da presente Tese, e a reunião delas aqui traz a medida exata para a avaliação dos resultados obtidos com o presente trabalho, dando sentido e alcance à repetição proposital:

1. As indagações da presente Tese, inicialmente, estiveram restritas à Filosofia e à História do Direito adentrando depois o campo da Hermenêutica e da Teoria Geral e, finalmente, agora, abrangem (em profundidade e extensão), uma Introdução às Ciências Jurídicas e Sociais, a partir do emprego desta hermenêutica da desigualdade. Comprova-se, então, com ANTONIO CARLOS WOLKMER, que a história não é (nem nunca foi) linear como se pensava, mas marcada por avanços, percalços e retrocessos e, de igual forma, a regulação da vida social, cada vez mais, é a regulação específica de grupos ou condições: trabalhador, meio ambiente, águas, consumidor etc., a exigir hermenêutica própria pois, embora a assimetria seja o "germe da vida", seu excesso é pervertido na relação conflitual se não for identificado e ponderado e para que não se ocultem, através da invocação da igualdade formal, implícitas ilogicidades, desordens e (in)certezas em torno de algo do qual se espera (e se propagandeia) justiça e segurança plenas. O tamanho da desigualdade, portanto, distancia excessivamente dirigentes e dirigidos, e somente uma hermenêutica dela, em torno dela e referente a ela seria capaz de diminuir dita distância.

2. O percurso traçado demonstra a validade do emprego de uma clara opção pela complexidade neoparadigmática (a partir de Maria José Esteves de Vasconcellos) ao abordar a desigualdade com base no pensamento sistêmico tanto para construir uma hermenêutica própria quanto para esboçar uma teoria geral do direito, alçando-a a conceito jurídico fundamental dentro daquela compreensão que realidade e método contêm desordem e incerteza. Tanto isso é verdade que, no processo, o juiz articula uma relação com cada qual, ou seja, no processo existem basicamente duas relações jurídicas denominadas processuais, ambas incidindo sobre um mesmo objeto. Considerando-se o número de relações, a mera comparação detecta a desigualdade a ser diminuída, afora complexidade transdisciplinar envolvida no *thema* propriamente dito: se os sujeitos de uma oposição binária são desiguais do ponto de vista temporal, real e social, até onde essa desigualdade pode prevalecer, de modo que as incidências de ritualizações de *status* e de menosprezo não sejam processualmente duplicadas e repetidas pela exploração, marginalização, dominação, não reconhecimento e desrespeito? O fato é que a distribuição da justiça, embora não tenha um preço propriamente (concede-se assistência judiciária gratuita aos necessitados), tem um valor, uma vez que, para a sua produção, são utilizados recursos escassos, conforme adverte Wilson Cano. Esse importante dado sinaliza para uma atenção ainda maior.

3. Adotando-se a complexidade de Edgar Morin, inseriu-se a desigualdade no epicentro do debate jurídico, mas pode-se diminuí-la através de uma hermenêutica própria, em vez de considerá-la simples ou resolvida pelo postulado de igualdade formal. Supera-se, assim, o inconveniente de se tratar de "um saber anistórico", pois enquanto a igualdade formal independe dos condicionamentos sociais concretos, esta "hermenêutica da desigualdade" reporta-se a situação determinada, de cunho global, ocorrente nos diversos sistemas de justiça, não apenas no sentido de identificá-la, mas de diminuí-la, não através da *law in the books*, mas da *law in action*, sem comprometer, de nenhum modo, a regularidade do ordenamento, como valor em si mesmo. Dita concepção, em igual perspectiva, é válida, *v. g.*, quando o mesmo juiz trabalhista é obrigado pelo modelo a dar quitação ao reclamado que paga salário mínimo (conquanto considere esse mínimo abuso), é livre para considerar a situação dos trabalhadores autônomos mas economicamente dependentes, pois a dependência jurídica pesa bem menos do que a econômica, conforme a teleologia da norma, aplicando, em dita construção, os ditames desta "hermenêutica da desigualdade", até porque, como lembrava CORNIL, a função do legislador serve à necessidade de estabilidade das relações sociais, e a do juiz à necessidade não menos imperiosa de mobilidade em tais relações.

4. A "hermenêutica da desigualdade" rompe com uma lógica de dominação. Afirma-se, portanto, que os conceitos jurídicos fundamentais teriam sido definidos por derivação analítica, identificando-se com os elementos conceituais formadores da relação jurídica e, no segundo aspecto, prevalecendo a ótica civilística, omitindo visão transdisciplinar mais ampla em que o direito, na verdade, mescla-se com o político e o econômico, com o factual e o valorativo, corroborando a concepção de LUIZ FERNANDO COELHO, principalmente em se observando a regulação específica de grupos ou condições: trabalhador, meio ambiente, águas, consumidor etc., bem como a clareza de que a criminalização deveria ser apenas imposta na medida em que corroborasse para a efetiva proteção de um bem jurídico, não incidindo quando outras soluções mais brandas pudessem ser adotadas.

5. Com a proposta de diminuir a desigualdade entre dirigentes e dirigidos, atina-se para a falta de solução pronta para o problema da desigualdade na "correlação desigual de forças" entre os que estão implicados num sistema de conflito, na medida em que o quadro institucional legitima a ideia de formalmente igualar diferenças materiais nessa correlação, lembrando-se, entretanto, em tal abordagem a advertência de PASCAL que o conhecimento do todo precisa do conhecimento das partes, que precisam do conhecimento do referido todo para completar-se, pois há incoerência e desordem em qualquer sistema social. Subordinam-se, então, os conceitos, de lei e de método, às situações reais e sempre cambiantes da vida social, mas como a perspectiva a seguir é sempre dogmática, atenta-se para a existência e observância de entendimentos pacificados, mas não sem antes os submeter ao crivo zetético, normalmente crítico-discurso, de modo a finalmente encontrar a saída mais justa no âmbito normativo e propriamente dogmático.

6. A desigualdade tem sido sempre descrita, de modo semelhante e complexo, em todas as ciências sociais, menos no campo do direito, no qual é escamoteada e simplificada em sua complexidade, empregando-se o oposto conceito não correspondente de igualdade formal como se esse dado pudesse ser diferente para o jurista, o filósofo, o sociólogo ou o historiador. Destarte, o emprego desta "hermenêutica da desigualdade", através da superação dos efeitos da oposição binária (inclusive, na base lícito/ilícito) proposta por uma teoria da sociedade que explicita uma separação real e social dos sujeitos que tanto serve para denunciar os mecanismos de inserção (dentro) e de retirada (fora) que reduzem a parte mais fraca à situação de "o outro" e a mais forte à condição de privilegiado quanto para desconstruir e criticar as bases que os sustentam de modo que uma decisão possa ser verdadeiramente isonômica, em termos de solucionar o cerne do problema jurídico, que é a incidência da ilicitude (penal ou civil) remontando, no universo das obrigações, à retórica de todos os ordenamentos, com base no conflito de interesse e nas pretensões resistidas de todas as ordens, concretizando, na perspectiva do sujeito, a dignidade da pessoa humana, em sua mais dolorosa ânsia: se eu não der o que deve ser dado, não fizer o que deve ser feito e não me abstiver do que é proibido, serei punido? Civil e criminalmente? De alguma forma? Nenhum dos dois?

7. Nesse sentido, a hermenêutica da desigualdade enquanto condição para diminuir a crescente distância entre dirigentes e dirigidos demonstra as seguintes e complexas razões: a) Numa quantidade razoável de casos levados a juízo ou matéria de controvérsias no plano doutrinal, o intérprete desinteressado muitas vezes encontra dificuldade para construir a solução adequada do conflito por conta de um paradigma discursivo todo construído com base na igualdade formal, enquanto a transdisciplinaridade aponta para a casuística da desigualdade real; b) As abordagens no campo hermenêutico, através dos sistemas jurídicos de interpretação, construíram até hoje abordagens *a priori* ou *a posteriori*, mas podemos perceber que o mesmo comporta novas abordagens, embora a (in)justiça seja um tema perpétuo e ainda sem respostas prontas, não deve ser negligenciada; c) Se a desigualdade é um tema perpétuo e o objetivo do sistema é de total eficácia, então uma nova teoria do direito, através da proposição de uma hermenêutica da desigualdade, deve alçar esse conceito a categoria jurídica fundamental; d) A necessidade de novos estudos verifica que essa construção pode facilitar o acesso à justiça em termos de efetiva defesa de direitos e garantias difusos e (trans)individuais.

8. Constatou-se que a desigualdade real, compreendida por todas as ciências sociais, sendo objeto de uma hermenêutica jurídica própria pode contribuir para diminuir a distância entre dirigentes e dirigidos quando eles se encontram em disputa pelos bens jurídicos (vida, liberdade, propriedade), concretizando a justiça de tratar, efetivamente, os desiguais na medida de suas desigualdades, inclusive reais, tanto na questão da desigualdade no Direito Civil quanto no Direito Penal, exemplificando os eixos público e privado: neste último, família, propriedade e contrato demarcam as posições ocupadas pelas pessoas nos planos temporal, real e social (com as diferenças em termos de usufruto tecnológico, ocupação efetiva de espaços centrais ou periféricos e manifestações de *status* para cima e de menosprezo para baixo) ao passo que, devendo ser a *ultima ratio*, o direito penal serve para demarcar de modo bem nítido a desigualdade real quando retira a liberdade do sujeito, o priva de bens, impõe multas etc.

9. Com relação aos fundamentos necessários à compreensão do tema, demonstrou-se a conveniência e a oportunidade de uma opção metodológica valorativa, adequada ao estudo da desigualdade — seu sentido e alcance — enquanto conceito jurídico fundamental, através de uma hermenêutica própria, a desigualdade decorre de fatores históricos e é também a resultante da meio e da (socio)diversidadade ou a causa de se buscar "estruturas funcionais" que seriam desnecessárias, fosse tudo igual. Não se confundindo, entretanto, "hermenêutica da desigualdade" com "apologia da desigualdade", pois esse extremo constituiria a quebra da isonomina onde não houvesse mais o que desdiferenciar ou, sob outro prisma, a admissão de suposta irracionalidade do direito, quando se sabe que o modelo epistemológico é tanto normativo quanto descritivo, havendo no ordenamento situações regulamentadas e generalizadas, com âmbito suficiente de consolidação.

10. Enquanto construção de uma Teoria Geral, pertinente a todas as ordens jurídico-positivas, a desigualdade se mostra uma espécie de denominador comum para o estudo dos diversos ramos do direito a partir de uma noção panorâmica, alçando essa questão a conceito jurídico fundamental idêntido para jurista, o sociólogo ou historiador se qualquer estudioso de tais ciências se subordinam a um sistema de conceitos gerais, sem os quais sequer seria possível identificar um *fato jurídico* ou sua efetividade tempo-espacial, conforme adverte Miguel Reale. Para melhor compreensão desse dado, facilitou considerar o discurso jurídico como *discurso-ocorrência*, ou seja, manifestação do fenômeno jurídico em seus diversos e possíveis espaços, enquanto "sistema entre sistemas, como um produto social entre produtos sociais, ou mais ainda como uma palavra entre outras" (discurso literário, discurso folclórico, discurso teatral, discurso jornalístico, discurso político, discurso jurídico...), promovendo-se, com isso, o enquadramento de eventuais particularismos e especificidades em formas mais gerais próprias do *discurso-em-si*, ressaltando-se tanto a *dinamicidade* que preside a sua realização prática quanto o fato de a mesma estar necessariamente imbricada a dados culturais, acontecimentos históricos, costumes, hábitos, tendências sociais, injunções institucionais e valores majoritários, conforme foi demonstrado por EDUARDO C. B. BITTAR, citando MARGARIDA MARIA DE ANDRADE.

11. O emprego da "hermenêutica da desigualdade" enquanto forma de diminuir a crescente distância temporal, real e social entre sujeitos, distorsiva do usufruto concreto dos direitos fundamentais, através da teoria crítica atendeu aos objetivos específicos no sentido de a) Identificou a origem patrimonial da assimetria e da distância entre sujeitos, enquanto situação determinada, de cunho global, presente no tempo-espaço de toda geografia jurídica, interferente na aplicação dos princípios gerais de direito, especialmente no *Civil Law* e no *Common Law*; b) Descreveu a separação entre dirigentes e dirigidos nos planos temporal, real e social; c) Analisou o sentido abstrato, geral e impessoal da Lei, tendo em vista o caráter absoluto, exclusivo e perpétuo da propriedade por ela amparada, bem como a autonomia da vontade sob a ótica da relação capital-trabalho.

12. Verificou-se, a partir de JUSSARA MARIA LEAL DE MEIRELLES, haver mesmo discrepância entre o sujeito real e o virtualmente previsto pelo modelo legal. De um lado, o que se pode denominar *pessoa codificada* ou *sujeito virtual;* e, do lado oposto, o *sujeito real,* correspondente à pessoa verdadeiramente humana, vista sob o prisma de sua própria natureza e dignidade, a *pessoa gente* que, muitas vezes, passa pelo mundo sem o mínimo de condições necessárias à sobrevivência, muito menos de pleno exercício do direito a uma vida feliz. Por isso, adotar um modo de pensamento baseado na crença cega nos princípios da ordem, da separação, da redução e da validade absoluta da lógica clássica, com todas as compartimentalizações inerentes, impossibilitaria a contextualização de conhecimentos necessária para compreender a desigualdade e, dessa forma, diminuí-la, através do emprego de uma hermenêutica própria.

13. Esta "hermenêutica da desigualdade" surge num ambiente transdisplinar de articulação entre o político, o sociológico, o semiológico e o psicanalítico exigido pela complexidade globalizada do nosso tempo, decorrente de situação determinada nos diversos sistemas de justiça, enaltecendo o valor da jurisprudência e do direito efetivamente concretizado e seus descompassos com a realidade enquanto fenômeno jurídico historicamente realizado que se positiva no tempo/espaço e se realizada enquanto experiência efetiva (passada ou atual). Nesse sentido, ao referir-se à hermenêutica da desigualdade, bem como à inserção da desigualdade entre os conceitos jurídicos fundamentais, a Tese se insere nas chamadas noções dinâmicas: causalidade, dimensões, espaço, forma, movimento, tempo, transição conforme descreve Evérton Florenzano. Assim compreendida, temos a assimetria patrimonial que verticaliza os sujeitos, hierarquizando-se entre pobres e ricos, dirigidos e dirigentes, separando-os espacialmente. Essa assimetria patrimonial é demonstrativa de desigualdade, tanto vertical (assimetria em si) quanto horizontalmente através do distanciamento-em-si nos planos temporal, real e social.

14. Patrimônio, inclusive, é conceito mais abrangente que a manifestação objetiva de "conjunto de bens", perspectiva, portanto, mais adequada tanto para aferir a desigualdade quanto para considerar o patrimônio moral de alguém, conforme Clóvis Bevilacqua, pois os danos causados a esse patrimônio são também indenizáveis na mesma forma em que a desigualdade se manifesta tanto no plano temporal, quanto real e social.

15. Na perspectiva histórica (comprovou-se), não há limitação quanto à história externa (que trata do exame formal dos acontecimentos político-sociais e que influenciam as fontes clássicas do direito como: documentos, legislação, costumes e jurisprudência), mas à história interna, que consiste no estudo material da vida dos institutos e das instituições públicas e privadas, como família, propriedade, contrato e corporações, como ensina Antonio Carlos Wolkmer, no entendimento de que a história interna é marcada por crises, avanços e retrocessos, bem como por contradições, desigualdades e conflitos. Aqui, "o passado não foi estudado como um objeto morto, como uma ruína, nem como uma fonte de autoridade, mas como uma experiência apreendida e consolidada". Portanto, a historiografia não necessitou ser e não foi passadista, distante ou inacessível, desenvolvendo-se aqui numa perspectiva sincronico-diacrônica.

16. Confirmou-se com Tércio Sampaio Ferraz Jr. que o discurso dogmático nunca é apenas informativo [*de fatos*], mas persuasivo [*de julgamentos*] no sentido de motivar tanto as condutas quanto a crença do receptor e estando a esse serviço corre-se o risco do encobrimento ideológico, inclusive, da assimetria e de seus efeitos: se os sujeitos de uma oposição binária são desiguais do ponto de vista temporal, real e social, até onde essa desigualdade pode prevalecer de modo que as incidências de ritualizações de *status* e de menosprezo não sejam processualmente duplicadas e repetidas? Foi-se além de uma compreensão simplista e realizou-se um minucioso estudo sobre as diversas formas mundiais de subdesenvolvimento e sua evolução, nas quais o sistema de justiça (na verdade, um microssistema) se insere.

17. Superou-se, assim, o inconveniente de se tratar de "um saber anistórico", pois enquanto a igualdade formal independe dos condicionamentos sociais concretos, esta "hermenêutica da desigualdade" reportou-se a situação determinada, de cunho global, ocorrente nos diversos sistemas de justiça, não apenas no sentido de identificá-la, mas de diminuí-la, não através da *law in the books*, mas da *law in action*, conforme observa Pablo Jiménez Serrano, o que foi desenvolvido aqui através do emprego de uma metodologia naturalmente multidisciplinar, tanto para melhor explicar o direito em seu estágio atual quanto para empregá-lo de forma mais justa, o que implicaria (hoje) emprego de uma hermenêutica da desigualdade para enfrentar essa situação. Logo, no âmbito jurídico, desde os tempos primitivos, o exercício da igualdade se relacionará ao maior ou menor grau de liberdade de um sujeito em relação ao outro ou ao grupo social, afirmando-se, na medida do possível, como titular de direitos, de acordo com os próprios interesses. Com efeito, comprova-se a lição de Roger Raupp Rios. Desde a Revolução Francesa, o projeto político da suposta abolição de privilégios e da superação da sociedade estamental asssociou-se à formulação da igualdade jurídica como componente essencial daquele modelo de democracia, tachando qualquer defesa da diferença como estratégia conservadora e retrógrada.

18. A linha de investigação pautou-se nos "sistemas de justiça" partindo de uma situação determinada inerente à toda geografia jurídica, recorrente no mundo globalizado, a saber: crescente separação temporal, real e social dos sujeitos impedindo ou dificultando o usufruto concreto dos direitos fundamentais, entre eles acesso à justiça e ao devido processo legal, com base na aplicação desta "hermenêutica da desigualdade", em busca do "melhor direito".

19. O problema da desigualdade se procedeu a partir de abordagem transdisciplinar para ser corretamente comprendido, na impossível ânsia de ser esgotado com ênfase na necessidade de cooperação entre as diversas especialidades das ciências sociais e da filosofia, visando a efetiva "correspondência entre a unidade do mundo real e do conhecimento das ciências que o têm por objeto" conforme Nelson Carvalho Marcellino, enxergando-se o homem em sua plenitude, ao se concretizar aqui "epistemologia da complementaridade", substituindo a dissociação das ciências em jogo.

20. O ponto de vista histórico constituiu-se verdadeira enciclopédia, e valeu-se, inclusive, do método comparado ao partir de uma *praesumptio similitudinis* da desigualdade no tempo-espaço de todas as culturas, em maior ou menor grau, observada a devida cautela na análise dos resultados conforme recomenda J. H. M. Van Erp (1999), com base no método funcional de comparação jurídica defendido por Zweigert e Kötz, observando-se, na prática, os fatores sobre os quais o aludido dado se apoia. Note-se que o mundo escandinavo ou escandinavizado registra menos desigualdade do que o capitalismo selvagem norte-americano ou brasileiro como pondera Luiz Flávio Gomes. Nessa abordagem estruturalista, como algo decisivo para diminuir a distância entre dirigentes e dirigidos apareceram fatos decisivos como a quem beneficia a propriedade e a distribuição da riqueza, que seriam ignorados numa perspectiva funcionalista e anistórica de mera manutenção da ordem conforme sinalizaram Margaret A. Coulson e David S. Riddel. Por isso, constatamos que quando se trata da distância entre dirigentes e dirigidos, *v. g.*, o contrato vincula, ordinariamente, um contratante forte e um contratado fraco, exceções feitas para os ícones dos esportes, das artes, das profissões liberais, do mundo do entretenimento e das relações consumeristas em que o contratante, por ser consumidor de produtos e serviços, é o elo mais fraco da relação. Esta correlação de forças entre contratante forte e contratado fraco dita o contrato, e não a propalada liberdade de contratação já dizia Orlando Gomes. Logo, o poder de uns e de outros é, na prática, sempre assimétrico.

21. Considerou-se o direito um sistema aberto, no qual o comportamento tanto do sistema quanto de suas partes é determinado pela *interação dinâmica de seus componentes* heterogêneos com múltiplas variáveis, podendo evoluir de um estado para outro mais diferenciado, a partir da advertência de Bertalanffy de que a teoria dos sistemas é mais que cibernética (ou relógio, como querem os funcionalistas), realizando-se abordagem dinâmica (estruturalista), em contraponto à estática cultural (funcionalista), conquanto seja considerado a partir de Herbert Blumer um "interacionismo simbólico" no qual o receptor seja também protagonista, a partir do emprego desta hermenêutica da desigualdade.

22. Diminuir a desigualdade é tarefa complexa na medida em que a empreitada remete a um repertório tão vasto quanto heterogêneo: não basta a simples exposição do problema, "fotogrando-o", mas uma visão "cinematográfica", crítica e integrada do tema, focalizada ao mesmo tempo no indivíduo e na sociedade, na consciência e na compreensão das estruturas reais do mundo, e não em mera descrição do conflito, haja vista que as estruturas vêm se desenvolvendo sempre de maneira desigual, beneficiando alguns pequenos grupos à custa de outros, numerosos, mas desorganizados, conforme a lógica de Teoria das Elites de Gaetano Mosca e Vilfredo Pareto.

23. No campo do direito, a desigualdade tem sido escamoteada e simplificada em sua complexidade, empregando-se o oposto conceito não correspondente de igualdade formal. Por isso, as práticas atinentes à concretização da justiça através da aplicação do melhor direito ao caso concreto, muitas vezes, esbarram em enunciação falsa de uma igualdade meramente formal ou, ainda, em solução imprecisa, partindo de enunciação desordenada do problema, cuja descrição como sendo algo simples restringe o sentido e o alcance da realidade.

24. Levando-se em conta o que ensina Norberto Bobbio, constatou-se a existência de poderes sociais que se encontram em operação mais nitidamente do que os poderes Executivo, Legislativo e Judiciário: são os poderes econômico, ideológico e político. Logo, a questão da luta de classes não se esgota no tema da dominação como elemento-chave para a compreensão da realidade social, conforme advertiram Celso Castro e Julia O'Donnell. Uma dessas tantas vertentes é a chamada "Teoria das Elites", surgida no final do século XIX com Gaetano Mosca, para quem, organizadas, as elites estariam ligadas por homogeneidade e solidariedade entre si, enquanto os dirigidos se encontrariam divididos e desarticulados, sendo a ascensão do socialismo apenas a substituição de uma elite por outra.

25. A assimetria patrimonial (dando causa à crescente distância entre dirigentes e dirigidos) demonstrou, a partir da invocada orientação teórica a efetiva, a possibilidade de que uma minoria domine tão drasticamente uma maioria numericamente bem superior, com a consequente duplicação de *status* para si e de menosprezo para tantos "desorganizados dirigidos", inclusive, do ponto de vista processual.

26. A concepção de igualdade está historicamente ligada às concepções de democracia e de retórica, sendo indicativa da existência de duas forças a assegurar a coesão social nos ambientes políticos, ou seja, intelectuais ou morais e materiais, demarcando o lugar onde isso ocorre e, paradoxalmente, atestando a formalidade desse conceito a partir de determinados limites. Sobre a fragilidade desse conceito, é apenas uma categorização aplicável a todos os objetos do conhecimento, não se confundindo com justiça, que é um valor no sentido de se aspirar por um ordenamento melhor do que o existente, através da comparação entre pelo menos dois objetos, sendo a diferença um dado *prévio*: somente a partir da diferença se poderia dizer que "os iguais são diversos enquanto algo lhes é comum", como foi comprovado através de HANS NEF, citado por DANIEL COELHO DE SOUZA. Aliás, há uma tensão entre os paradigmas da distribuição e do reconhecimento de direitos em face do binômio igualdade-diferença, quando simplificada a questão da igualdade formal, havendo desigualdade econômica sem levar em conta a medida da liberdade concreta.

27. Constatou-se com CARLOS ALFREDO RAMOS CECCHIA que nas sociedades primitivas, embora não houvesse consciência de cidadania ou de um direito propriamente dito, a estrutura organizacional mais simples permitia intensa solidariedade entre indivíduos "vivendo num mesmo mundo", fazendo as mesmas coisas numa divisão natural de trabalho, guerreando juntos e cuidando coletivamente dos filhos, assemelhando-se às sociedades animais: ali, tinha-se a impressão de que os indivíduos estavam mais preocupados com o grupo do que consigo, comportando-se sempre da mesma maneira, convencionalmente. Logo, cada indivíduo que é adicionado a um grupo social implica sempre a perda de uma parcela da liberdade preexistentes, sendo necessárias novas regras (mais complexas) que terão de ser observadas para que se garanta a possibilidade de realização de todos os componentes do grupo.

28. Para melhor compreender a dinâmica da hermenêutica da desigualdade, leva-se em consideração tanto o seu emprego no direito público e privado quanto as concepções críticas em cada campo. Para este último, o ponto de partida será o Direito Civil reduzido ao *Code* de 1804 e a Escola da Exegese, com vistas a interpretá-lo, em sua literalidade e as achegas trazidas pela despatrimonialização e constitucionalização do direito privado. No campo do direito público, o exemplo destacado é o Direito Penal em suas acepções máxima e mínima, sobre ressocialização, emprego e limites enquanto *ultima ratio.*

29. Nesse particular, constatamos a partir de NELSON SALDANHA que a ideia de legalidade tem fundo penal, aparecendo como antecipação ou pré-configuração da ideia de Estado de Direito através das contribuições de BECCARIA para o Direito Penal no século XVIII, a partir da formulação genérica sobre legalidade, iniciada no medievo inglês com o *devido processo legal.* Para conciliar esses pontos de partida, então, juntam-se o liberalismo na concepção de LOCKE, a geometria política de SIEYÈS e a ordem social projetada no *Code* de 1804, admitindo somente a interpretação *literal*, mas a evolução da escola revela a passagem para uma atitutde mais moderada, que passou a admitir a interpretação *histórica* e, depois, a *sistemática*.

30. O contexto do século XX denotará, também, um gradativo abandono à ideia de suposta neutralidade do direito (a despeito da influência das ideias de pensadores como KELSEN). Trata-se de mudança de perspectiva epistemológica através da superação do modelo antes baseado no individualismo capitalista, erigido para regular a vida da sociedade civil como documento completo e único, ou seja, a própria complexidade social enseja a modificação legislativa para além dos códigos e da "pureza" do direito e de suas fontes.

31. A mecânica lógico-dedutiva funciona bem a partir da **tríplice base** do Direito Civil nascida ali e explicitada a partir das lições de JEAN CARBONNIER, assentada no **contrato,** no **patrimônio** e na **família**; em sentido amplo é oportuno oxigenar suas bases (estrututras) fundamentais com elementos externos à sua própria ciência: sociologia, filosofia, economia, antropologia, biologia, psicanálise, história e especialmente ética, em favor de uma ordem jurídica e social mais justa, conforme LUIZ EDSON FACHIN.

32. No âmbito penal, a desigualdade é medida em termos do descompasso entre Estado de direito e Estado de polícia, levando-se em conta não haver Estado perfeito, embora a eficiência da prevenção e da repressão variem, em cada caso, muitas vezes focalizando exageradamente delinquentes ocasionais, desempregados e indigentes, pessoas sem-teto e imigrantes sem documentos, toxicômanos, deficientes e doentes mentais, conforme afirma LOÏC WACQUANT. Tal desigualdade demarca, de modo bem nítido e eloquente, a falta de uma hermenêutica própria quando sem aludida observância, investiga-se, divulga-se, acusa-se, condena-se e retira-se a liberdade do sujeito, o priva de bens, se lhe impõe multas ou lhe retira *status* em tema pertinente à tarefa de **punir**, **controlar** e **tratar** delinquentes, levando-se em conta **contexto social**, **vítima** e **agressor:** a resposta do Estado deve estar sempre à altura do nível de desenvolvimento conquistado pela civilização brasileira, também integrada pelos desviantes, fazendo chegar o Estado de direito para todos, indistintamente. Confirmou-se haver, com LUIZ FLÁVIO GOMES, uma relação tanto entre renda *per capita*/escolarização quanto entre eficiência preventiva e repressiva e índices criminalidade. Nesse sentido, os países que seguiram a cartilha de BECCARIA, com especial destaque os países escandinavos – Suécia, Dinamarca, Noruega, Finlândia e Islândia (assim como os que estão em processo de "escandinavização" – Alemanha, Austrália, Nova Zelândia, Japão,

Coreia do Sul, Bélgica, Holanda, Suíça etc.) são exemplificativos "do melhor dos mundos possíveis" conforme esta hermenêutica da desigualdade.

33. É legítimo, pois, que a sociedade pretenda uma melhor segurança, mas necessite entender que de nada adianta apenas assistir passivamente ao sensacionalismo do noticiário na transmissão de imagens chocantes: homicídios, estupros de crianças, presos que durante rebeliões torturam suas vítimas, corrupção, pois não é o maior recrudescimento do Direito Penal a solução, sendo correto investir cada vez mais em ensino fundamental, médio e superior, lazer, cultura, saúde e habitação em vez de priorizar o setor repressivo como lugar de esquecimento ou vingança, até porque os egressos retornam ao meio social, com o perdão da redundância.

34. A desigualdade, portanto, insere-se enquanto categoria, conceito jurídico com validez constante e permanente, indepedenteme das variações do direito positivo, ainda mais observando-se a perspectiva institucional.

35. Constatou-se que o intento de especificar os conceitos jurídicos fundamentais é relativamente recente levando-se em conta a história do Direito, e percorre dois caminhos distintos. De um lado, fala-se numa direção *estipulativa, a priori* de qualquer obervação da realidade. Destarte, estipulam-se conceitos mínimos para explicar o Direito sem aferir que sejam verdadeiros ou falsos, mas apenas úteis ou inúteis para explicar o fenômenos jurídico. Dentro dessa direção, a especulação pode ser filosófica ou lógica. A outra direção seria lexicográfica, *a posteriori*, ou seja, a partir do próprio direito vigente, conforme ensina Eduardo Angel Russo.

36. Uma das tarefas mais importantes da teoria geral do direito é a elaboração de conceitos universais que possam integrar todas as manifestações históricas do direito no tempo/espaço. São categorias, conceitos lógico jurídicos *a priori*, com validez constante e permanente, independendo das variações oriundas do direito positivo. Quando se refere a conceitos jurídicos fundamentais, entretanto, o saber jurídico tradicional se refere apenas a *sujeito, direito subjetivo, dever jurídico, objeto, fato jurídico* e *garantia jurídica*, conforme definição de Luiz Fernando Coelho. Nesse caso, ignora-se a desigualdade, que deveria figurar entre as noções de sujeito e de direito subjetivo, pois a desigualdade é ou está no "outro", sujeito ou titular de direito/dever. Note-se que os jusnaturalistas cristãos, *v.g.*, não se debruçaram sobre conceitos jurídicos fundamentais, em que pese a preocupação com a justiça e, tampouco, necessidades de ordem pragmática emprestam sentido único e unívoco a esse particular do vocabulário juridico. Todavia, a inserção da desigualdade entre esses conceitos confirma o dizer de José de Oliveira Ascensão no sentido de que tais conceitos são um condicionante para a apreensão da realidade jurídica. E é através da investigação adequada desses conceitos que se obvia a tendência de tratar problemas específicos como se fossem menos complexos do que realmente são.

37. Os dados referentes à desigualdade podem ser captados até mesmo a partir do reducionismo consistente na oposição binária a que se refere John M. Kelly. Para compreender como isso ocorre, note-se que o subconsciente racional é formado pelo instinto da oposição bináriaa que se refere Claude Lévi-Strauss. Trata-se de um reducionismo consistente numa tendência a perceber as realidades do mundo exterior como pares opostos ou termos correlativos, em vez de matizes que se fundem imperceptivelmente um com o outro. São exemplos disso as dicotomias propostas pela teoria da sociedade desenvolvida no presente trabalho: distância/assimetria; *status*/menosprezo; tempo/tecnologia; dirigente/dirigido.

38. O escamoteamento da situação concreta dos sujeitos atribuindo-se à lei sentido abstrato, geral e impessoal viabiliza o direito de propriedade, que é absoluto, exclusivo e perpétuo. Ademais, tendo em vista os aludidos condicionamentos sociais, a igualdade, a liberdade e a fraternidade são apenas ideais. Por isso, do ponto de vista exclusivamente teórico, o direito público instrumentaliza as chamadas garantias de que a igualdade formal não seja vulnerada ou, em o sendo, seja, em tese, restabelecida, ensina Antonio Carlos Wolkmer.

39. Somente numa concepção racionalista o direito transcenderá (tempo/espaço) as fronteiras culturais e cronológicas compreendendo-se o direito como Estado, liberdade ou o próprio homem vistos como entidades incondicionadas, independentes de contextos. A contextualização dá conta da desigualdade conforme atestam todas as ciências sociais. Apenas o direito, numa perspectiva retórica, às vezes alega o contrário. Daí a nossa desconstrução dos reducionismos.

40. Sabe-se que os motivos de uma sentença nem sempre são demonstrativos, mas retóricos, refratários à historicidade e à situação hermenêutica em que se encontra o jurista/intérprete, informando mais a "baixa constitucionalidade" ou o equívoco na compreensão, pois "os juristas ainda pensam que as palavras refletem a essência das coisas (sic), como se a tarefa do intérprete se restringisse a 'acessar' esse sentido (unívoco) ontológico no sentido da metafísica clássica, em que o sujeito está 'assujeitado às essências", na síntese de LENIO LUIZ STRECK.

41. A "hermenêutica da desigualdade" desconstrói a manipulação apontada, explicitando-a. Nessa perspectiva, o direito "passa a ser visto não somente como atividade voltada para a crítica social, mas como a própria crítica que pretende oferecer respostas e soluções aos magnos problemas da sociedade", conclui LUIS ALBERTO WARAT.

42. Tanto nos debates científicos quanto nos jornalísticos, a autenticidade do direito é questão recorrente, que remete a frustrações, anseios, emoções extremadas, comparações, apego a uma "estética" de justiça. Na verdade, esse tipo de comportamento não esconde o individualismo das soluções casuísticas ou setoriais a partir de um sistema que também não encara ou resiste a críticas de um estruturalismo histórico ou dinâmico. É dizer: esta hermenêutica da desigualdade é um norte para a cidadania alcançar a justiça nas decisões judiciais em termos de que a repetibilidade garantisse, a um só tempo, segurança jurídica e desdiferenciação em face da causa efetivamente deduzida em juízo.

43. Fora dos ditames de uma hermenêutica da desigualdade, vive-se a ilusão da privacidade da causa e a avareza dos argumentos ou do debate dos argumentos postos para se chegar apressadamente à síntese especializada, distante, inacessível que, na verdade, parece não dizer o que pensa e, assim, subestima a complexidade do mundo e das relações, inclusive a relação posta em juízo.

44. Se não houver o enfrentamento da complexidade, desdiferenciando-a, o foco estará na suposta "autoridade da decisão" ou procrastinação ao produzir efetividade, preferindo-se a periferia da superficialidade, muitas vezes apenas amparada na suposta "decisão da autoridade".

45. Sem a possibilidade de ida da realidade aos conceitos, perdem-se intuição e clareza, bem como a indissociabilidade entre direito e fato em discussão. Até mesmo a etimologia da palavra "justiça" não é clara, na medida em que sugere, de um lado uma confusão entre direito e justiça, e de outro uma clara distância entre dirigentes e dirigidos com o que concorda EDUARDO ANGEL RUSSO. A "hermenêutica da desigualdade" trata-se de um esforço para a superação da vaguidade e ambiguidade endêmicas ao falar ordinário comum a todos os ordenamentos.

46. A "hermenêutica da desigualdade", portanto, decorre de uma matriz teórica crítica e, opera-se no espaço realidade-dogmática-zetética-dogmática, repercutindo na elaboração de um modelo alternativo de saber jurídico, a partir de um dado: a assimetria. Leva-se em conta, assim, tanto a solução dada e pressuposta quanto o questionamento global e progressivamente infinito das premissas a que se refere Tercio Sampaio Ferraz Jr., para que a solução dada e pressuposta decorra da desdiferenciação e não de automatismo que sugere igualdade inexistente ou superficial. Nesse sentido, a investigação em termos de pergunta-resposta ora enfatizará um aspecto e ora outro.

47. O ideal do emprego de uma "hermenêutica da desigualdade", para a diminuição ou superação dos efeitos da assimetria patrimonial no direito enquanto condição para diminuir a crescente distância entre dirigentes e dirigidos é, na verdade, um tema perpétuo, desde a Antiguidade remota, passando pelas religiões antigas, sendo contributo para compreensão e aplicação do direito em seu estágio atual, a partir da constatação de haver, na concretização dos direitos fundamentais, a interferente separação temporal, real e social de sujeitos a impossibilitar ou dificultar o usufruto dos mesmos, principalmente, por quem seja o hipossuficiente nessa relação.

48. Raciocinando-se em termos de "hermenenêutica da desigualdade", constata-se que mecanismos explícitos ou implícitos de separação, na medida em que se duplicam *status* e menosprezo, para baixo e para cima, conforme o caso, muitas vezes constituem rompimento com "a mais liberal das ideias de igualdade formal" a que se refere Gastão Rúbio de Sá Weyne, consistente no direito de gozar das mesmas oportunidades num *ethos* formalmente semelhante. Na zona de intersecção entre a investigação e a interpretação da realidade, o emprego desta "hermenêutica da desigualdade" é descobrimento, organização e reconstrução empírica e, consequentemente, científica desse universo.

Ainda, havia quem houvesse pensado que chegaríamos a conclusões fechadas e definitivas, mas foram justamente essas atitudes que colocaram o sistema legal distante da complexidade dos casos em discussão. Augusto Comte disse sobre os estágios teológico, filosófico e científico com os quais evoluiria o conhecimento. Para quê? E eu aqui me debatendo com a credulidade de uma criança, a dúvida e o ímpeto questionador de um jovem e as falsas convicções de um adulto. Muito há por ser feito. A "hermenêutica da desigualdade" nos (re)validará na tranquilidade do dever cumprido. Aos banquetes fechados, espero que compareçam todos, apenas pela abertura do que são e continuam sendo, desdiferenciados das complicações que duplicam privilégios e menosprezos. Durante toda minha vida, lutei por uma sociedade plural, na qual o ter e o ser tivessem o mínimo de diferença. Conclusão? Talvez! A título de conclusão! Somos uma tridimensão pensar (*norma*), agir (*fato*) e sentir (*valor*): da mesma forma, o direito tem de ser para servir à vida como ela é. Aqueles estágios de COMTE, na verdade, contêm abertura para o amor, e renovadas possibilidades... O estágio científico não deve ser um fim em si mesmo. Aliás, é a deliberação das crianças que nos faz seguir. É o sentimento dos jovens que nos faz resistir. São as falsas certezas dos adultos que nos conduzem ao beco-sem-saída de enfrentar a desigualdade mas, também seja a combinação de tudo isso a hermenêutica que dá sentido ao "germe da vida", a possibilidade de que novos diálogos sobre e na medida das desigualdades nos propiciem um banquete para todos, satisfação plena a todos os integrantes da comunidade humana. Com a admiração espiritual que nos une e através da desigualdade, que não nos deveria separar tanto.

10
POSFÁCIOS

10.1 Diálogos em Taurino Araújo: uma polianteia[375]

MANUELA BEZERRA MOTTA DE OLIVEIRA
Advogada, assessora jurídica de empresa estatal, especialista em Direito Tributário.
manuelamotta@ymail.com

Na geografia das falas e dos lugares tecnológicos, reais e sociais, TAURINO ARAÚJO, CBJM é texto e contexto sobre a desigualdade com sotaque de utente nordestino, mas abrangência universal: são diálogos, conforme os define Gadamer, tanto na interdependência do todo e das partes quanto na produção de sentidos considerados relevantes para os diversificados auditórios do governo, negócios, direito, educação, saúde e terceiro setor.

Veja-se a qualidade, a quantidade e a variedade de estudos a respeito dele desde 30 de agosto de 2017, quando se deu a defesa de seu PhD em Buenos Aires. Consolida-se, a partir dali, uma *polianteia*, miscelânea peculiar e rara em torno de TAURINO com base em *dianoia*, termo usado por PLATÃO para definir a potência do pensamento discursivo, em contraste com a sua apreensão imediata (*noesis*), que ARISTÓTELES divide em *dianoia* teórica (*episteme*) e prática: *techne* e *phronesis*, aquele saber prático, intuição e autoconhecimento que revelam prioridade de compreensão, atividade dialógica e situada a justificar o intenso e tão diversificado interesse em torno de TAURINO e de sua hermenêutica da desigualdade.

Ao se debruçar sobre o único idêntico global por excelência (a desigualdade) TAURINO ARAÚJO é como se fosse o método mais apropriado para "revelar" de antemão aquele sentido inicial dos textos a que se refere GADAMER, para depois calibrar e aferir certas expectativas que, no exemplo de TAURINO, são para demonstrar a desigualdade de tudo, que é e será sempre desigual, mas pode ser aproximado através de seu método em constante revisão "à medida que aprofunda e amplia o sentido do texto" (GADAMER) sob tal enfoque. Por isso, esta hermenêutica da

---

375 MANUELA BEZERRA MOTTA DE OLIVEIRA. Diálogos em Taurino Araújo: uma polianteia. Publicado originalmente em Jornal A Tarde, Salvador, p. A2, 6 ago. 2018

desigualdade é considerada por NELSON CERQUEIRA um monumento extremamente inovador *au-delà* de SÓCRATES, PLATÃO e ARISTÓTELES, talvez em razão de uma genial sacada: em TAURINO ARAÚJO, a intuição ou "pressentimento" do todo (JEAN GRONDIN) espetacularmente ocorre sem prejuízo da concepção do particular que, aqui, coincidirá com o próprio desigual.

10.2 Taurino Araújo, o polímata brasileiro[376]

AGENOR SAMPAIO NETO
Catedático de Teoria do Direito e Hermenêutica da Universidade Estadual de Feira de Santana(UEFS)
professoragenorsampaio@gmail.com

Para PETER BURKE, é comum hoje falar em "organização [específica] do conhecimento". Nesse processo, há lugar para administradores intelectuais, integrantes de pesquisa e eruditos isolados, o amador, *gentleman* ou polímata, erudito que se dedica em casa a muitas (ou, pelo menos, diversas) disciplinas intelectuais, o que se poderia chamar "homem multifacetado", na expressão do historiador suíço JACOB BURCKHARDT.

Desde 9 de março de 2012 (quando da publicação de *Taurino Araújo singular e plural*), muitas reflexões surgiram nos meios acadêmico e social — e continuam surgindo — sobre uma apropriada e retumbante afirmação que fiz, quanto à abrangência e articulação polifônica desse pensador baiano em conteúdos os mais diversificados e sob as mais variadas perspectivas.

Ele é um verdadeiro polímata de nosso tempo nas áreas de Hermenêutica, Teoria do Direito, Transpessoalidade, Pensamento Sistêmico, Criminologia, História, Filosofia, Antropologia Jurídica e Campos Interdisciplinares.

Quem conhece a grandeza de seu gênio sabe a singularidade de TAURINO, tema para doutorado e para samba-enredo! Definir o seu percurso continua sendo tarefa hercúlea, agora facilitada pelo emprego de três perspectivas. A primeira delas, por exemplo, já daria um tratado: advogado e professor de Direito.

Segundo CARLOS GALVES, enciclopédia que pode ser apreendida desde a simples curiosidade ao desejo de não cometer erros, descambando no plano científico às esferas do aprofundamento e na inquietação por um saber de aplicação, que se destina a resolver os grandes dilemas da vida.

---

[376] AGENOR SAMPAIO NETO. Taurino Araújo o polímata brasileiro. Publicado originalmente no Jornal Tribuna da Bahia, Salvador, p. 6, 21 mai. 2015

Inquietação que pode chegar ao nível filosófico e abranger o sentido transtemporal do direito e da justiça, numa preocupação tanto em explicar a permanência do grupo social (aspecto incoativo), quanto no aspecto inconsciente que, de algum modo, também explica o triunfo de uma civilização, em que pesem percalços, avanços e retrocessos. Daí a conclusão de TAURINO no sentido de que a "atitude filosófica seja o fundamento de toda indagação valiosa".

Para os que preferem um ponto de vista formal, poderíamos dizer que TAURINO é bacharel em Direito pela Universidade Estadual de Santa Cruz, especialista em Planejamento Educacional pela Universidade Salgado de Oliveira e doutor em Ciências Jurídicas e Sociais pela Universidad del Museo Social Argentino.

E mais: advogado e professor, reconhecido por sua luta em defesa da advocacia no estado da Bahia, e, por tal, condecorado com a mais alta honraria da Assembleia Legislativa: a Comenda de *Cidadão Benemérito da Liberdade e da Justiça Social João Mangabeira*. Além disso, um opositor precoce da ditadura militar no Brasil e, por isso, participante da luta pela anistia, em prol dos grêmios livres e das Diretas-Já.

Secretário de Administração do município de UBATÃ (1989), à época o mais jovem do Brasil, criou, desenvolveu e praticou a *Quádrupla de Taurino para melhor emprego do dinheiro público*: o dinheiro não é meu, o dinheiro não é seu, o dinheiro parece nosso, mas não é, "TAURINO é precursor da responsabilidade fiscal no Brasil, criando a *quádrupla*, quando ainda nem se falava nisso, haja vista que a expedição da Lei Complementar 101 se deu apenas 11 anos depois", conforme ressaltou o vice-presidente da Associação Nacional dos Auditores Fiscais da Receita Federal do Brasil (ANFIP).

Do ponto de vista etimológico, polímata é uma pessoa "que aprendeu demais". E assim, por último, encontraríamos uma visão mais aproximada dele no comentário jurídico em prol da utilidade pública, através de uma dogmática sobre a "obrigatoriedade de argumentar e de decidir" a que se refere TERCIO SAMPAIO FERRAZ JR. nas lições de História do Direito (verdadeiro laboratório de política e experiência) ou nas incursões pela Antropologia e através da militância, naquele sentido de que "a luta faz a lei".

Tem-se, aqui, o exercício do "construcionismo social" que o enquadra no epíteto de *O Samurai da Voz*. De fato, TAURINO não cabe em classificações pequenas, mas somente a partir dos campos interdisciplinares.

10.3 Taurino Araújo, "otanjoubi omedetou gozaimasu!"[377]

Edson Reis Santana
advogado, licenciado em letras e filosofia, psicanalista.
edson.adv66@yahoo.com.br

Na hermenêutica da desigualdade de Taurino Araújo integram-se sujeitos, saltos morfológicos, sintáticos e semânticos, todos apontando para a total abrangência do real, simbólico e imaginário a partir dele. Antes de nos deixar em 2 de janeiro de 2014, o professor Washington Trindade disse que, em razão de sua força polifônica, Taurino se destacaria nas mitologias futuras.

Em 2017, Buenos Aires tremeu quando Taurino afirmou, na defesa do PhD que, finalmente, escrevera o "livro" — iguala Johannes Kepler — depois de formular, ao longo de idênticos 22 anos, suas três leis sobre o movimento dos planetas, já não lhe importando ser lido agora ou somente na posteridade, se o próprio Deus esperou 6.000 anos para que alguém completasse a Sua obra...

Antevendo as alterações que faria na Teoria Geral do Direito, Agenor Sampaio Neto antecipa que Taurino é "tema para doutorado e para samba-enredo" e a detenção da Comenda de *Cidadão Benemérito da Liberdade e da Justiça Social João Mangabeira* (cbjm), honraria maior do Estado, concedida, ao longo de idênticos 22 anos, a apenas meia dúzia de notáveis, entre eles, Jorge Amado, remete à sua precoce oposição à ditadura militar do Brasil.

Na reinvenção dos estágios teológico, filosófico e científico de Augusto Comte, Taurino torna-se eterna linguagem: " (...) a credulidade de uma criança, a dúvida e o ímpeto questionador de um jovem e as falsas convicções de um adulto... Conclusão? Talvez! A título de conclusão! Somos uma tridimensão pensar (*norma*), agir (*fato*) e sentir (*valor*): da mesma forma o direito tem de ser, para servir à vida como ela é. Aliás, é a deliberação das crianças que nos faz seguir. É o sentimento dos jovens que nos faz resistir. (...) que novos diálogos (...) nos propiciem um banquete para todos [Feliz Natal!]. Com a admiração espiritual que nos une e através da desigualdade que não nos deveria separar tanto. [Feliz Aniversário, Taurino Araújo (24/12/1968), em todos os hemisférios, solstícios e línguas possíveis...]".

---

[377] Edson Reis Santana. Taurino Araújo "otanjoubi omedetou gozaimasu". Publicado originalmente em Jornal A Tarde, Salvador, p. A2, 15 dez. 2017.

10.4 Taurino Araújo (*1968), "o ano que não acabou"...[378]

EDSON REIS SANTANA
advogado, licenciado em letras e filosofia, psicanalista.
edson.adv66@yahoo.com.br

Neste conturbado instante da vida nacional um esforço memorial-traumático no sentido de uniformizar discursos e práticas em prol da restrição da liberdade revela a impotência da falta de opção. Ditaduras não integram o cardápio das escolhas. Representam a impossível negação do indivíduo. Na hermenêutica da desigualdade de TAURINO ARAÚJO, CBJM, elas são, no mínimo, desnecessárias, pois a força sempre vem do interior, e a ordem, também. A vida flui a partir de leveza, dança e espontaneidade, cada qual em seu lugar...

Defende-se (quando o correto seria defender o aprimoramento democrático) algo incapaz de tamponar ou encobrir o trauma que não pode ser encoberto em face das evidências e de suas memórias, conforme descreve a professora ÉVILA FERREIRA DE OLIVEIRA, da Universidade de Feira de Santana (UEFS) em sua Tese doutoral: *Cicatrizes da permanência* – resistência e testemunho na escrita de Charlotte Delbo e Lara de Lemos. Por exemplo, embora se impusesse que tudo estava muito bem, o meu jornal estudantil *Olho Vivo* teve de ser fechado em Cruz das Almas, e mesmo o transcurso de 54 anos impede que os envolvidos consigam frear o que MARCEL PROUST denomina de "memória involuntária", fazendo com que o passado passe a vigorar no tempo presente aí permanecendo através do reconhecimento (HENRI BERGSON) ou da recuperação (PAUL RICOEUR).

A nota de reinvenção, impacto e esperança na obra de TAURINO ARAÚJO *au-delà* de SÓCRATES, PLATÃO e ARISTÓTELES (como afirma NELSON CERQUEIRA) também desembocam na detenção da maior honraria do Estado, a Comenda de *Cidadão Benemérito da Liberdade e da Justiça Social João Mangabeira* (CBJM), concedida a apenas meia dúzia de notáveis, entre eles, JORGE AMADO. Afirmei que a sua hermenêutica da desigualdade é integradora de sujeitos, saltos morfológicos, sintáticos e semânticos para a consideração total da diferença. Precoce oposição à Ditadura Militar do Brasil e a favor da Anistia, Grêmios Livres e Diretas-Já. TAURINO nasceu em 1968, o "ano que não terminou", segundo ZUENIR VENTURA.

---

378 EDSON REIS SANTANA. Taurino Araújo (*1968) "o ano que não acabou"... Publicado originalmente em Jornal A Tarde, Salvador, p. A2, 9 abr. 2018.

10.5 Taurino Araújo (de Mnemonyse)[379]

AGENOR SAMPAIO NETO
Catedátrico de Teoria do Direito e Hermenêutica da Universidade Estadual de Feira de Santana(UEFS)
professoragenorsampaio@gmail.com

A memória — totalizadora de tudo — é filha do Céu e da Terra. Depois de *Taurino Araújo, o polímata brasileiro*, esse é o terceiro memorial acadêmico por mim dedicado a esse pensador baiano, mais jovem condecorado com a maior honraria do Estado, a Comenda de Cidadão Benemérito da Liberdade e da Justiça Social João Mangabeira (CBJM). Iniciei a tarefa com *Taurino Araújo singular e plural* (*A TARDE*, 9 de março de 2012). A partir daí, reflexões nos meios acadêmico e social quanto à totalidade e articulação polifônica do perfil: "quem conhece a grandeza de seu gênio sabe que TAURINO é tema para doutorado e para samba-enredo"!

Segundo MÁRIO DA GAMA KURY (*Dicionário de Mitologia*, Zahar, p. 405), nascida de URANO e GAIA, MNEMOSYNE, a deusa da memória, foi possuída nove noites seguidas por ZEUS, dando à luz (novidade!) nove Musas com atribuições as mais abrangentes: CALÍOPE era a musa da poesia épica, CLIO da História, EUTERPE da música das flautas, ERATO da poesia lírica, TERPSÍCORE da dança, MELPOMENE da tragédia, TÁLIA da comédia, POLÍMNIA dos hinos sagrados e URÂNIA da astronomia.

Para TAURINO, a atitude filosófica é o fundamento de toda indagação valiosa. É por meio da memória que o homem entra em contato com [todos] o[s] saber[es]. Em MNEMOSYNE, controladora da narrativa e do tempo, imortalidade e fama a artistas e historiadores que, ao criar suas obras, tornam-se inesquecíveis, antes, adivinhos do poder de voltar ao passado e de relembrá-lo para a coletividade que, indelevelmente, os (e se) reconhece.

Em TAURINO ARAÚJO, a conjugação de fontes nos campos da Teoria do Direito, Transpessoalidade, Pensamento Sistêmico, Criminologia, História, Filosofia e Antropologia Jurídica sempre produziram sentidos para a "holística" do drama humano, e agora, novamente sem caber em classificações pequenas, mas somente a partir dos Campos Interdisciplinares, culmina com a máxima da Tese sobre "Hermenêutica da Desigualdade": uma Introdução às Ciências Jurídicas e também Sociais.

[379] AGENOR SAMPAIO NETO. Taurino Araújo de Mnemosyne. Publicado originalmente no Jornal A Tarde, Salvador, p. A2, 6 out. 2017.

10.6 Teorética e *modus ponens* em Taurino Araújo[380]

Corina Rosa
Advogada, catedrática de Direito da Saúde,
Consumidor e Responsabilidade Civil da UEFS.

Nelson Cerqueira afirma estarmos diante de uma revolução no pensamento ocidental *au-delà* de Sócrates, Platão e Aristóteles. A hermenêutica da desigualdade de Taurino Araújo, cbjm refere-se à superação da instabilidade do *modus ponens* nos processos decisórios através da consideração total da diferença, o que impediria a duplicação de privilégios e de menosprezos. A decisão pode ser logicamente válida, mas isso nada ter a ver com a verdade real. Para ser justa, as suas premissas deveriam ser verdadeiras, para somente assim ser estável, plausível e passível de aplicação ao caso concreto.

Numa exemplificação, o interesse público não deveria prevalecer em detrimento do indivíduo ante a inércia do poder público em cumprir um prazo processual. O contrário seria indevida duplicação de privilégio em favor do Estado. Quanto à presunção constitucional de inocência — com perdão da tautologia — só deveria ser afastada pela Suprema Corte em razão da existência de Sua decisão definitiva e jamais mitigada antes da hora, com duplicação de menosprezo em desfavor de acusados, se faltam motivos para decretar prisão preventiva.

Por se tratar de saber anistórico, de cunho global, a hermenêutica da desigualdade é aplicável à especificidade dos mais diversos países, regiões, blocos, pessoas e sistemas, na base da presunção de similitude, o que, dialeticamente, implica considerar totalmente a especificidade de sujeitos e casos. A hermenêutica da desigualdade tinha de provir da concepção sistêmica de Taurino Araújo, o precoce autor de *Por que eles não podem voltar* (1978). Logo, a inserção da desigualdade entre os conceitos jurídicos fundamentais constitui (também) uma nova introdução às ciências sociais a partir de idêntico dado: os seres humanos são apenas semelhantes e, portanto, diferentes. Destarte, essa teoria interpretativa interessará não só a estudantes e especialistas, mas a todos os que se iniciam em estudos sobre ciência, filosofia, comunicação e realidade: governo, negócios, educação, saúde, política e terceiro setor.

---

[380] Corina Rosa. Teorética e *modus ponens* em Taurino Araújo. Publicado originalmente no Jornal A Tarde, Salvador, p. A2, 22 mai. 2018.

10.7 Taurino Araújo e a reinserção dos excluídos[381]

Yuri Ubaldino Rocha Soares
professor de Direito Civil e Processo.
Assessor de desembargador do TJBA
yuriubaldino@gmail.com

Igual a Geraldo Carneiro, em apresentação a João Ubaldo Ribeiro, vou direto ao ponto e tomo partido em relação à hermenêutica da desigualdade de Taurino Araújo, cbjm: trata-se de construção monumental sobre seis mil anos de pensamento e história que principiou nesse terreno, mas evoluiu para a Filosofia e a Teoria Geral do Direito e, por último, constitui verdadeira introdução às Ciências Jurídicas e também Sociais.

Desde os acalorados debates na Argentina percebo a consistência de Taurino em demonstrar que, embora seja o "germe da vida", quanto maior a desigualdade maior é a exclusão do indivíduo, haja vista tanto o conteúdo patrimonial do direito quanto a "presunção de similitude" (Van Erp) desse comparativismo nos ordenamentos jurídicos de todos os tempos e lugares, principalmente no âmbito do Direito Civil.

Taurino constrói, em poucas páginas, a transdisciplinaridade de questões caras para todos nós: vida, liberdade e propriedade. Daí, a profecia do nosso professor Hugo Mancuso: "*Usted va a hacer una belissima tesis!*".

A síntese elaborada por Taurino decifra para a Humanidade um enigma que reflete a sua própria abrangência e aplicabilidade nos mais diversos ramos científicos e sociais. Antevejo nessa reunião de temperos o impacto que uma hermenêutica própria terá na resolução de casos concretos e melhor compreensão da realidade como um todo, em qualquer ramo do saber. Aliás, como diria Tércio Sampaio Ferraz Jr., os hieróglifos de Champollion somente puderam ser interpretados na estrutura da Pedra da Roseta.

A desigualdade estava aí. Antiga, desde que o homem é homem, mas encoberta no paradigma socrático de igualdade. E eis que Taurino inova ao propor com sua Tese outra linhagem de argumentação e quebra de paradigma para abrigar e se debruçar sobre os desamparados, sobre os dominados, desdiferenciando-os em vez de formalmente igualá-los. Trata-se, pois, de melhor entendimento da dimensão existencial *au-delà* de Sócrates, Platão e Aristóteles como, aliás, conclui o imortal Nelson Cerqueira.

---

[381] Yuri Ubaldino Rocha Soares. Taurino Araújo e a reinserção dos excluídos. Publicado originalmente no Jornal A Tarde, Salvador, p. A2, 22 jan. 2018.

10.8 Taurino Araújo: aproximações politécnicas[382]

CARLOS ANDRADE GIRON
Engenheiro civil, acadêmico de Direito, especializando em Saneamento Básico.
carlos_giron@globo.com

Pessoas moram no edifício dos desejos e das habitações. Elas disputam lugar nos planos temporal, real e social em que pese duplicação processual de privilégios e de menosprezos, diz esse monumento que é a hermenêutica da desigualdade de TAURINO ARAÚJO, CBJM, uma introdução às ciências jurídicas e também sociais.

Em suas aproximações politécnicas, analogias como estas foram demonstradas naquelas remissões de TAURINO à causalidade, dimensão, espaço, forma, movimento, tempo e transição (com base no *Dicionário de ideias semelhantes*, de EVÉRTON FLORENZANO) para afirmar que a assimetria verticaliza sujeitos entre pobres e ricos, dirigidos e dirigentes, separando-os espacialmente tanto vertical quanto horizontalmente (assimetria e distanciamento-em-si).

Na síntese elaborada por TAURINO, cada caso é um caso. Corrigir rumos ao executar projetos, pois em Direito e em Engenharia trabalha-se com algo que ainda não existe (ou foi sacramentado) para lhe atribuir forma, sentido e alcance, moradia, ágora ou realização de direito subjetivo a desdiferenciar entre semelhantes e assim concretizar o usufruto pleno de cidadania e lugar, aplicando a "régua" para resolver o conflito.

Através da hermenêutica da desigualdade, revisitei um percurso de 20 anos de engenheiro, trabalhando com pessoas de todos os níveis, formações e crenças. As coisas (reais e ideais) estão sempre interconectadas, mesmo sendo diferentes no espaço-tempo das diversas granulometrias: grandes, médias e pequenas como areia que têm de ser "saneadas" de preconceitos para ganhar vida e forma em cada sistema.

E eu que não sabia que o Direito fosse algo tão concreto! A partir de GUSTAV THEODOR FECHNER, citado por J. TEIXEIRA COELHO NETTO, TAURINO ARAÚJO pretende "retangularizar" o "quadrado" das decisões a elas opondo a complexidade e a diversidade do "concreto" — trata-se de alargar a aparente "ordem" e estática da "redundância" de vias e edifícios — sobretudo dinamizando a dignidade da pessoa humana, pois o processo é direito fundamental.

---

[382] CARLOS ANDRADE GIRON. Taurino Araújo: aproximações politécnicas. Publicado originalmente no Jornal A Tarde, Salvador, p. A2, 16 mai. 2018

10.9 Taurino Araújo, meu compatriota[383]

MARIA SOLANGE ALVES DE SOUZA PAULA
biblioteconomista
solange@ufba.br

Recebi a visita de TAURINO ARAÚJO, CBJM a 28 de outubro de 2017. Naquela data, a família repetia a devoção a SÃO SIMÃO iniciada em 1746. Na base etimológica, SIMÃO é o silencioso, mas eloquente discípulo de JESUS. Reminiscências sobre o meu saudoso sobrinho, FRANCISCO JOSÉ DE PAULA GUIMARÃES, devotado discípulo de TAURINO nas aulas de hermenêutica; sobre Parapatingas, onde as missas começaram; sobre UBATÃ, donde provêm TAURINO e FRANCISQUINHO; sobre Itaparica, onde a Fazenda se encontra encravada...

Antes, fui responsável pela confecção da ficha catalográfica do seu PhD: Hermenêutica da Desigualdade, uma introdução às Ciências Jurídicas e também Sociais. A partir de olhar exógeno — e depois de assim "ler" tantos outros doutoramentos — posso dizer da genialidade do texto, alçando a desigualdade a conceito jurídico fundamental. Espanta-me que dito constructo seja tão revolucionário para o pensamento universal, tão brasileiro e tão próximo de mim. Por isso, PIERRE BAYARD (*Como falar dos livros que não lemos?* Objetiva, 2007) confirma que não precisei ser onisciente para me expressar bem a respeito de vários livros e sobre eles lançar taxionomia para assim sugerir a amplíssima leitura, por parte dos mais diversos públicos, que a obra de TAURINO merece.

Diz AGENOR SAMPAIO NETO que "TAURINO é tema para doutorado e para samba-enredo". Itaparica me remeteu a JOÃO UBALDO RIBEIRO, vencedor do Prêmio Camões, mais importante prêmio da língua portuguesa, em razão do contributo dele para o enriquecimento do nosso idioma. Especificamente, quero lembrar a ampliação de campo realizada por TAURINO para se debruçar sobre desamparados e dominados e tornar imprescindível a sua "hermenêutica da desigualdade", ensina NELSON CERQUEIRA. Através do "general PATRÍCIO MACÁRIO", de *Viva o Povo Brasileiro*, quero registrar autêntico orgulho compatriota: "Temos de ser tudo, mas antes temos de ser nós, entendeu? Como é seu nome? Tudo, tudo, tudo, tudo! Pssi! Viva o povo brasileiro [viva TAURINO ARAÚJO], viva nós!".

---

383 MARIA SOLANGE ALVES DE SOUZA PAULA. Taurino Araújo, meu compatriota. Publicado originalmente no Jornal A Tarde, Salvador, p. A2, 1 dez. 2017.

10.10 A quádrupla de Taurino[384]

Ana Lúcia Almeida
contabilista e juíza arbitral
analuciaalmieda@yahoo.com.br

Às vésperas de quebrar o país em 1929, em consequência do total descontrole que teria causado na economia, o presidente americano Calvin Coolidge, proferia um diagnóstico: "nada mais fácil que gastar o dinheiro do governo, parece que ele não tem dono, é irresistível a vontade de entregá-lo a alguém". Com esse pretexto, esclareço a Paulo M. Simões a ação social efetiva da *Quádrupla de Taurino para melhor emprego do dinheiro público* para que sejam garantidas dignidade, saúde, educação e segurança para todos. Trata-se de quatro proposições elaboradas pelo jurista Taurino Araújo quando foi o mais jovem Secretário de Administração do Brasil, em 1989, no município de Ubatã: "o dinheiro não é meu, o dinheiro não é seu, o dinheiro parece nosso, mas não é".

Para Taurino, é necessária uma dialética no emprego do dinheiro público. O ponto de partida é que ele não pertence a quem o administra e tampouco a quem o solicita. Se o povo é destinatário final, isso exige que deva ser gasto com critério, não se justificando que se gaste de qualquer jeito mesmo sob o pretexto de que seja "nosso" e que não foi gasto consigo ou os seus.

É por conta dessa altivez de pensamento, sentimento e ação que a Assembleia Legislativa do Estado da Bahia condecorou Taurino Araújo com a honraria mais alta do Estado, o Título de Cidadão Benemérito da Liberdade e da Justiça Social João Mangabeira (cbjm) considerando a contribuição de alto impacto dele em defesa dos interesses sociais.

Tema para doutorado e para samba-enredo, conforme ensina o professor Agenor Sampaio Neto, eu já ouvia falar do visionário Taurino Araújo desde a época em que cursei o técnico de Contabilidade no senac e no Colégio Estadual Alípio França, na virada dos 80s. O tempo vem só confirmando a precisão de seu pensamento. Note-se que a *Quádrupla de Taurino* (1989) é ideia precursora da responsabilidade fiscal no Brasil, fincada apenas em 2001 conforme consta do site da Anfip - Associação Nacional dos Auditores Fiscais da Receita Federal do Brasil.

---

384 Ana Lúcia Almeida. A quádrupla de Taurino. Publicado originalmente no Jornal A Tarde, Salvador, p. A2, 6 nov. 2017.

10.11 Taurino Araújo, cidadão feirense.[385]

Jon Nei Mota Costa
advogado
advjonneicosta@hotmail.com

"Hermenêutica da Desigualdade: uma introdução às Ciências Jurídicas e também Sociais"! Pouco depois de haver lotado o anfiteatro da UEFS para testificar a sua história e filosofia, o pujante município de Feira de Santana distinguiu Taurino Araújo com o Título de Cidadão Honorário trazendo à baila, mais uma vez, tanto a sua condição de mais jovem condecorado com a mais importante honraria do Estado, a Comenda de Cidadão Benemérito da Liberdade e da Justiça Social João Mangabeira (CBJM) quanto a relevância quase inatingível que é fazer um trabalho ou uma série de trabalhos que repercute tanto, em lugares e audiências tão distintos, próximos e distantes, amplos e específicos, tradicionais e alternativos: recorda-se, então, a saga do precoce opositor à Ditadura, do ativista em prol da estadualização da UESC, do mais jovem secretário do Brasil, do eminente professor e jurista versado em tantas áreas do conhecimento...

A exposição de motivos invoca a eloquente metáfora do professor Agenor Sampaio Neto sobre o ser Taurino tema para doutorado e para samba-enredo e o fato de, coincidentemente, Feira ser reconhecida mundialmente por sediar o maior carnaval fora de época do país: "(...) tornando-se feirense, Taurino passa a integrar duas epopeias no ano, em datas diferentes, em reconhecimento à biografia dele, que já se encontra eternamente inscrita no panteão dos heróis do Estado, traduzindo a vontade de 15 milhões de baianos, dentre os quais, os feirenses, que ficam contentes com isso".

Quantos teriam história suficiente para movimentar as alas de um samba-enredo como Taurino tem? Resposta: a força vem do "interior". Sertanejo de Jequié, em suas origens paterna e materna, Taurino teria (desde o nascimento) unido o sertão e o cais. No meu registro, as aulas de Filosofia do Direito recebidas de Taurino em 2003.2. Salomão pediu a Deus sabedoria! Com sua autoridade no tema Nelson Cerqueira reforça a minha expectativa de que a hermenêutica da desigualdade de Taurino Araújo revolucionará a aplicação do Direito para o bem de muitos.

---

[385] Jon Nei Mota Costa.Taurino Araújo, cidadão feirense. Publicado originalmente no Jornal A Tarde, Salvador, p. A2, 3 jan. 2018.

10.12 A historicidade em Taurino Araújo[386]

Joel Souza Menezes
pós-técnico em Química. Advogado
joelmenezes40@yahoo.com

O ano é 2004. Taurino Araújo, cbjm assumia o desafio de ensinar Direito a egressos oriundos, em sua grande parte, do Polo Petroquímico de Camaçari. Na oportunidade, coube-lhe a tarefa de promover a Aula Magna e ministrar História do Direito, Direito Privado e um curso de extensão em Retórica Forense. Sua Tese sobre Hermenêutica da Desigualdade: uma introdução às Ciências Jurídicas e (também) Sociais estava apenas começando.

Lembro-me que Taurino desenvolveu conceitos muito próximos ao jargão químico de "porosidade humanística" e "quebra de estanqueidade", para ilustrar que tudo transcorria de modo diferente e interdependente com a Ciência Jurídica, em imprescindível contato com as demais ramas sociais. É nesse real que se encontram a sua historicidade e teoria da interpretação. Em Direito, a porosidade é desejável para melhor compreender a realidade e atuar positivamente sobre ela, até porque "o Direito serve à vida, é regramento da vida: é criado por ela e de certo modo a cria" (Pontes de Miranda).

Pude perceber logo a rara capacidade de Taurino em produzir sentidos compreensíveis para os mais variados públicos e dar-lhes contribuição de alto impacto. Esse dote veio a ser depois amplamente reconhecido através de uma série de condecorações maiores: Cidadão Honorário de Salvador; de Feira de Santana; de Gongogi; Comendador Medalha Thomé de Souza e Cidadão Benemérito da Liberdade e da Justiça Social (cbjm), honraria mais alta dessa querida Bahia de Todos os Santos.

Para uma geração de cinco mil ex-alunos, Taurino Araújo é uma universidade à parte. Avançamos todos lastreados em sólida cultura, a partir de uma Teoria Geral do Direito acessível a todos e aos diversos públicos com os quais o nosso professor lidava. Transcorridos quase 14 anos daquela bem-sucedida experiência, compartilho com o mundo a felicidade dessa impactante colheita que, inserindo a desigualdade entre os conceitos jurídicos fundamentais, revolucionará a aplicação do Direito, da Filosofia e das Ciências Sociais daqui para frente.

---

386 Joel Souza Menezes. A historicidade em Taurino Araújo. Publicado originalmente no Jornal A Tarde, Salvador, p. A2, 22 mar. 2018.

10.13 Metainformática em Taurino Araújo[387]

ANTONY ARROYO,
jornalista, professor de oratória, retórica e persuasão, bacharel em Direito.
arroyoantony@gmail.com

Segundo NELSON CERQUEIRA, o humanismo em TAURINO ARAÚJO, CBJM, até porque se trata de introdução às ciências jurídicas e (também) sociais, com foco no indivíduo, tem a desigualdade como novo paradigma e se desenvolve *au-delà* da cisão descritiva de ARISTÓTELES, que se descola do modelo prescricionário de PLATÃO e dos platonistas cristãos que o seguiram e da revolução do modelo desenhado na Idade Média para interpretação de textos religiosos por FRIEDRICH SCHLEIMACHER e de WILHELM DILTHEY em sua associação com a fenomenologia contemporânea.

A sua hermenêutica é um método para validar e concretizar a desdiferenciação de sujeitos, coisas, sistemas e blocos "ao nível do que é", o que interessa a todos: Governo, Negócios, Educação, Política, Saúde e Terceiro Setor. Ao escolher como assunto a desigualdade, fio condutor por excelência de todas as coisas e processos, TAURINO ARAÚJO faz um profundo passeio pela Filosofia, Sociologia, Economia, História, Antropologia, Semiótica, Direito, Comunicação e realidade, conforme ensina AGENOR SAMPAIO NETO e, sobretudo, uma *metainformática* sob a ótica de um receptor também protagonista, enquanto se desloca para o campo das grandes sínteses.

Em TAURINO ARAÚJO a transdisciplinaridade das sínteses acontece num extremo onde a desigualdade é conceito jurídico fundamental e pode ser contemplada a partir do *interacionismo simbólico* de HERBERT BLUMER e da Escola de Palo Alto — também chamada de Colégio Invisível, pela diversidade de teorias, lugares e teóricos envolvidos — em substituição à teoria matemática da informação. Por isso, há uma abertura ainda maior em direção ao receptor [das desordens, destinos e sentenças] que, diferentemente da *cibernética* de NORBERT WIENER, pode mais do que apenas "dosar" o termostato... Para medir o alcance da memorável empreitada desenvolvida por TAURINO, a conclusão de ANA PAULA RELVAS: o pensamento sistêmico é o estudo das relações e das interações, substituindo a causalidade linear pela circular: é "preciso reunir [tudo] para [melhor] compreender".

---

[387] ANTONY ARROYO. Metainformática em Taurino Araújo. Publicado originalmente no Jornal A Tarde, Salvador, p. A2, 28 jun. 2018.

10.14 Taurino Araújo: "por um caminho juncado de flores".[388]

Eric Leonardo Farias Ribeiro Moraes
Advogado, especializando em Ciências Criminais
eric.leonardo@hotmail.com

No dia 17 de dezembro de 1993, quando Taurino Araújo, CBJM colava grau em direito, coincidentemente eu completava um ano de idade. Naquela data, a conclamação dele para que fosse concretizada Universidade comprometida com filosofia, ciências e artes. A Universidade Estadual de Santa Cruz (UESC) que ele ajudou a estadualizar, o que a tornou pública, gratuita e de qualidade.

Transcorridos quase 25 anos daquela data, a permanente atualidade e relevância de Taurino Araújo é demonstrada sobeja e eloquentemente pelos numerosos estudos a seu respeito que, retratando agradecimento e louvor, o levaram a obter uma série de condecorações importantes, entre elas, a Comenda de Cidadão Benemérito da Liberdade e da Justiça Social João Mangabeira (CBJM), honraria mais alta do Estado e a revolucionar o pensamento ocidental, conforme Nelson Cerqueira.

É uma honra inaudita para mim, para a Bahia, o Brasil e o mundo ser contemporâneo de Taurino Araújo, CBJM. Nascido em Jequié e proveniente da pequena Ubatã, ele foi o orador da turma denominada Accioly da Cruz Moreira tendo como paraninfo o jurista Pedro Lino de Carvalho Júnior e a exortação para que "muitos galos tecessem manhã"... Por isso, torná-lo mais acessível — e quem sabe objeto de novas análises — é um dever de humanismo e verdadeiro sentimento de brasilidade que jamais deveremos renunciar.

No imperdível *Por um caminho juncado de flores* (1993) encontramos os primórdios de sua monumental *Hermenêutica da desigualdade: uma introdução às ciências jurídicas e também sociais*, quando aponta para a necessidade de sempre corrigir rumos, e assim conhecer a realidade e transformá-la, se o papel do jurista é superar o preenchimento maquinal dos claros de papel de modo a legar para a posteridade mais que um mero amontoado de escritos e assim tornar o futuro mais próximo dos nobres ideais, encurtando distâncias, "pois o direito serve à vida, é regramento da vida: é criado por ela e de certo modo a cria" conforme gosta de repetir, invocando o magistério de Pontes de Miranda.

---

[388] Eric Leonardo Farias Ribeiro Moraes. Taurino Araújo:"por um caminho juncado de flores". Publicado originalmente no Jornal A Tarde, Salvador, p. A2, 30 mai. 2018.

10.15 Ao jurista Taurino Araújo, "agô mojubá"![389]

Oluwo Luciano Almeida Alves
Músico, empresário do entretenimento, sacerdote de Ifá.
luciustecno@hotmail.com

Através dos quatro elementos, sonho, ousadia, planejamento e serviço para diminuir a desigualdade social difícil de ser detectada pelos que se consideram "iguais" conforme Nelson Cerqueira. Segundo ele, o paradigma da "igualdade" antes gravitava em torno de Sócrates, Platão e Aristóteles e, agora, através da desdiferenciação proposta por Taurino Araújo, cbjm, é uma nova introdução às ciências jurídicas e também sociais.

Hermenêutica da desigualdade é inclusão em face da consideração total da diferença. Taurino já integrava a "Epopeia Crioula" e as mitologias futuras como quis o ministro Washington Trindade, em 2011. Através de Taurino "temos que ser tudo, mas antes temos que ser nós, entendeu?", lembra dona Solange Paula por intermédio de João Ubaldo Ribeiro. Tema para doutorado e para samba-enredo arremata Agenor Sampaio Neto.

Seguindo a tradição persa, tomei um porre de felicidade para assim alcançar a simplicidade de um dos maiores pensadores do nosso tempo. Lúcido, e seguindo a tradição do CPF e do matriarcado, constato: Taurino Araújo Neto, 25/12/1968, filho de Rita Freitas de Oliveira (12 e 5). Reverbera em todos os cantos a sua voz vibrante e compassada em ternário: valsa "três pra lá, três pra cá". São duelos a favor da justiça, muitos olhos e Orientes, decifração de dizeres, sabedorias e Áfricas...

Beleza, riqueza, fama (Oxum, 5) e discernimento para acolher com naturalidade a matriz do Povo de Santo, pois diferenças sempre houve, mas devem ser uma a uma contempladas. Taurino não pratica o nosso culto, mas a força e a empatia de seu *axé* já se encontram inscritas ao lado de Jorge Amado (cbjm, *obá* de Xangô, 12) no panteão dos Beneméritos da Liberdade e da Justiça Social. Salvador da Bahia de Todos os Santos, 1º de novembro de 2016 (=12). A sua Tese fala sobre corrigir caminhos e sempre praticar a justiça com amorosidade, enxergando excluídos e atribuindo-lhes lugar. Marquês de Sapucaí?! Quem viver verá! Letra e música de Walter Queiroz: *Agô Taurino Araújo, Xangô Vivo no colo de Oxum! Mojubá!*

---

[389] Luciano Almeida Alves. Ao jurista Taurino Araújo, "agô mojubá". Publicado originalmente no Jornal A Tarde, Salvador, p. A2, 13 fev. 2018, Terça-feira de Carnaval

10.16 Taurino Araújo, planejador educacional.[390]

José Raymundo Simões Jr.
filósofo, Grão-Mestre em artes marciais (Hapkido)
mestrejosesimoes@gmail.com

O mundo das artes marciais acompanha com interesse os resultados da Tese de Taurino Araújo, cbjm (entre nós cognominado O Samurai da Voz) falando sobre desigualdade e uma hermenêutica (ciência da interpretação) para diminui-la. Um aspecto pouco explorado de sua biografia, a do planejador educacional, talvez explique o impacto para o pensamento universal de um trabalho que interessa não apenas a especialistas, mas ao Governo, Saúde, Educação, Negócios, Política e Terceiro Setor.

É que o planejador educacional trabalha, com vista privilegiada, estratégias para apreender conhecimentos e colocá-los em prática, possibilitando a Taurino melhor lidar com as ênfases e supressões curriculares. Dito isso, fica fácil compreender como ele pôde, em poucas páginas, tanto incluir a desigualdade como conceito jurídico fundamental, quanto propor uma nova introdução às Ciências Jurídicas e (também) sociais e a partir da formulação de um saber anistórico, de cunho global (a sua hermenêutica da desigualdade) tratar da especificidade de países, regiões, blocos, pessoas e sistemas.

Com isso, espero ter podido registrar a simplicidade — própria dos gênios — com que Taurino trata tudo isso através de um varejo que passa por selecionar o bem-dizer sobre seis mil anos de história, pensamento e ação universais, em registro colacionado pelo professor Agenor Sampaio Neto, catedrático de Teoria do Direito da Universidade Estadual de Feira de Santana, num verdadeiro passeio pela Hermenêutica, Filosofia, Sociologia, Economia, História, Antropologia, Semiótica e Direito tendo como enfoque o problema da desigualdade.

Por isso, a Bahia (inclusive a esportiva) tem motivos de sobra para se orgulhar que, fora do Sul, tenha sido produzida por Taurino Araújo novidade tão significativa e inusitada nesses tempos de bobagens e mesmices. A Tese, de fato, é inspiração para que as artes marciais continuem a apostar que, com hierarquia, treino, disciplina e empenho, através do planejamento educacional, o que você focaliza se expande.

---

390 José Raymundo Simões Júnior. Taurino Araújo, planejador educacional. Publicado originalmente no Jornal A Tarde, Salvador, p. A2, 28 fev. 2018.

10.17 Taurino Araújo: respostas em primeira pessoa

ANTONIA MARIA ALMEIDA ALVES
Especialista em Educação
abanil13@gmail.com

Ao radicalizar a interdependência entre o todo e as partes, temos na hermenêutica da desigualdade de TAURINO ARAÚJO, CBJM a *metainformática* de um receptor também protagonista, além do *interacionismo simbólico* de HERBERT BLUMER, disse ANTONY ARROYO e temos, sobretudo, uma oportunidade tanto pedagógica quanto de autoaprendizagem, digo eu, com base em PIERRE BOURDIEU: é a ampliação sistêmica do conjunto de recursos e poderes utilizáveis que uma pessoa tem (ou pode vir a ter) quando em contato com esta inédita modalidade de humanismo, leitura e escrita ao mesmo tempo.

Se as interações antes dependiam de tudo quanto alguém experimentou e das interferentes em suas interações atuais, agora, com a hermenêutica da desigualdade e através da figura desse receptor também protagonista construída por TAURINO há possibilidades novas e significativas para que o indivíduo — em primeira pessoa — amplie a sua responsabilidade = "habilidade de resposta" perante aqueles mecanismos antes utilizados para a perpetuação das desigualdades e a manutenção das relações de mera submissão.

Sabe-se que a nota das sociedades capitalistas é a desigualdade. Em tal modelo, as demandas sociais só serão viabilizadas se houver interesse das categorias dominantes podendo-se daí inferir maior ou menor distância entre dirigentes e dirigidos conforme haja maior ou menor participação popular no poder. Entretanto, a tese defendida por TAURINO possibilita superar a dominação simbólica, lócus no qual sujeitos em condições desiguais vivenciam a negação ou não afirmação de direitos, como maneira de reforçar o lugar que a sociedade lhes impunha. Se ao capital jurídico, CHRISTOPHER THORPE acrescenta o que BOURDIEU denomina capital acadêmico (conhecimento intelectual), capital linguístico (facilidade no comando da linguagem determinando quem tem a autoridade de falar e ser ouvido) e capital político, com a hermenêutica da desigualdade de TAURINO ARAÚJO este papel de classe pode agora ser melhor interpretado por quem se encontre em desvantagem real.

10.18 Taurino Araújo na dose certa

ELIANE BOA MORTE
Pedagoga (UFBA), Mestre em História (Mestrado Profissional em História da África, da Diáspora e dos Povos Indígenas - UFRB), Doutoranda em Educação (UFBA).
elianeboamorte.ufrb@gmail.com

No discurso Responsabilidade e perdão TAURINO ARAÚJO, CBJM disse, talvez inspirado em DANTE GALEFFI, ser "o mais convicto entre os hesitantes e também o mais hesitante entre os convictos". Para GALEFFI, "o ser crítico é sempre aquele que aprendeu a duvidar [de si e dos modelos ideais]" e assim a realidade-dogmática-zetética-dogmática de TAURINO instaura dúvidas a partir de um novo modo de pensar o estabelecido e, por isso, se aventura rumo à construção da decisão justa, radicalizando a interdependência do todo e das partes, do direito e dos fatos.

Segundo o paradigma reinante, a igualdade formal não permite atribuir lugar definido a pessoas, grupos e sistemas em desvantagem e muito menos lhes possibilita o pertencimento étnico ou o empoderamento. Em vez disso, jargões eram usados e reutilizados sem um norte para concretizar a democracia e a cidadania em prol de seres de carne e osso, e a "mentira dita várias vezes [quase!] torna-se verdade". É com essa "verdade" que brincávamos todos os dias até que TAURINO superasse, através da sua desdiferenciação de sujeitos, "a retórica da maleabilidade": mesmo sendo tudo tão desigual, distâncias tecnológicas, reais e sociais podem ser aproximadas através de seu método, afirma MANUELA MOTTA, "à medida que aprofunda e amplia o sentido do texto" (GADAMER).

OLWUO LUCIANO ALMEIDA ALVES, AGÔ MOJUBÁ (A Tarde, 13 de fevereiro de 2018, Terça-feira de Carnaval) vaticina que TAURINO ARAÚJO é o XANGÔ Vivo no colo de OXUM a dominar os mais variados saberes e Áfricas. Samba-enredo para ele! Apoiados em reflexão, emoção e ação, vamos construir vida nova, para além da reprodução automática de textos e palavras. Através de seu método, TAURINO conclama ao banquete, à sociedade de tod@s e para tod@s, ao aperto de mãos, ao abraço fraterno e ao respeito e consideração incondicionais à diferença. Para JOÃO AUGUSTO FRAYZE-PEREIRA, é na inteligibilidade do outro que "posso sentir-me tocado ao mesmo tempo em que toco" (MERLEAU-PONTY) e "a mão de outrem vem ocupar o lugar deixado por uma das minhas".

10.19 Taurino Araújo: método em movimento

ANA MARIA SANTOS DIAS
Advogada, professora de Direito Penal. Mestre em fundamentos e efetividade do Direito. Integrante dos grupos de pesquisa FormacceInfância/UNEB e Integração Regional/UFBA. Doutoranda em Ciências Sociais pela Universidade Federal da Bahia (UFBA)
anamariasantosdiasdias@gmail.com

Até pelo dedo mínimo se pode conhecer um gigante: *ex digito gigas*. Conhecido e estimado nos meios sociais e universitários, TAURINO ARAÚJO, CBJM é o SÓCRATES moderno em genial exercício de múltiplas posições perceptivas, racionais e ativas fazendo-nos analisar conceitos sob os ângulos também os mais diversificados, através da proposição dialética de binários interpendentes. Para ele, *v.g.*, o poder punitivo do estado deve ser mínimo em face da máxima garantia dos cidadãos, conforme postula FERRAJOLI e, sobretudo, efetivo, para ser eficaz.

Por intermédio de seu método, o interlocutor aumenta a percepção sobre qualquer conceito em que esteja envolvido, provocando mudanças imediatas no modo de ver, ouvir e sentir numa endo e (exo)transdisciplinaridade, articuladora de aspectos antropológicos, diacrônicos, psicológicos, sociológicos, filosóficos, sincrônicos e jurídicos, até porque a desigualdade material é o tema idêntico global por excelência e a hermenêutica da desigualdade de TAURINO ARAÚJO, uma introdução às Ciências Jurídicas e também Sociais.

Para NELSON CERQUEIRA, este método se encontra *au-delà* de SÓCRATES, PLATÃO e ARISTÓTELES e se destaca quando, na contramão paradigmática, TAURINO justifica o seu comparativismo a partir de uma *praesumptio similitudines* (VAN ERP): a desigualdade é o tema nuclear de todos os ordenamentos, alçando-a a conceito jurídico fundamental. Portanto, tão logo pessoas, sistemas e blocos passem a invocar a técnica criada por TAURINO ARAÚJO para a efetiva concretização da Constituição em geral e de seus direitos em particular, ficará patente que as futuras discussões a respeito do pensamento dele se deslocarão do âmbito apenas descritivo para o prescritivo. É dizer, o emprego desta hermenêutica da desigualdade exercerá, na prática dos tribunais, aquela função integradora, criativa, educativa, reformadora e, sobretudo, interpretativa da ordem jurídica defendida por FABIANO ANDRÉ DE SOUZA MENDONÇA, com base em CLÁUDIO SOUTO para ser — em perspectiva inédita — o auge de um inédito Direito Comparado.

10.20 A cidadania participativa através da hermenêutica da desigualdade

CARLOS EDUARDO BEHRMANN RÁTIS MARTINS

Advogado. Presidente do Instituto dos Advogados da Bahia. Professor de Direito Constitucional da Universidade Federal da Bahia-Ufba e da Universidade Estadual de Feira de Santana- Uefs. Mestre e Doutor em Ciências Jurídico-Políticas pela Universidade de Lisboa/Portugal carlosratis@uol.com.br

Os seres humanos são únicos e essencialmente diferentes, o que implica que "a desigualdade não é inevitável", como afirma o Prêmio Nobel da Economia, JOSEPH E. STIGLITZ.

Entretanto, essas diferenças não impediram que os sentimentos provocassem a criação de civilizações e sistemas de justiça que diminuíssem as diversas desigualdades entre indivíduos, nas diversas sociedades politicamente organizadas, no decorrer da história, visando assegurar, a partir de critérios racionais, o próprio bem-estar desses indivíduos tão diferentes.

A partir de uma análise holística da homeostasia dos sistemas jurídicos, a tese do Professor Doutor TAURINO ARAÚJO, "Hermenêutica da Desigualdade: uma introdução às Ciências Jurídicas e também Sociais" estimula repensar a função do direito, a partir do comprometimento do intérprete com a realidade social, concretizando a efetividade do direito através de uma nova teoria crítica, qual seja, a *sofisticada técnica da "hermenêutica da desigualdade"*, que se traduz num método científico universal e atemporal para diminuir as desigualdades em caráter multidisciplinar.

Sem embargo, essa nova metodologia reúne os ingredientes necessários à formulação de uma Teoria Geral do Direito à luz da discussão sobre a igualdade e o poder econômico, concebida como "um saber anistórico", de cunho global ocorrente nos diversos sistemas de justiça, não apenas no sentido de identificar desigualdades, mas de diminuí-las, não se admitindo que a distância entre dirigentes e dirigidos obscureça a utilização de uma hermenêutica própria para as demandas individuais, reportando-se às situações próprias, ao desdiferenciar sujeitos, pessoas, blocos e sistemas, assegurando o efetivo exercício da cidadania ativa.

Nesse sentido, é que a *hermenêutica da desigualdade* traduz-se num antídoto contra a falta de igualdade de oportunidades, cuja principal razão se deve ao desrespeito ao direito de acesso ao ensino básico de qualidade no Brasil, indispensável à possibilidade do cidadão de conhecer seus direitos fundamentais e cumprir com suas responsabilidades. Afinal, a invocação da hermenêutica de desigualdade perante os órgãos da Administração Pública e particulares dependerá de cidadãos que conheçam os seus direitos para poder exigi-los, o que sempre levou o Professor Doutor TAURINO ARAÚJO, desde o ano de 1989, quando foi o Secretário de Administração mais jovem do país, a considerar a Educação um dos pilares para o Estado Democrático de Direito.

Oxalá a técnica da *hermenêutica da desigualdade* criada pelo Professor Doutor TAURINO ARAÚJO seja cantada em verso e prosa pelo país, e sua obra venha a ser objeto de fichamento, nos cursos de Ciências Sociais, na graduação e pós-graduação nas diversas Instituições de Ensino Superior do país, visando, principalmente, a diminuição das desigualdades econômicas que motivam as desigualdades políticas, impedindo a criação de leis que visam atender à manutenção dos interesses econômicos que perpetuam as desigualdades.

11 REFERÊNCIAS

ABBAGNANO, Nicola.
Dicionário de filosofia. Trad. Alfredo Bossi. 5. ed. rev. e ampl. São Paulo: Martins Fontes, 2007.

ABBOUD, Georges; CARNIO, Henrique Garbellini; OLIVEIRA, Rafael Tomaz.
Introdução à teoria e à filosofia do direito. 2. ed. rev., atual. e ampl. São Paulo: Revista dos Tribunais, 2014.

ALFONSIN, Jacques Távora.
Sistema de propriedade e reforma urbana. *Revista de Direito Civil:* Imobiliário, Agrário e Empresarial, São Paulo, a. 11, n. 41, p. 94-101, jul./set. 1987.

ALEXY, Robert.
Teoria da argumentação jurídica: a teoria do discurso racional como teoria da justificação jurídica. Trad. Zilda Hutchinson Schild Silva. São Paulo: Landy, 2005.

ALMEIDA, Ana Lúcia.
A quádrupla de Taurino. *Jornal A Tarde,* Salvador, p. A2, 6 nov. 2017.

ALVES, Alaôr Caffé.
Estado e ideologia. São Paulo: Brasiliense. 1987.

ALVES, Antonia Maria Almeida.
Taurino Araújo: respostas em primeira pessoa. Salvador, Fotocopiado. 2018. 1 p.

ALVES, Luciano Almeida.
Ao jurista Taurino Araújo "agô mojubá". *Jornal A Tarde*, Salvador, p. A2, 13 fev. 2018.

AMARAL, Cláudio do Prado.
Bases teóricas da ciência penal contemporânea. São Paulo, IBCCRIM, 2007.

ANCEL, Marc.
Utilidade e métodos do direito comparado. Trad. Sérgio José Porto. Porto Alegre: Fabris, 1980.

Araújo, Taurino.
Da distância entre dirigentes e dirigidos. Salvador, Fotocopiado. 2005. 5 p.

Arroyo, Antony.
Metainformática em Taurino Araújo. *Jornal A Tarde,* Salvador, p. A2, 28 jun. 2018.

Ascensão, José de Oliveira.
Teoria Geral do Direito Civil, IV. Lisboa: FDUL. 1993.

Azevedo, Plauto Faraco de.
Crítica à dogmática e hermenêutica jurídica. Porto Alegre: Fabris, 1989.

Baldassare, Antonio.
Diritto della persona e valori contituzionali. Torino: G. Giappichelli Editore, 1997.

Balmer, Herbert.
Symbolic interactionism perspective and method. California: Prentice Hall, Inc.; New Jersey: Englewood Cliffs, 1969.

Barletta, Fabiana Rodrigues.
A revisão contratual no novo código de defesa do consumidor. São Paulo: Saraiva. 2002.

Barros, Márcia Maria Mont'Alverne de; Jorge, Maria Salete Bessa; Oliveira, Francisco Nilton Gomes de. Medicamentalização e suas contradições, cultura e conflitos nos modelos de atenção psicossocial. *Cadernos de Terapia Ocupacional,* UFSCar, São Carlos, v. 22, n. Suplemento Especial 02, 2014.Disponível em www.endto2014ufpb.com.br/PDF/snpto125.pdf. Acesso em: 14 nov. 2016.

Barroso, Luis Roberto.
Fundamentos teóricos e filosóficos no Direito Constitucional brasileiro in Grau, Eros Roberto; Cunha, Sérgio Sérvulo da. *Estudo de Direito Constitucional em homenagem a José Afonso da Silva.* São Paulo: Malheiros, 2003.

______.
Neoconstitucionalismo e constitucionalização do direito. O triunfo tardio do Direito Constitucional no Brasil. Jusnavigandi, Teresina, ano 10, n. 851, 1 nov. 2005. Disponível em <https://jus.com.br/artigos/7547/neoconstitucionalismo-e-constitucionalizacao-do-direito>. Acesso em: 22 maio 2016.

Bastos, Celso Ribeiro; Martins, Ives Gandra.
Comentários à Constituição do Brasil: promulgada em 5 de outubro de 1988. São Paulo: Saraiva, 2001.

BERTALANFFY, Ludwig von.
Teoria geral dos sistemas. Trad. Francisco M. Guimarães. 3. ed. Petrópolis: Vozes, 1977.

BITTAR, Eduardo C. B.; ALMEIDA, Guilherme de Assis.
Curso de filosofia do direito. 2. ed. São Paulo: Atlas, 2002.

BITTAR, Eduardo C. B.
Linguagem jurídica. 2. ed. 2. tiragem. São Paulo: Saraiva, 2006.

BOA MORTE, Eliane.
Taurino Araújo na dose certa. Salvador, Fotocopiado. 2018. 1 p.

BOAVENTURA, Edivaldo M.
Metodologia da pesquisa: monografia, dissertação, tese. São Paulo: Atlas, 2004.

BOBBIO, Norberto.
Teoria do ordenamento jurídico. Trad. Maria Celeste Cordeiro Leite dos Santos. 10. ed. Brasília: UNB, 1999.

______.
Estado, Governo, Sociedade: para uma Teoria Geral da Política. Trad. Marco Aurélio Nogueira. 7. ed. São Paulo: Paz e Terra, 1999.

BOCCHINI, Lino.
Suécia fecha 4 prisões e prova: a questão é social, *Revista Carta Capital,* p. 1, publ. 14/11/2013 às 12h03, última modificação 15/11/2013 às 07h1. Disponível em https://www.cartacapital.com.br/sociedade/suecia-fecha-4-prisoes-e-prova-mais-uma-vez-a-questao-e-social-334.html. Acesso em: 8 jul. 2018.

______.
Introdução à sociologia. Trad. Otávio Guilherme Velho. 3. ed. Rio de Janeiro: Zahar, 1970.

BOTTOMORE, T. B.
Dicionário do pensamento marxista. Trad. Waltensir Dutra. Rio de Janeiro: Jorge Zahar Editores, 2001.

BOURDIEU, Pierre.
O poder simbólico. Trad. Fernando Tomaz. 10. ed. Rio de Janeiro: Bertrand Brasil, 2007.

BRETON, Philippe; PROULX, Serge.
Sociologia da comunicação. 4. ed. Trad. Ana Paula Castellani. São Paulo: Edições Loyola, 2006.

BRETON, Philippe.
Elogio da palavra. Trad. Nicolas Nyimi Campanário. São Paulo: Edições Loyola, 2006.

BUCKINGHAM, Will (Col.) et al.
O livro da filosofia. Trad. Douglas Kim. 15. reimpressão. São Paulo: Globo, 2014.

BURKE, Peter (Org.) et al.
A escrita da história: novas perspectivas. Trad. Magda Lopes. 7. ed. São Paulo: EDUSP, 1992.

BURTET, Patrícia Oliveski.
Sistema penal brasileiro e as alternativas à prisão, *Revista Ibero-Americana de Ciências Penais,* Porto Alegre, ano 3, n. 5, p. 69, jan./abr. 2002.

CALVO GARCÍA, Manuel.
Metodologia jurídica e interpretacion: el postulado de la racionalidad del legislador. Anuario de Filosofia del Derecho, III: Madrid, 1986.

CAMARGO, Margarida Maria Lacombe.
Hermenêutica e argumentação: uma contribuição ao estudo do direito. 3. ed. rev. atual. Rio de Janeiro: Renovar, 2003.

CANARIS, Claus-Wilhelm.
Pensamento sistemático e conceito de sistema na ciência do direito. 4. ed. Trad. Antonio Menezes Cordeiro. Lisboa: Fundação Calouste Gulbenkian, 2008.

CANO, Wilson.
Introdução à economia: uma abordagem crítica. 4. reimp. São Paulo: UNESP, 2006.

CANOTILHO, José Joaquim Gomes.
Direito constitucional e teoria da Constituição. Coimbra: Livraria Almedina, 1997.

CARDOZO, Benjamin.
Teoria geral do direito. Trad. A. Rodrigues Queirós; Artur Anselmo de Castro. Rio de Janeiro: Âmbito Cultural, 2006.

CARNELUTTI, Francesco.
Teoria geral do direito. Trad. A. Rodrigues Queirós; Artur Anselmo de Castro. Rio de Janeiro: Âmbito Cultural, 2006.

CARVALHO, Aurora Tomazini de.
Curso de teoria geral do direito: o construtivismo lógico-semântico. São Paulo: Noeses, 2009.

CARVALHO, Orlando de.
Páginas de direito. Coimbra: Almedina, 1998.

CASTRO, Celso; O'DONNELL, Julia.
Introdução às ciências sociais. Rio de Janeiro: FGV, 2015.

CHECCHIA, Carlos Alfredo Ramos.
O direito e as normas sociais. In MARCELLINO, Nelson Carvalho (Org). Introdução às ciências sociais. 17. ed. Campinas: Papirus, 2014, p. 69-75.

CLAVERO, Bartolomé.
Happy consitutucion: cultura y lengua constitucionales. Colección estruturas y procesos – série derecho. Madrid: Trotta, 1997.

COELHO, Luiz Fernando.
Teoria crítica do direito. 3 ed. rev. atual. ampl. Belo Horizonte: Del Rey, 2003.

______.
Aulas de introdução ao direito. Barueri: Manole, 2004.

______.
A mediação waratiana. Disponível em: http://www.amatra9.org.br/opiniao/a-mediacao-waratiana.html. Acesso em: 25 dez. 2011.

CORTELLA, Mario Sergio.
Não espere pelo epitáfio... Provocações filosóficas. 2. ed. Petrópolis: Vozes, 2005.

COSTA, Alexandre Araújo.
Introduçao ao direito: uma perspectiva zetética das ciências jurídicas. Porto Alegre: Fabris, 2001.

COSTA, Jon Nei Mota.
Taurino Araújo, cidadão feirense. *Jornal A Tarde,* Salvador, p. A2, 3 jan. 2018.

COSTA, Mário Júlio Almeida.
Direito das Obrigações. Coimbra: Almedina, 1991.

COTRIM, Gilberto.
Fundamentos da filosofia: história e grandes temas. 16. ed. São Paulo: Saraiva, 2006.

COULSON, Margaret A.; Riddell, David S.
Introdução crítica à sociologia. Trad. Edmond Jorge. Rev. Edson de Oliveira Nunes 5. ed. Rio de Janeiro: Zahar, 1979.

CUCHE, Denys.
A noção de cultura nas ciências sociais. Trad. Viviane Ribeirto 2. ed. Bauru: Edusc, 2002.

DIAS, Ana Maria Santos.
Taurino Araújo: método em movimento. Salvador, Fotocopiado. 2018. 1 p.

DINIZ, Antonio Carlos de Almeida.
Teoria da legitimidade do Direito e do Estado: uma abordagem moderna e pós-moderna. São Paulo: Landy, 2006.

DINIZ, Maria Helena.
Compêndio de introdução à ciência do direito. 14. ed. São Paulo: Saraiva, 2001.

ERP, J. H. M. Van.
European private Law: postmodern dilemmas and choices, towards a method of adequate comparative legal analysis. *Eletronic Journal of Comparative Law,* vol. 3. 1 ago. 1999. Disponível em: <<http:www.ejcl.org/31/art31-1.html. Acesso em: 22 jan. 2011.

FACHIN, Luiz Edson.
Teoria crítica do direito civil: à luz do novo código civil brasileiro. Rio de Janeiro: Renovar, 2003.

______.
A "Reconstitucionalização" do Direito Civil Brasileiro: Lei Nova e Velhos Problemas à Luz de Dez Desafios. *Unibrasil*, Revista on line. Disponível em: <http://www.unibrasil.com.br/revista_on_line/artigo%2022.pdf>. Acesso em: 15 jun. 2016.

FALCÃO, Raimundo Bezerra.
Hermenêutica. São Paulo: Malheiros, 2004.

FARIA, Anacleto de Oliveira.
Do princípio da igualdade jurídica. São Paulo: RT/EDUSP. 1973.

FERNANDEZ GARCIA, Eusebio.
Dignidad humana y ciudadania cosmopolita. Madrid: Instituto de Derechos Humanos Bartolomé de las Casas, Universidad Carlos III de Madrid, Dykinson, 2001.

FERNANDEZ-LARGO, Antonio Osuna.
Hermenéutica jurídica: en torno de la hermenéutica de Hans-Georg Gadamer. Valladoid: Secretariado de Publicaciones/Universidad de Valladoid, 1992.

FERRAJOLI, Luigi.
Direito e Razão. Teoria do Garantismo penal. Trad. Ana Paula Zomer Sica et al. 2. ed. São Paulo: RT, 2006.

FERRAZ JÚNIOR, Tércio Sampaio.
Introdução ao estudo do direito: técnica, decisão dominação. 3. ed. São Paulo: Atlas, 2001.

______.
Estudos de filosofia do direito: reflexões sobre o poder, a liberdade, a justiça e o direito. São Paulo: Atlas, 2002.

FIGUEIRA, Eliseu.
Renovação do sistema de direito privado. Lisboa: Caminho, 1989.

FLORENZANO, Evérton.
Dicionário de idéias semelhantes. Rio de Janeiro: Ediouro, 1961.

FRANÇA, R. Limongi.
Hermenêutica jurídica. 7. ed. São Paulo: Saraiva, 1999.

GALVES, Carlos Nicolau.
Manual de filosofia do direito. 2. ed. Rio de Janeiro: Forense, 1996.

GAMBOGI, Luís Carlos Balbino.
Direito: razão e sensibilidade. As intuições na hermenêutica jurídica. Belo Horizonte:: Del Rey; FCH-FUMEC, 2005.

GARCIA, Maria.
Desobediência civil: direito fundamental. São Paulo: Revista dos Tribunais, 1994.

GARLAND, David.
A cultura do controle: crime e ordem social na sociedade contemporânea. Trad: André Nascimento. Rio de Janeiro: Revan, 2008.

GEDIEL, José Antonio Peres.
Tecnociência, dissociação e patrimonialização jurídica do corpo humano. In FACHIN, Luiz Edson (Coord.). *Repensando fundamentos do Direito Civil brasileiro contemporâneo.* Rio de Janeiro: Renovar, 1998, p. 57-85.

GIL, Antonio Carlos.
Como elaborar projetos de pesquisa. 4. ed. São Paulo: Atlas, 2002.

GILISSEN, John.
Introdução histórica ao direito. Trad. António Manuel Hespanha; Manuel Macaísta Malheiros. 3. ed. Lisboa: Caluste Gulbenkian, 2001.

GIRON, Carlos Andrade.
Taurino Araújo: aproximações politécnicas. Jornal A Tarde, Salvador, p. A2, 16 mai. 2018.

GOLDSCHMIDT, Werner.
Introducción filosófica al derecho: la teoríatrialista del mundo jurídico y sus horizontes. 7. ed. Buenos Aires: LexisNexis, 2005.

GOMES, Luiz Flávio.
Beccaria (250 anos) e o drama do castigo penal: civilização ou barbárie. São Paulo: Saraiva, 2014.

______.
Descubra 6 motivos para ler ou reler Beccaria (250 anos depois). Jusbrasil. Disponível em: <http://professorlfg.jusbrasil.com.br/noticias/135942832/descubra--6-motivos-para-ler-ou-reler-beccaria-250-anos-depois>. Acesso em: 10 jul. 2016.

GRAMSCI, Antonio.
Cadernos do cárcere (volume 2) Os Intelectuais. O Princípio Educativo. Jornalismo. Trad. Carlos Nelson Coutinho. Orelha de Leandro Konder. Quarta capa de Norberto Bobbio. Rio de Janeiro: Civilização Brasileira, 2001, p. 21-24.

GRECO, Rogério.
Direito Penal do Inimigo. Disponível em: http://www.rogeriogreco.com.br/?p=1029. Acesso em: 2 ago. 2015.

GUERRA, Marcelo Lima.
Direitos fundamentais e a proteção do credor na execução civil. São Paulo: Revista dos Tribunais, 2003.

GUERRA FILHO, Willis Santiago.
Autopoiese do direito na sociedade pós-moderna: introdução a uma teoria social sistêmica. Porto Alegre: Livraria do Advogado, 1997.

______.
Teoria da ciência jurídica. São Paulo: Saraiva, 2001.

GUSTIN, Miracy Barbosa de Sousa; DIAS, Maria Tereza Fonseca.
(Re)Pensando a Pesquisa Jurídica. 2. ed. Belo Horizonte: Del Rey, 2006.

HESPANHA, António Manuel.
Panorama histórico da cultura jurídica europeia. Mem Martins: Europa-América, 1997.

HOHFELD, Wesley Newcomb.
Os conceitos jurídicos fundamentais aplicados na argumentação judicial. Trad. Margarida Lima Rego. Lisboa: Fundação Calouste Gulbenkian, 2008.

HORMAZÁBEL MALARÉE, Hernán.
Una necesaria revision del concepto de culpabilidad Revista de Derecho, vol. XVIII – n. 2 - Diciembre 2005. Disponível em: e http://www.scielo.cl/scielo.php?pid=S071809502005000200008&script=sci_arttext Acesso em: 14 nov. 2016.

HULSMAN, Louk; CELIS, Jacqueline Bernat de.
Penas perdidas: o sistema penal em questão. Trad. Maria Lúcia Karam, 2. ed. Rio de Janeiro: Luam, 1997.

HUNT, Lynn.
A invenção dos direitos humanos; uma história. Trad. Rosaura Eichenberg. São Paulo: Companhia das Letras, 2009

JACCARD, Pierre. *Introdução às Ciências Sociais.* Trad. Emílio Lima. Lisboa: Livros Horizonte, 1977.

JIMÉNEZ SERRANO, Pablo.
Como utilizar o direito comparado para a elaboração de tese científica. Rio de Janeiro: Forense, 2006.

KELLY, John M.
Uma breve história da Teoria do Direito Ocidental. Trad. Marcelo Brandão Cipolla. São Paulo: WMF Martins Fontes, 2010.

KISHTAINY, Naill et al. *O livro da economia.* Trad. Carlos S. Mendes Rosa. 6. reimpressão. São Paulo: Globo, 2014.

KUHN, Thomas S.
A estrutura das revoluções científicas. Trad. Beatriz Vianna Boeira e Nelson Boeira. 11. ed. São Paulo: Perspectiva, 2011.

LARENZ, Karl.
Metodologia da Ciência do Direito. Trad. José Lamego. 3. ed. Lisboa: Fundação Calouste Gulbenkian, 1997.

LEMOS FILHO, Arnaldo.
As ciências sociais e o processo histórico. In MARCELLINO, Nelson Carvalho (Org). Introdução às ciências sociais. 17. ed. Campinas: Papirus, 2014, p. 17-26.

LEFFA, Vitor J.
Transdisciplinaridade no ensino de línguas: a perspectiva das teorias da complexidade. *Revista Brasileira de Linguística Aplicada,* v. 6, n. 1, 2006.

LOPES, José Reinaldo de Lima.
O direito na história: lições introdutórias. 2. ed. rev. São Paulo: Max Limonad, 2002.

______.
Uma introdução à história social e política do processo. In WOLKMER, Antonio Carlos (Org). *Fundamentos de história do direito.* 2. ed. rev. e ampl. Belo Horizonte: Del Rey, 2004, p. 397-431.

LORENZETTI, Ricardo Luis.
Fundamentos do direito privado. Trad. Vera Maria Jacob de Fradera. São Paulo: RT, 1998.

LUISI, Luiz.
Os princípios constitucionais penais. 2. ed. Porto Alegre: Fabris, 2003.

MAISANI, Pauline; WIENER, Florence.
Réflexions autourde la conception post-moderne du droit. *Revue Internationale de Theorie du Droit et de Sociologie Juridique,* Paris, n. 27, 1994, p. 445.

MARCELLINO, Nelson Carvalho.
Departamentalização e unidade das ciências sociais. In MARCELLINO, Nelson Carvalho (Org). *Introdução às ciências sociais.* 17. ed. Campinas: Papirus, 2014, p. 101-107.

MARITAIN, Jacques.
Derechos del hombre y la ley natural. Traducción Antonio Esquivias. Madrid: Ediciones Palabra, 2001.

MARQUES NETO, Joaquim Ramalho.
Neoliberalismo e gozo in Vescovi, Renata Conde (organizadora). *A Lei em Tempos Sombrios.* Rio de Janeiro: Companhia de Freud. 2009.

MARTINS, Carlos Eduardo Behrmann Rátis. *A cidadania participativa através da hermenêutica da desigualdade.* Salvador, Fotocopiado. 2018. 2 p.

MARTINS-COSTA, Judith; BRANCO, Gerson Luiz Carlos.
Diretrizes teóricas do novo código civil brasileiro. São Paulo: Saraiva, 2002.

MASARO, Leonardo.
Cibernética: teoria e técnica. Campinas:[s.n.]. Disponível em: https://tecnos.cienciassociais.ufg.br/up/410/o/Dissertação_-_Cibernetica__Ciencia_e_Técnica.pdf. 2010. Acesso em: 11 jun. 2018.

MEIRELLES, Jussara Maria Leal de.
O ser e o ter na codificação civil brasileira: do sujeito virtual à clausura patrimonial. In FACHIN, Luiz Edson (Coord). *Repensando fundamentos do Direito Civil brasileiro contemporâneo.* Rio de Janeiro: Renovar, p. 87-114. 1998.

MELLO, Celso Antônio Bandeira de.
Conteúdo jurídico do princípio da igualdade. 3. ed., 11. tir. São Paulo: Malheiros, 2003.

______.
Discricionariedade e controle jurisdicional. 2. ed. São Paulo: Malheiros, 1993.

MELOSSI, Dario; PAVARINI, Massimo.
Cárcere e fábrica: as origens do sistema penitenciário (séculos XVI-XIX). Trad. Sergio Lamarão. Rio de Janeiro: Revan, 2006.

MENDONÇA, Fabiano André de Souza.
Direito comparado: objeto do direito. Revista FARN, Natal, v. l, n. l, p. 185-198, jul./dez. 2001.

MENEZES, Joel Souza.
A historicidade em Taurino Araújo. *Jornal A Tarde*, Salvador, p. A2, 22 mar. 2018.

MICHAELS, Ralf.
The functional method of comparative Law. Disponível em: < http://scholarship.law.duke.edu/cgi/viewcontent.cgi?article=2033&context=faculty_scholarship. 2006. Acceso em: 22 jan. 2011.

MORAES, Eric Leonardo Farias Ribeiro.
Taurino Araújo "por um caminho juncado de flores". *Jornal A Tarde*, Salvador, p. A2, 30 mai. 2018.

MORIN, Edgar (Org.).
Os desafios da complexidade. In Morin, Edgar. *A religação dos saberes:* o desafio do século XXI. Trad Flávia Nascimento. 4a. ed. Rio de Janeiro: Bertand Brasil, 2004, p.559-567.

MOSCA, Gaetano; BOUTHOUL, Gaston.
História das doutrinas políticas desde a antiguidade. Trad. Marco Aurélio de Moura Matos. 6. ed. Rio de Janeiro: Guanabara, 1987.

Muñoz Conde, Francisco.
Direito penal e controle social. Trad. Cíntia Miranda Toledo Chaves. Rio de Janeiro. Forense, 2005.

Nalin, Paulo.
Do contrato: conceito pós-moderno - em busca de sua formulação na perspectiva civil-constitucional. Curitiba: Juruá, 2001.

Neves, Marcelo.
Teoria da inconstitucionalidade das leis. São Paulo: Saraiva, 1988.

Nino, Carlos Santiago.
Introducción al análisis del derecho. 2. ed. ampl. rev. Buenos Aires: Astrea, 2007.

Nunes, Rizzato.
Manual de filosofia do direito. São Paulo: Saraiva, 2004.

Oliveira, Manuela Bezerra Motta de.
Diálogos em Taurino Araújo: uma polianteia. *Jornal A Tarde*, Salvador, p. A2, 6 ago. 2018.

Paula, Maria Solange Alves de Souza.
Taurino Araújo, meu compatriota. *Jornal A Tarde*, Salvador, p. A2, 1 dez. 2017.

Peces-Barba Martínez, Gregorio.
Lecciones de derechos fundamentales. Madrid, Dykinson, 2004.

Pelè, Antonio.
Uma aproximación al concepto de dignidad humana. *Revista de Filosifia, Derecho y Politica.* Madrid: Insituto de Drechos Humanos Bartolomé de las Casas, Universidad Carlos III de Madrid, n. 1, 2004-2005.

Perez Lledó, Juan A.
El movimiento critical legal studies. Madrid: Tecnos, 1996.

Perlingieri, Pietro.
Perfis do direito civil: introdução ao direito civil constitucional. Trad. Maria Cecília de Cicco. Rio de Janeiro: Renovar, 1997.

______.
Normas constitucionais nas relações privadas. *Revista da Faculdade de Direito UERJ*, Rio de Janeiro, n. 6/7, 1998/1999, p. 63.

PINHEIRO, Rosalice Fidalgo.
Ensino jurídico na graduação: ainda como nossos pais? Modelo, conformismo e repetição na metodologia do ensino jurídico. In FACHIN, Luiz Edson (Coord). *Repensando fundamentos do Direito Civil brasileiro contemporâneo.* Rio de Janeiro: Renovar, 1998, p. 211-254.

PINTO, Cristiano Paixão Araújo.
Direitos e sociedade no Oriente antigo: Mesopotâmia e Egito. In WOLKMER, Antonio Carlos (Org). *Fundamentos de história do direito.* 2. ed. rev. e ampl. Belo Horizonte: Del Rey, p. 31-57. 2004.

PIZZORUSSO, Alessandro.
Curso de derecho comparado. Traducción Juana Bignozzi. Barcelona: Ariel, 1987.

QUEIROZ, Paulo de Souza.
Do caráter subsidiário do direito penal: lineamentos para um direito penal mínimo. 2. ed. Belo Horizonte: Del Rey, 2002.

______.
Funções do direito penal. São Paulo: RT, 2005.

______.
Conceito de direito: uma introdução crítica. 10/06/2008. Disponível em: <http://www.pauloqueiroz.net/conceito-de-direito-uma-introducao-critica/>. Acesso em: 30 out. 2016.

RABBI-BALDI CABANILLAS, Renato.
Lições preliminares de direito. 21 ed., revista e aumentada. São Paulo: Saraiva, 1994.

RAMOS, Carmem Lucia Silveira.
A constitucionalização do direito privado e a sociedade sem fronteira. FACHIN, Luiz Edson (Coord.). *Repensando fundamentos do Direito Civil brasileiro contemporâneo.* Rio de Janeiro: Renovar, 2002, p. 3-29.

REALE, Miguel.
Filosofia do direito. 19 ed., 3. tir. São Paulo: Saraiva, 2002.

______.
Lições preliminares de direito. 21. ed., revista e aumentada. São Paulo: Saraiva, 1994.

REBOUL, Olivier.
Introdução à arte retórica. Trad. Ivone Castilho Benedetti. São Paulo: Martins Fontes, 1998.

RIBEIRO, Wanderley.
A monografia no curso de Direito: anotações para a sua produção. Rio de Janeiro: Forense, 2002.

RIOS, Roger Raupp.
Direito da antidiscriminação: discriminação direta, indireta e suas subdivisões. Porto Alegre: Editora Livraria do Advogado, 2008.

ROSA, Corina.
Teorética e modus ponens em Taurino Araújo. *Jornal A Tarde*, Salvador, p. A2, 22 mai. 2018.

ROSNAY, Joël de.
Conceitos e operadores transversais. In MORIN, Edgar. *A religação dos saberes:* o desafio do século XXI. Trad Flávia Nascimento. 4a. ed. Rio de Janeiro: Bertand Brasil, 2004, p.493-498.

ROUSSEAU, Jean-Jacques.
Discurso sobre a origem e os fundamentos da desigualdade entre os homens. Trad. Maria Ermantina Galvão. 2 ed. São Paulo: Martins Fontes, 1999.

RUSSO, Eduardo Angel.
Teoria general del derecho: en la modernidad y en la posmodernidad. 3. ed. Buenos Aires: Abeledo-Perrot, 2004.

______.
Del mito de la autosuficiencia del Derecho al derecho judicial, en *Interpretación de la Ley*, de L. A. Warat e E. A. Russo. Buenos Aires: Abeledo-Perrot, 1987.

SALDANHA, Nelson.
Filosofia do direito. 2. ed. rev. ampl. Rio de Janeiro: Renovar, 2005.

SAMPAIO Neto, Agenor.
Taurino Araújo o polímata brasileiro. *Jornal Tribuna da Bahia*, Salvador, p. 6, 21 mai. 2015.

______.
Taurino Araújo de Mnemosyne. *Jornal A Tarde*, Salvador, p. A2, 6 out. 2017.

SANTANA, Edson Reis.
Taurino Araújo "otanjoubi omedetou gozaimasu". *Jornal A Tarde*, Salvador, p. A2, 15 dez. 2017.

______.
Taurino Araújo (*1968) "o ano que não acabou"... *Jornal A Tarde*, Salvador, p. A2, 9 abr. 2018.

SANTOS, Akiko.
Complexidade e transdisciplinaridade em educação: cinco princípios para resgatar o elo perdido. *Revista Brasileira de Educação* v. 13 n. 37 jan./abr. 2008.

SANTOS, Boaventura de Sousa.
Pela mão de Alice: o social e o político na pós-modernidade. 11. ed. São Paulo: Cortez, 2006.

SANTOS, Milton.
Por uma outra globalização: do pensamento único à consciência universal. 10. ed. Rio de Janeiro: Record, 2003.

SARMENTO, Daniel.
Direitos fundamentais e relações privadas. 2. ed. Rio de Janeiro: Lumen Juris, 2006.

SARLET, Ingo Wolfgang.
A eficácia dos direitos fundamentais. 3. ed. Porto Alegre: Livraria do Advogado, 2006.

SAROTTE, Georges.
O materialismo histórico no estudo do direito. Trad. Joaquim Monteiro Matías. 2. ed. Lisboa: Editorial Estampa, 1975.

SCHILLING, Voltaire.
Lévi-Strauss e o Estruturalismo II. Disponível em: https://www.terra.com.br/noticias/educacao/historia/levi-strauss-e-o-estruturalismo-ii,7708c438bb1ea310VgnCLD200000bbcceb0aRCRD.html. Acesso em: 27 maio 2018.

SCHNAID, David.
Filosofia do direito e interpretação. 2. ed. rev. atual. São Paulo: Revista dos Tribunais, 2004.

SERRANO, Pablo Jiménez.
Como utilizar o direito comparado pra a elaboração de tese científica. Rio de Janeiro: Forense, 2006.

SICHES, Recaséns.
Nueva filosofia de la interpretación del derecho. 2. ed. México: Porrúa, 1973.

SILVA, José Afonso da.
Curso de direito constitucional positivo. 9. ed. rev. 4. tiragem. São Paulo: Malheiros, 1994.

SILVA, Rodney Cláide Bolsoni Elias da.
O princípio como norma jurídica: estudo sobre o princípio, a regra e os valores dentro do sistema normativo constitucional. São Paulo: Esfera, 2006.

Simões Júnior, José Raymundo.
Taurino Araújo, planejador educacional. *Jornal A Tarde,* Salvador, p. A2, 28 fev. 2018.

Simon, Jürgen.
La dignidad del hombre como principio regulador de La bioética. *Revista de Derecho y Genoma Humano (Law and the Human Genoma Review).* Bilbao, v. 13, jul-dic, 2000, p. 27. 2013.

Soares, Ricardo Mauricio Freire.
Elementos de teoria geral do direito. São Paulo: Saraiva, 2013.

Soares, Yuri Ubaldino Rocha.
Taurino Araújo e a reinserção dos excluídos. *Jornal A Tarde*, Salvador, p. A2, 22 jan. 2018.

Souza, Daniel Coelho de.
Direito, justiça e igualdade. In Litrento, Oliveiros (Coord). *Perspectivas atuais do direito — Livro em homenagem ao Prof. Emérito A.L. Machado Paupério.* Rio de Janeiro: Forense Universitário, 1994, p. 80-92.

Streck, Lênio Luiz.
Hermenêutica jurídica e(m)crise: uma exploração hermenêutica da construção do direito. 6. ed. Porto Alegre: Livraria do Advogado, 2005.

Tavares, André Ramos.
Curso de direito constitucional. 2. ed., rev. ampl. São Paulo: Saraiva, 2003.

Tavarez, Juarez.
Reflexões sobre a relação "violência e criminalidade". In. Bittencourt, Cezar Roberto (Coord.). *Direito penal no terceiro milênio:* estudos em homenagem ao professor Francisco Muñoz Conde. Rio: Lumen Juris, 2005.

Teixeira, Sálvio de Figueiredo.
Acórdão do REsp 222445 (1999/0061055-5 - 29/04/2002). Disponível em: <https://ww2.stj.jus.br/websecstj/cgi/revista/REJ.cgi/IMGD?seq=63299&nreg=199900610555&dt=20020429&formato=PDF >. Acesso em: 21 maio 2016.

Thorpe, Christopher (Col.) et al.
O livro da sociologia. Trad. Rafael Longo. 2. ed. São Paulo: Globo, 2016.

Torralba Roselló, Francesc.
Ideas de dignidad: una exploración filosófica. In Martinez, Julio; Perrotin, Catherine; Torralba Roselló, Francesc (Org). *Repensar la dignidad humana.* Lleida: Editorial Milenio, 2005, p. 15-92.

TORRES, Ricardo Lobo.
Tratado de direito constitucional, financeiro e tributário: valores e princípios constitucionais tributários. Rio de Janeiro: Renovar, v. II. 2005.

VASCONCELLOS, Maria José Esteves de.
Pensamento sistêmico: o novo paradigma da ciência. Campinas: Papirus, 2007.

VERNENGO, Roberto J.
La interpretación literal de la ley. 2. ed. Buenos Aires: Abeledo-Perrot, 1994.

VIEIRA, Andréia Costa.
Civil Law e Common Law: os dois grandes sistemas legais comparados. Porto Alegre: Fabris, 2007.

WACQUANT, Loïc.
Punir os pobres: a nova gestão da miséria nos Estados Unidos (a nova onda punitiva). Trad. Sérgio Lamarão. 3. ed. Rio de Janeiro Revan, 2007.

WARAT, Luis Alberto.
Introdução geral ao Direito I: interpretação da lei. Temas para uma reformulação. Porto Alegre: Fabris, 1994.

______.
O direito e sua linguagem. Porto Alegre: Fabris, 1974.

______.
Interpretación de la ley: redefinición de términos, indeterminación semántica y variables axiológicas, em *Temas para uma Filosofia Jurídica.* Martino, Russo, Warat. Buenos Aires: Ed. Coop. de Derecho y Ciencias Sociales, 1974.

______.
Abuso del Derecho y lagunas de la ley. Buenos Aires: Abeledo-Perrot, 1969.

WEYNE, Gastão Rúbio de Sá.
Igualdade e poder econômico. 2. ed. São Paulo: Memória Jurídica, 2005.

WITKER, Jorge.
Como elaborar una tesis en derecho: pautas metodologicas y tecnicas para el estudiante o investigador del derecho. Madrid: Civitas, 1986.

WOLKMER, Antonio Carlos (Org.) et al.
Fundamentos de história do direito. 2. ed. Belo Horizonte: Del Rey, 2004.

______.
Pluralismo jurídico: fundamentos de uma nova cultura no direito. São Paulo: Alfa-Ômega, 1994.

______.
História do direito no Brasil. 3. ed. Rio de Janeiro: Forense, 2003.

ZAFFARONI, Eugenio Raúl et al.
Direito Penal Brasileiro. 3. ed. Rio de Janeiro: Revan, 2003.

ZAFFARONI, Eugenio Raúl
O inimigo no direito penal. Rio de Janeiro: Revan, 2007.